モラルを育む〈理想〉の力

人はいかにして道徳的に生きられるのか

ウィリアム・デイモン／アン・コルビー［著］

渡辺弥生／山岸明子／渡邉晶子［訳］

THE POWER OF IDEALS

The Real Story of Moral Choice

William Damon and Anne Colby

北大路書房

THE POWER OF IDEALS:
The Real Story of Moral Choice
by
William Damon and Anne Colby

この本は、私たちの最愛の家族や友人、特に私たちの母親であるエミリー・ジェーン・コルビーと
ヘレン・デイモンに捧げられています。

日本語版によせて

日本の読者のみなさまに、本書『モラルを育む〈理想〉の力――人はいかにして道徳的に生きられるのか（*The Power of Ideals*）』を紹介できることになり大変嬉しく思っています。私たちは、日本とは深い家族関係があります。息子は日本の女性と結婚し、私たちには可愛い孫娘がいます。また義理の姉（妹）は日系アメリカ人です。みな、私たちがこよなく愛する大切な家族です。これまで公私にわたり日本を旅する機会を多く得て、たくさんのよい思い出をつくることができました。日本という素晴らしい国の芸術、文化、知的財産だけではなく、独自の多様で風光明媚な風景に感嘆させられています。東京、大阪をはじめ至る所で、認知発達や道徳性発達について最先端の研究を行っている学者諸氏に出会い、この分野における自らの知識・理解をさらに深めることができました。

本書の著者である私たち二人はアメリカ人であり、必然的に私たちの視点は、自分たちが育ち教育を受けた文化的環境の影響を受けています。しかし、私たちは、道徳的美徳の核心は文化をこえ普遍的であると考えており、本書では、そういった道徳的美徳の核心を研究することを意図しています。ただ、これらの美徳が世界中で同じように実践または理解されているという意味ではありません。道徳的美徳の実践の方法が、各々の社会において特定の歴史的、経済的、文化的、および地理的条件に適応してきたということです。それでも、いくつかの重要な道徳的美徳は、組織化されたいずれの人間社会でも、何らかの形で尊重されています。つまり実践の方法は様々ですが、礎に宿る意味はいずれの社会においても（共通して）認識できるのです。この「美徳の多様性と一般化可能性の融合」をとらえるために、私たちは、文化心理学者（人類学者）リチャード・シュヴェーダーの著作から「画一でない道徳的普遍性」という表現を引用しています。

本書『モラルを育む〈理想〉の力』で論じている三つの重要な美徳は、「誠実」、「謙虚」、そして「信仰・信条」です。「誠実」とは、正直に、偽りなく、真実を守り抜くことを心がけて行動しようとする姿勢のことです。「謙虚さ」とは、自己中心的にならず自尊心にとらわれない姿勢です。イギリスの作家C．S．ルイス曰く、「自分を過小評価するのではなく、自分本位に考えることを控えることである」ということです。「信仰・信条を持つこと」とは、高い次元の理想や行動原理に忠実であることを意味します。

本書では、「誠実」、「謙虚」、「信仰・信条」を主要な美徳として強調することにしました。なぜなら、これらの美徳はすべての人の生活（人生）において重要であると信じるからです。さらに、これらの美徳は、この本で紹介するような世界の指導者的立場にある人々にとって不可欠なものです。指導者に誠実さが欠けると、社会的連帯に必要な国民の信頼を損なうことになります。謙虚さの欠如は、無理しすぎるリスク、間違いを認めない態度、さらに愚の決断を生み出します。信仰・信条を持つ指導者は、不確実性と混乱の時代でも道徳的な目標に忠実であり続け、その揺るぎない決意を示すことで、シニズム台頭のリスクを軽減し、大衆を奮い立たせることができますが、信仰・信条の欠如する指導者には、それができません。

第四章から第六章では、これら三つの道徳的美徳を公共活動において具体化した歴史に名を残す6人の世界的指導者の人生を検証し、それぞれについて詳細に説明しました。日本の読者のみなさまが、これらの美徳がそれぞれの指導者にとって何を意味するのか、そしてこうした概念が日本の文化的伝統と歴史に照らしてどのような機微の違いを持っているのかに関心を持たれることを願っています。

当然ながら典型的なアメリカ人の経験とほかの文化圏の人々の経験の間には、いくつかの明確な違いがあるでしょう。たとえば、米国および西欧諸国の大半では、「Faith」は組織化された宗教、特にキリスト教と関連している可能性があります（信仰）。これは日本には当てはまらないでしょう。「Faith」という言葉を用いる場合、それは宗教よりもより広い意味で使っています（信条）。「信仰・信条 "Faith"」の根底にある徳とは、私益をこえ、より深い道徳的価値観と原則に触発され導かれる道徳的視点を持ち続けることだと考えます。また、「信仰・信条」は、ほかの美徳と同様に、時に誤った方向に導かれることがあることも理解しています。道徳的な生活のために、信仰・信条は、皮肉や虚無主義に屈することなく、叡智、真実、そして疑問を受け入れることに根ざしていなければならないのです。

他にも重要な美徳は多くあり、同様に説明することができます。これらの三つの美徳がみなさまの独自の経験の中で何を意味するか、また、他のどの美徳が日本の生活や社会で重要であるかを考えてみるのもおもしろいかもしれません。

本書において、私たちは、最も高い道徳的信念に基づいて道徳的な選択をすることにより、人間が自らの運命の中で積極的な役割を果たすことができることを強調しています。つまり、人間は自分たちの生活の中で主要な決定を行う主体性（個人的な主体性）を持っているという考えです。私たちの見解では、この個人的な主体性は、当事者の生活だけでなく、社会や文化全体の過程においても決定的な違いをもたらすことがあります。社会的状況、圧力、文化的規範はそれらに参加する人々に影響を与えるため、人間の主体性は完全にそういった文脈・枠組みから独立しているとは言い切れません。しかし、社会制度、文脈、文化は、それ自体が人々によってつくられ、思慮深く献身的かつ活動的な人々によって、絶えず再評価され、塗り替えられ、そして強化されているのです。

第三章では、この視点から道徳性心理学の全体像を眺めています。個人の道徳的選択に生物学や文化が及ぼす影響について議論しますが、道徳性を研究している他の最近の心理学者とは異なり、道徳的選択を生物学的または文化的な力に帰属することを私たちは控えています。実際、私たちは、そのような「還元主義的」立場を明らかに拒否しています。むしろ、主要な道徳的決定における究極の力は、すべての個人の献身的な道徳的信念にあると主張します。これが、私たちが本書にThe Power of Ideals〈〈理想〉の力〉というタイトルをつけた理由です。結局のところ、人々は自分たちの人生の重要な選択に主体性を備えているからなのです。

この本で論じている歴史的事例は、米国、ヨーロッパの2か国（スウェーデンとドイツ）、南アフリカから選びました。異なる性格や私史から生み出された中の共通点を強調しています。私たちと文化的背景を共有しているか、異なる伝統に依拠しているかにかかわらず、読者のみなさまが特に興味を持ち尊敬できる人物を例として考えてみてください。その人物が成長する文脈や、直面した困難、行った貢献、そして、その人物の洞察と貢献を可能にした性格的長所について考えてみてください。その人物が困難な状況に陥った時、何を拠り所としたでしょう？　また、どのような短所（性格的欠点）から、自らを律する必要があったでしょう？

私たちは『モラルを育む〈理想〉の力』を、歴史的事例の中で筆頭にあがる偉業に関する議論で締めくくっています。アメリカ大統領フランクリン・デラノ・ルーズベルトの未亡人であり、人々から崇敬されていたエレノア・ルーズベルトについてです。ルーズベルト夫人は、大統領の妻として、アメリカの恵まれない国民層のために多くの時間を費やした後、第二次世界大戦後の世界情勢に関心を向けました。戦時のような残虐行為の防止を担当する国連委員会に所属したルーズベルト夫人は、国連人権宣言起草と発行の立役者となりました。多くの意見の相違や時には激しい対立があったのにもかかわらず、国連の139

加盟国すべてが、この道徳的に優れた文書を支持したのです。この偉業の本髄は、人権が文化や政治の違いを凌駕し、人類の未来のための道徳的責務の根源になるという仮定です。

このように、本書『モラルを育む〈理想〉の力』を締めくくるにあたり、国際的で普遍主義的な視点を紹介しました。その際に私たちが謙虚さを忘れず、異なる文化的背景や伝統に起因する「真実」や「善」などの概念の微妙な相違点に対する配慮に努めたことがみなさまに伝わることを願っています。同時に、本書のこの結論が象徴するのは、人は様々な違いを乗り越えて、正義、調和、人間の尊厳という道徳的理想を達成するために力を合わせることができるという信念であると、みなさまが感じてくださることを願っています。そんな崇高な理想とそれを実現する決意の根幹を探求するこの作業に、私たちとともに関わってくださる日本の読者のみなさまに感謝いたします。

ウィリアム・デイモン
アン・コルビー

目次

謝辞

本書は、ジョン・テンプルトン財団からの惜しみない支援によって実現しました。特に、ジョン・テンプルトン財団のプログラム担当者の3名（ケント・ヒルさん、クレイグ・ジョセフさん、サラ・クレメントさん）から心のこもった支援をいただきました。

オックスフォード大学出版局のアビー・グロスさんとレヴィン・グリーンバーグ・ロスタン文学社のジム・レヴィーンさんには、執筆当初から、また執筆中のいくつかの時点で素晴らしい示唆をいただきました、レビュアーのジョン・ギブスさんにもご協力いただきました。

スタンフォード大学の大学院生であるブランディ・クインさんとヘミン・ハンさんの二人は、私たちが調査したリーダーたちに関する歴史的データの収集と意味の理解を助け、データのコーディングも手伝ってくれました。

パメラ・キングさん、ジェニ・マリアーノさん、リー・シュルマンさん、ウィリアム・スリバンさんは、私たちの解釈を確認するために、モラル・リーダーたちに関する歴史的資料の専門的なコーディングをさらに行い、彼ら自身の歴史上の人物に関する知識を活用して、ケースの理解を深めてくれました。

リサ・スタトンさんは、プロジェクトの財務・管理面を専門的に管理してくれました。

最後に、研究プロジェクトや原稿作成の多くの面で多大なご協力をいただき、時間的なプレッシャーやその他の困難に直面しても、常に忍耐と明るさで見守ってくださったエリッサ・ハーシュさんに心より感謝いたします。

はじめに

この本は、**モラル・コミットメント**（moral commitment：道徳に則して生きること）について書かれています。いかに道徳的な生き方が発達していくのか、また、人は何らかのプレッシャーに直面しても、なぜ道徳的に生きようとするのか、さらに、世界的なリーダーが、公の場でなしてきたことが、いったいどのようなことだったのか、といったことについて書かれています。

そもそも、このモラル・コミットメントとは、何でしょうか。この本は、決して「道徳」とは何だろうか、といった定義を考えるような難しいことに時間を割こうとするものではありません。といって、こうした問いを無視して、自分たちの論をぼかそうとするものでもありません。

私たちは、道徳性（morality）をかなり広い概念でとらえています。人々や社会、さらにそれをこえる世界に利益を与える（ダメージを予防する）社会的な活動や、意図、感情、判断といったすべてを含めて考えています。向社会的な行動は、多層なシステムを持つと考えており、この「行動（act）」は、行動として理解されますが、心理的でもあり、生理的でもあると考えています。道徳性は、人間の行動の**手段**でもあり、**目標**にもなり得ます。つまり、人々が**何か**なそうとする目標だけではなく、**どのように**するかという方法でもあり、モラル・センス（moral sense）が研ぎすまされるほど、この目標と手段はともに道徳的に導かれると考えられます。

モラル・コミットメントに焦点を当てるということは、単なる行動や一つの独立した行動ではなく、むしろ道徳の根源について継続的に関心を持ち続けることを意図します。モラル・コミットメントは、子どもの将来の幸せを祈って自己犠牲をいとわない親や、責任のもとに協力し、公のために、重要な仕事を遂行しようとする労働者に見られるものです。また、リスクがあっても人権運動を行う市民のリーダーや、生活が長い間困窮している中でボランティアとして働いている人のようでもあり、こうした人々は、英雄にあたります。モラル・コミットメントは、神や超越的な真理に身を捧げる気持ちから生じ、人道問題について強く関心を向けることかもしれません。日常的であれ非日常的であれ、また、スピリチュアルであれ、ありふれたことであれ、モラル・コミットメントは、市民のために、社会がさらに良識のある世界になるべく、その可能性を高めるものです。

思えば、私たち(ビルとアン)は、公私にわたって目にしてきたモラル・コミットメントのいくつもの例に、魅了され、興味を持ち、触発され、敬虔な気持ちを抱いてきました。ビジネス、教育、職業訓練を道徳性心理学(moral psychology)というレンズで洞察する中で、学問的なルールにそって、こうしたモラル・コミットメントを理解しようと努めました。私たちは二人とも、生涯にわたり人格がどのように形成されるかということに関心を持ち、これまで道徳性心理学についていくつもの書物を書いてきました。これまで一緒に書いた本『サム・ドゥ・ケア(*Some Do Care: Contemporary Lives of Moral Commitment*)』は、20年も前のことでしたが、初めての試みでした。モラル・コミットメントのミステリーをひもとこうと、道徳性心理学を応用しようとしたのです。

しかし、道徳性心理学の最近の研究は、違和感を持つ方向に舵がきられつつあります。メディアの関心もあってか、人が道徳的な事柄に直面した時に何ができるか、できないかという事柄のみを公に印象づけています。なぜ違和感を覚えるかというと、私たち（あるいは世代をこえて事実上誰もが）がモラル・コミットメント、強くいえば、真に道徳的なこととして認識してきたことが扱われていないせいです。私たちがこの方向性を憂慮する理由は、信ぴょう性に欠けた「ゲーム感覚」の道徳研究方法によって、人間のモラル・センスに関して落胆させられるような考え方が伝えられ、それが現代の公の議論への懐疑的で冷笑的で消極的な態度に影響していることです。

私たちは二人とも、１９５０〜６０年代のアメリカで育ちました。当時、アメリカ人が口にする「道徳」という言葉は、強い意味が含まれる言葉でした。子どもは、親や養育者のしつけに従い、適切なデートの仕方を教わる際に、この言葉が用いられたものです。しかし、１９６０年代に、突然、社会的に大きな出来事が起こり、モラル・コミットメントという言葉の意味が激変し、新しくてとりこになる強いイメージを与えました。ビルにとっては、市民の権利運動であり、アンにとっては、ベトナム戦争でした。この戦争は、アンが道徳性や道徳教育を学ぼうという、キャリアを決定するきっかけともなりました。当時経験した、危機意識でもあり、精神的に刻み込まれるようなこれらの経験は、道徳性の研究を個人的にも、そして私たちの長いパートナーシップにおいても生活の中心に押し上げました（私たち二人は、道徳性の発達の研究をしている時に出会い、30年以上前に結婚しました）。私たちが巡り会ったこの課題は、容易に共感できるものでした。それはすなわち、人権、正義、平和、慈悲、名誉、誠実などであり、こうした理想は、たとえ、難しい状況や暗黒の時であっても、人間の生活を、人生を、気高いものとします。

第一章は、道徳性心理学の領域で「新しい科学（new science）」と称されている研究を概観します。このアプローチは、非日常的な仮説場面を用いて、研究協力者（多くの場合、大学生）を対象にし、彼らが架空の状況にどのように反応するかを研究しています。すなわち、その選択をし、選択した時に脳がどのように反応するかを明らかにしています。認知と感情のパターンが脳の機能において際立ったパターンを示すことが明らかにされ、新しい情報をもたらしてくれたことは、研究として称賛に値します。間違いなく、こうした研究は、道徳性心理学の理解や発展に重要だと思われます。近年の神経科学が、こうした分野に貢献することは、この本でも期待するところです。

しかし、ここに、一抹の疑問と心配が残ります。こうした「新しい科学」からの知見や関連するアプローチが、モラル・コミットメントという人間の能力を適切に説明してくれるのだろうかという不安です。こうした知見を公に指摘している科学者やジャーナリストの大半は、人間のモラルの可能性について、多くの期待を裏切るものになると、嘆いています。

たとえば、私たちがこの本の大半を書き終えようとしていた時に、すでに公刊されていた新しい科学の文献の一つに、ハーバード大学教授のジョシュア・グリーンが書いた、『モラル・トライブズ――共存の道徳哲学へ（*Moral Tribes*）』があります。[1] この本は、情報に富み、興味深く、読み進めるに値する本であると思いました。しかし、グリーンの本は、まるで私たちの支持など必要ともせず、道徳性に関する著書として「２５００年に一度のアイデア」「類いまれな傑作」「魅了するような画期的な書籍」として、同胞から称賛されたのです。確かに、人間のモラルがどのように働くのかを理解する上で、多くの人たちの関心をひく書物でした。

しかし、果たして、道徳性に関するどのような側面を『モラル・トライブズ』は説明しているのでしょうか。この本の見解は、人が実際に経験しそうもない、非日常世界の行動を見ようとした視点においては、類いまれです。ここで、グリーンが実際の道徳反応を引き出すのに用いた重要な方法を要約して紹介しましょう。「あなたは橋の上に立って、トロリーが暴走しているところを見下ろしている。そのトロリーの先には5人の人がいる。あなたが、隣に立っている人を線路に突き落とせば、この大惨事を避けることができる。これは、道徳的に許されることか？」という話が用いられました。このほかにも別のジレンマが用いられています。あなたが、このトロリーの車掌だったらという話であり、本書の第一章で取り上げました。こうしたすべての話は、日常の経験からは考えられないような話です。現実には、滅多に（いや実際、**決して**）起こらないことであり、人間の道徳的な反応の心、感情というものを明らかにするものではありません。このような実験は、机上のゲームであり、それ以上でもそれ以下でもないと考えられます。これらの実験は、正常な、または損傷を受けた脳を持つ人間が極めて人工的シナリオを解き明かしながら、架空のジレンマストーリーに対応する方法の興味をひく何かを明らかにする脳活動のパターンを誘発するかもしれません。それらは、功利主義および義務論という対立する哲学的伝統の何らかの含意（そのジレンマがそもそも策定された目的としての）を説明するのに有用かもしれません。しかし、架空の状況でのいわば学問上のゲームが、真のモラル・コミットメントや現実における道徳的な選択を明らかにするわけがありません。このようなゲームへの反応を、現実の生活でのモラルであるかのように解釈することは、この本で著すように、人間のモラル・センスを辱め、歪めてしまうことになります。

ここに、歴史的な皮肉があります。私たちは、証人になる上で十分に長く生きてきたといえます。ちょうど、１９６０~７０年代は、道徳性心理学の金字塔になる研究が、ローレンス・コールバーグの尽力によってなされた時でした。道徳的推論の発達段階に関する研究です。私たちは二人とも、この流れに近いところにいました。ビルはコールバーグの理論に共感していましたが、時に懐疑的な学生でもあり、観察者でもありました。アンは、コールバーグに批判的な協力者でしたが、共感的でもありました。コールバーグの発達段階に関する研究は、道徳的判断の重要な形式を記述するものとして価値があったと考えました。ただし、道徳的な行為を導く文化的側面、関係性、感情との関連性などが十分に説明されていなかったため、道徳的な行為を予測するには不十分でした。

しかし**当時**、特にハードサイエンスの手法を主張していた者からの主な批判は、コールバーグの方法論は**仮説的なジレンマ**に依存しているというものでした。この見解は、正しいといえます。たとえば、「ハインツのジレンマ」は、研究協力者に、ハインツが奥さんを救うただ一つの方法が薬であるとすれば、それを盗むべきか、と尋ねるものでした。コールバーグは、このジレンマを、ヴィクトル・ユーゴーの『レ・ミゼラブル（*Les Misérables*）』のジャン・ヴァルジャンから引っぱってきていました（ジャン・ヴァルジャンは、貧しい姉の子どものためにパンを盗み、捕まり、監獄に入れられた）。この話は、たいていの者が経験するような話ではないし、かなりのフィクションでした（といっても、トロリーを止めるために、身体を橋の上から落とす話からすれば、あり得る話ですが[2]）。

仮説的な方法を妥当性がないものとして科学的に反論する姿勢は、コールバーグの研究を批判することになりました。一連のジャーナルのレビューで批判されるだけでなく、NIMH（The National Institute of Mental Health）や類似した機関からの研究予算も支給されなくなるほどでした。私たちが知る限り、コールバーグの方法は人間の道徳性を適正ないし生態学的に妥当に説明していると擁護できる者はいませんでした。しかし、この信ぴょう性がない架空のジレンマは今、道徳性心理学の「新しい」科学の基礎として、より極端な形で再現されています。

これに対して、私たちがこの本で選択する方法は、「事例方略」と呼ぶことができます。先述したような、真実が欠けるような過ちを犯さず、道徳的な意識と意図が映し出されるように生きた人たちの言葉や行為を検討する方法です。私たちは、この本の後半でこの方法のよさについてふれますが、こうした事例をもとにする方法にも、限界があります。たとえば、主観的となり、たいてい回顧的な説明にならざるを得ないことです。人の記憶は最良の状態にあっても不正確さや全くのでっち上げに満ちています。道徳的な行動に由来するドラマティックな個人的危機や冒険は、特に記憶を歪めてしまう恐れがあります。基本的な問題だけではなく、典型的なモデルを検討する研究の科学的デザインにはなおも限界があります。このような研究は、サンプルが少なく、時間がかかり、深く分析する必要があります。適切に比較するグループを探すことは、不可能ではないものの、集めるのが困難です。

こうした理由すべてから、道徳という人間の豊かで複雑な機能を包括的に知るためには、科学的な方法すべてを求める必要があります。つまり、実験、観察、神経科学、面接、調査、ケース・スタディ、ビッグデータです。

それでも、人の人生のすべての領域において、内面的な心の働きから洞察を生み出すことができるのは、モデルのケース研究以外は見当たらないと、私たちは判断しました。私たちは、『サム・ドゥ・ケア』でレポートした生きた道徳例の研究の中で、この方法が生産的な方法であると考えたのです。ただし、この本では、生きたケースというよりはむしろ歴史的なケースとして、個人のインタビューというよりはむしろ確立された記録の分析に焦点を当てています。見本となる人物の生き方が、私たちみんなの独自で価値のあるモラル・コミットメントに、心の底から感動する洞察をもたらしてくれることに読者が賛同してくれると期待するからです。

私たちは、前文のフレーズ**私たちみんな**を意図的に使っていますし、まさにそれを強調したいと思います。事例の人々（モデル）は、本質的に並外れています。しかし、異なる種ではありません。彼らはみな、人間のもろさを持ち、過ちを犯し、人生のある領域では、価値のない振る舞いをしています。決してパーフェクトではないことを最初に認めておきます。実際、こうした研究のリスクの一つは、読者というものは必ずこういう人たちは、思いもよらない弱点があると異議を唱えることです（マザーテレサが様々な理由で尊敬されないのは、たとえば、彼女が事務員をひどく扱ったといった文書が書かれたりしているから）。私たちがこの新しい方法に着手し、尊敬していた人々に親しみを持ち始めている時に、まさに弱さといった言葉が持ち得る意味を、すなわち、彼らがどのような人間であったかを知ることになり、打ちひしがれることもありました。

こうした現実は、これらモデルとなる人たちの人生が「私たちみんな」に、意味を与えてくれることを示唆します。**つまり、私たちは彼らから学ぶことができることを意味します。**人間の人生や発達の機会や困難に立ち向かうことを、彼らと共有できるのです。同様に、スキルや強さを獲得し、同じ幻想や過ちに翻弄されながら、同じ心理的な過程を経て、知性や人格を確立していけるのです。彼らは発達という旅において、果てしなく遠いところまでたどり着いている人たちですが、旅の本質は、類似しています。最も重要なことは、モデルの生活の理解が、すべての年齢の私たち普通の人間に、教育的な示唆を与えてくれることです。以下にも書いていますが、これは、この本の用途として私たちが最も期待するところです。

この本は、『サム・ドゥ・ケア』の続編です。しかし、これは別の本のあそこにあるとか、ここに詳しくあるといった意味での続編を意味しません。前書では、23人のモデルのケース・スタディを多かれ少なかれ驚きながら、その知見を報告しました。たとえば、献身的でリスクをおかす人の誰もが、道徳的な目的を遂げるための勇気などなかったと表現するとは想像もしませんでした。例外なく、基本的には彼らは勇気を必要としていませんでした。つまり、選択の余地がないといった態度であり、勇気をあえて出すということではなかったのです。回顧すれば、同様な感性は、ホロコーストの時にユダヤ人を助けた勇敢なヨーロッパ人にも感じられます。子どもが脅かされていた市民運動のリーダーや、悪意のある攻撃を受けていた戦争反対を訴える者が、勇気を否定したと耳にする時にも驚きを感じたものです。ほかにも驚かされたのは、多くがかなり偏った宗教的な信仰を持っていたことです（長期にわたる選択基準の研究において）。すなわち、貧困の国をなくそうというミッションがうまくいかなかったことを認めたモデルが表現したのは、前向きさでした。また、目標を道徳的な方向に変えていこうとすることに生涯をかけられる能力でした。さらには、長期にわたり、毎日自己と道徳性を純粋に統合しようとしたことです。

こうした知見は、この本の着地点ともいえますが、主題というわけでもありません。私たちの問題はもはや、道徳的にコミットしている人がどんな人なのか（勇敢な、誠実な、統合された）ではありません。むしろ、**どのようにそれを行うためにマネジメントしているかなのです。**たとえば、勇気を出す必要がない勇気ある行動とは、簡単なことではなく、情熱と狂信の間の境の少し右側に寄っているとか、失敗してもポジティブな表情を示すといったことと共通したものを感じさせられます。こうした軽業のようにやってのけられてしまうのは、いったいどういうことなのか、と考えさせられます。

この質問に答えるべく、20世紀の世界のリーダーの6人について研究してみましたが、徳について考えさせられることとなりました。すなわち、難しい道徳的目標（moral purpose）を成し遂げる強靭な人格について検討することとなりました。人がモラル・コミットメントを持続して遂行し続けることを理解しようとしたところ、特に注目に値する価値として三つに絞って考えることとなりました。すなわち、誠実さ（**内的な**誠実さを含むことが重要）、謙虚さ（開かれた心）、忠実（私たちが発見したスピリチュアルで宗教的な類いの感情であり、宗教色のない誠実さと同様に『サム・ドゥ・ケア』で検討する機会がなかった）でした。この本での主要な目的は、こうした徳あるいは関連しあう徳が、どのようにしてモラル・コミットメントを頂上に押し上げることができたかを理解することです。

同様に、このミッション以外の話題についてもふれることとなりました。「はじめに」の冒頭で、道徳性心理学の流行（舵取りの**過ち**）について批判しましたが、こうした誤った舵取りが人間の行動を形づくる信念や理想（推論）の力について品位を落とすことになると非難しました。知的風土からすると、一見科学的なリアリズムに見せかけているもののジャングルへと戻るようなものです。この科学に妥当性があるのなら、結果を受け入れる必要があるかもしれません。また、補いあい共存する道を探ることが必要かもしれません。しかし、すでに指摘したように（次の章で、かなり深く掘り下げますが）、こうした科学的な主張は、未熟な題材である、限られたサンプルのみをもとにしています。そして、真剣に生きる経験からはかなりかけ離れた、実験的な状況に基づいた結果です。さらにいえば、奇妙な行動を、こうした行動とは全く違う道徳的な行為に一般化しようとしていることです。これは、妥当で科学的な説明の公式としては受け入れられないことです。

私たちはこのような知見をもたらす科学について批判しているだけではありません。特に、人気のあるメディアでよくあることですが、かなり単純化された解釈がなされることも批判しています。したがって、この本の第二の目的として、こうした文化的にトレンドな間違った舵取りを指摘し、正す試みをしたいと考えます。一つは、困難な人生経験を通してコミュニティが高貴な理想へと信念を駆り立てることです。もう一つは、偽りで妥当性がなく、誇張した科学的な知見によってなされていることに対してです。

私たちは、理想の力について書いていますが、ただのナイーブな理想主義になろうとしているわけではありません。人間のなすことに存在する不道徳なものについては認識しています。現在あるいは過去において、善悪のバランスをうまく解き当てるのも難しいです。道徳的な選択についていえば、生物学的、文化的、状況的な要因がそれぞれ影響を及ぼすことについても同意しています。それゆえ、こうした影響力を明らかにする社会科学、行動科学、脳科学を求めています。

しかし、この本では、道徳的選択に心理的な影響がどのように及ぶのかという文脈に絞り、理想が果たす特定の役割を明らかにしようとしています。異なる様々な心理的な影響力を統合しようとした第三章は、「完全なる道徳性心理学を目指して」というタイトルにしました。タイトルを「～を目指して」としたのは、道徳的選択やモラル・コミットメントを研究する中で、今なお未知のことが多いことについて認識しており、私たちの謙虚さを示したいと考えたからです。

オーサーシップについて：この本のオーサーシップの順番は『サム・ドゥ・ケア』とは逆とすることと

しました。今後の引用を考え、この2冊を区別するためです。私たち二人は、すべての章にわたってともに関わり、ビルは批判と道徳性全般についてリーダーシップをとりました。アンは、徳やモラル・コミットメントを可能にし、維持する方法について主導的に書いています。

最終的な希望は、道徳的な選択とモラル・コミットメントを促すことに貢献したいということです。もちろん、こうした努力によって選択やコミットメントが実際養われ得るなら価値があります。道徳的な選択やコミットメントを育てる唯一の方法は、ジョージ・オーウェルのオーウェリアンといった全体主義的、また管理主義的な行動変容の形式とは違い、意識を引きつける教育によるところからと考えられます。生物的な衝動や社会的な圧力に駆られると道徳的な反応がゆるんでしまうというモラル・センスを持つことは、個人から主体性を取り払ってしまうこととなります。こうした見方は、よりよき道徳的な判断やモラル・コミットメントができるような人格を育てようとする意欲をくじきかねません。このことから、本書で分析する事例からのメッセージを心に留めておくことは価値のあることであり、必要であると信じています。

第一章　道徳性の新しい科学の誤った展開

道徳性はいつも熱心な論争の対象でした。記録されたすべての歴史において、人々は、何が正しくて何が悪いことなのか、誰が審判を下すべきなのか論争してきました。哲学や科学がはじまった時から、学者たちは、人間性の中核は道徳的なのか不道徳的なのか、人々はどのようにして道徳的に善であることを学ぶのか、何が正しいのかや道徳的・不道徳的行為を決めるものは何かに関して文化をこえて一致することはあるのかについて論争してきました。このような問題が繰り返し問われるということは、道徳的な関心が人間の経験にとって基本的なものであり、この関心を認知し扱うことが、社会生活に適応することの本質的な部分であることを示しています。

道徳が社会化された生活を可能にするのです。道徳による人々の支配は強力ですが、個人の自己利益と生存の本能のレンズを通して見ると、その力は複雑です。人々はほとんどの時は、ルールとして道徳的に振る舞います。大小の反例もありますが、実際人間の行動は社会化されていて、法律に従い、他者をケアし、とても礼儀正しく振る舞います。ほとんどの人は平常は反社会的な衝動に抵抗します。なぜでしょうか。自分の利益にとって有利であれば、他者にとって高くつくことであっても、なぜ人々は衝動に身をまかせないのでしょうか。人々がお互いに絶えず略奪し、自分以外の誰かの欲求を聴こうとしないわけではないのはなぜなのでしょうか。ほとんどの人々は、何らかの理由でそのようには振る舞いませんが、それはなぜなのでしょうか。

この問題に重ねて、もっと複雑な問題があります。なぜこんなに多くの人々が反社会的な衝動に抵抗して、正義や自由、平和や他者の幸福というような道徳的な目的のために積極的に身を捧げるのでしょうか。ある人々は、時に自分の生命を危険にさらしてまで、驚くばかりに気高いことを成し遂げ、他者を感動させます。しばしば彼らの道徳的目標のための努力は、寛容で勇敢であると同様に創造的でもあります。彼らは高貴な道徳的目標を目指しており、慣習的・一般的な是認を求めません。どのようにしてこのようなことが起こるのでしょうか。この明らかに利己的でなく、しばしば反慣習的な行動はどのように説明できるのでしょうか。

道徳性は社会を結びつけるような、日常的な出来事で、親しみやすく、友好的な側面も持っています。多くの人々は自分の家族の世話をし、彼らの幸福を保証するために一生懸命働きます。彼らは、友情や友人を寛大に正直に敬意を持って遇すること、忠誠を維持すること、お返しを得られないとわかっていても人のために尽くすことに価値をおいています。多くの人々が、自分を仕事に捧げ、責任を持って行おうとしています。多くの人々が共同体のために世話をし、困っている人々を助けています。

コミットメント、思いやり、誠実さ、インスピレーション、犠牲、正直さ、忠誠、社会的責任――これらは社会をまとめ、世界に知られ文明化されたすべての社会において個人の幸福を高める確固としたモラル・センスの要素です。それは、哲学者、神学者、科学者、そしてそのほかの学者たちが、１０００年にわたる個人的内省と公開の討議によって理解しようとしてきたモラル・センスの要素でもあります。

しかし、この生き生きとした多面的な人間のモラル・センスは、道徳的行動に関する今日の社会科学を支配している自称「道徳性の新しい科学」の要素とは大きく異なっています。そしてそれは、道徳性に関する最近のおびただしい論じ方――『ニューヨーク・タイムズ（*The New York Times*）』や『ウォール・ストリート・ジャーナル（*The Wall Street Journal*）』、国営ラジオのような主要なメディアにおける扱いとも異なっています。多くのジャーナリストは新しい科学の考え方――狭くて還元主義的で、寒々とした冷笑的な考え方に心を奪われています。この考えを持つ人気のあるメディアの代表者は、人々はその中核において残虐で、親身でなく、偽善的で不正直であり、そしてこの共食いの世界でうまくやっていくために、彼らはそうである**べきだ**と言っています。[1] このことは道徳性についての公開の討議を不人気にし、多くの評論家が近年見ている全体的な文化的衰退感を煽っています。このように道徳性に関する最近の学術的研究を特徴づけている考え方が、学術的とは程遠い文化的な影響を引き起こしています。

道徳性の新しい科学（new science of morality）という言葉は、２００７年の『サイエンス（*Science*）』の「道徳性心理学の新しい統合」[2] を表明した評論で心理学者ジョナサン・ハイトによって提唱されました。ハイトはこの評論でこの「新しい科学」学派の二つの基本的な前提――「生得的な道徳的直観の重要性」と「道徳的思考の社会的な機能性」――を強調しています。これらの前提によって新しい科学学派は、プラトン、アリストテレスからカント、ジョン・ロールズ、アラスデア・マッキンタイアー、ごく最近ではクリスチャン・クリスチャンソンといった哲学者が強調している道徳性の真実性（truth）や徳、正義の追究という考え方と、反対の立場とされます。

　このことに関してハイトは、人間の行動の無意識性、非反省性、非合理性を示すことを目的として平行して行われていた研究から広まった相補的な著述とゆるやかな関連があると言っています。その研究プログラムは、人々は最も重要な決断を素早く自動的に行うという前提を共有していました。こうした「瞬き（blink）」のような判断[3]は、注意深く熟慮された原則ではなく、情動やほかの自然な直観を参照してなされます。この見解によれば、意識的な原則がどこかの時点で使われるとすれば、それは自動的になされた直観的な選択を、駆り立てたり形づくるのではなく、**事実の後に**、合理化するためにのみ使われるのです。ハイトは「情動的な犬とその理性的な尻尾」(4)と言いましたが、彼は理由を揺り動かすのは情動であって、その逆ではないという信念について明確に語っています。

驚くにはあたりませんが、新しい科学学派が意志決定時の情動と非合理性を強調することは、道徳的思考（moral thinking）の質に対して偏見をもっていることを意味しています。『社会はなぜ左と右にわかれるのか（*The Righteous Mind*）』でハイトは道徳的思考の誠実さに疑問を投げかけています。「この著書が持ち帰って伝えたいメッセージは……私たちはみな自分が正しいと思っている偽善者だということです」。この流れのほかの研究者たち、道徳的判断を測定するために経済学的、哲学的ゲームを使う研究者は、人間の道徳的な反応における論理や合理性、知的健全性に疑問を投げかけています。意見を異にするある科学者はこのことを心理学における「人々は馬鹿」学派と命名し、道徳性の非理性的な性質についての主張が知識人の労力を要する理性的な推論(5)によってなされたことはなんとも皮肉なことだとしています。

この論議は、自分の著書によって一般の人々に情報を与え説得しようとしたジャーナリストによって疑問を持たれたといえるかもしれません。しかしあるコメンテーターは次のように言っています。「これらを主張し一般化しようとする研究者は、公衆への情報提示の大部分をメディア（特に『ニューヨーク・タイムズ』の Op-Ed の記事〔訳注：社説欄の向かい側の特集ページ〕や科学の記事であり、そのレポーターは生物学的、進化論的説明の仕方に魅了されているようなのですが）や、『瞬き（*Blink*）』や『隠された脳(6)（*The Hidden Brain*）』という人の心をとらえそうなタイトルの、ジャーナリストによって書かれた人気のある著書から引き出しています」。

いわゆる道徳性の新しい科学の多くは、実験を行う一連の研究に基づいていますが、その実験は「はじめに」で簡単に記したように学術的な哲学で用いられている日常から離れた仮説的な問題を扱うものです。

前述のようにこれらの研究は、被験者に次のような架空の葛藤を変形した問題について尋ねます。ブレーキがきかなくなって暴走しているトロリーが、線路を歩いている5人に向かって進んでいます。もし運転手がそのまま電車を進めれば、5人はひかれてしまいます。もし彼がトロリーをほかの方向に進路を変えるか、電車の進行方向にある橋の上から太った男を突き落とせば、間違った時間に間違った場所にいた不運な人一人が死ぬだけですみます。

多くの人々は、運転手がすべきことは電車に大混乱を起こさせるよりは一人の人を殺すことを選んで、5人〔訳注：原文は4人〕の命を救うために電車を側線に切り替えることだという結論を問題なく出します。しかし5人を救うことが、トロリーを脱線させるために一人を橋から突き落とすことを必要とするのであれば、この問題の論理は研究者たちが主張するように切り替えの葛藤と本質的に同じであるにもかかわらず、ほとんどの人はそれは間違っているというのです。情動を引き起こす傾向を除けば同質であると研究者が主張する葛藤に対して異なった反応をすることは、新しい科学の観点からは、道徳的選択が非理性的であることとの証拠なのです。

もちろんこのような葛藤は、不思議なことにありそうもない状況を描いています。その状況は、多くの人々が道徳的な生活で直面し気にかけていること、たとえば家族へのケア、悪い行動への誘惑抵抗、肯定的な道徳的目標の追求というような問題とは異なっています。純粋に仮説的なトロリー課題は、もともとは哲学者によって思考実験として考案されました。それはある一つの道徳性の理論――帰結主義としても知られている功利主義の限界を示すために使われました。その葛藤は普通の人々の現実的な道徳的経験を表すために考案されたものではありません。にもかかわらず新しい科学およびそれと関連した著作は、このシナリオへの反応を一般的な道徳性の代理として扱っているのです。このようにして彼らは人間の道徳的な良識は直観的で非思考的であるという主張を、奇妙な実験状況でしか引き出されない風変わりな行動に基づいてなすのです。

新しい科学学派が出す著作は、高度に知的なプロセスが判断や行動に対してなす時折の（ただし、いつもかすかな）貢献を認めています。このニュアンスについては後で論議します。しかし全体的には、新しい科学の研究は、私たちの種は意識的コントロールをこえた生物的な力によって自分の意志でなく自動的なやり方で行動するように生得的になっていることを示すためにデザインされて（そして広く解説されて）きました。

この流れの最近の著書に対する『ニューヨーク・タイムズ』の書評は次のように結論づけています。「これらの著書のテーマは同一である。私たちのその日その日の生活でなす選択は、神経システム内の深いところに内在する衝動によってなされている」[7]。書評には「扁桃核が私にそれをやらせている！」という魅惑的な見出しがつけられています。少なくとも見出しをつけた人は皮肉を言う感じ、より適切に言えば馬鹿馬鹿しいという感覚を持っています。

「道徳性は私たちの生物学に根ざしている」という考えの支持者の一人は、ハーバード大学の元教授マーク・ハウザー（2006）で、彼の影響力の大きい著書『道徳的な心（*Moral Minds*）』は仮説的なトロリー課題に対する反応を大いに利用しています。この著書は、道徳的判断の基本的な基盤は本能的、無意識的であり、我々の遺伝子に組み込まれているという考えを促進させました。ハウザーの中心的な考えは「私たちは道徳的な本能を進化させ、何が道徳的に正しく、何が悪いのかについて無意識的な行動の文法に基づいて素早く判断するようにデザインされている」[8]ということです。「文法」は本質的にコンピューター操作のセットで、意識がアクセスすることはできず、意識的に考えたいという欲求もなく、正邪の判断を自動的に生成します。

機能的磁気共鳴画像（ｆＭＲＩ）という技術的な手法が考案され広く使われていますが、それがこの生物学的な還元主義を煽動しました。この手法を使ったある研究で、哲学者のジョシュア・グリーンは、神経科学者のジョナサン・コーエンほかとチームを組んで、トロリーの葛藤への反応に伴う脳のプロセスを観察しました。(9) 人の生命を救うために一人の男を突き落とすというトロリーの葛藤を少し変えた課題に直面して、ほとんどの被調査者は能動的な殺人と受動的な殺人のどちらを選択した方が苦痛が少ないかを素早く決めます。ほとんどの者は橋から男を突き落とすことは「不適切」と判断します（ただしそれは罪のない人を殺すかどうかについての判断に対する常軌を逸脱した選択なのです）。被験者がこの問題を考えている間に、神経のプロセスの磁気画像が情動と関係した脳の領域での活動パターンを明らかにするという研究です。

ほとんどの被調査者が多くの人を救うためのスイッチを押すトロリー課題で「適切」な反応をする時には、男を橋から突き落とす「不適切」な行為を求める課題の時とは違って、彼らの脳の情動と関連した領域は活性化しませんでした。これらの結果は、合理的な分析がこれらの二つの解決を同等とみなしても、情動の異なった関与は異なった判断に導くということを示しているとされます。著者たちの指摘は、脳の活動に基づいた非理性的で情動的な要因の方が、正邪についての熟考された思考よりも、人々の道徳的判断を形づくる上でより強力なのだということです。グリーンとハイトの共著で、同じ研究を引用しているもう一つの論文では、結論は「道徳的判断は熟考された思考よりも情動と感情的な直観の問題なのだ(10)」とされています。新しい科学の研究者たちは、この生物学的決定論が判断やほかの意識的な選択を、心理学における「付帯現象」〔訳注：ほかのものを原因としてそれに付随する二次的な徴候〕とされるものに追いやってしまったのです。つまり行動の選択を実際に決める時に、理性の役割はないのです。

この結論を支持する科学的証拠は、実験状況の不可解で仮説的な特質を考えれば、説得力があるとはとてもいえないにもかかわらず、この種の研究やその疑わしい解釈がマスメディアによって広げられています。脳科学の研究は、どんなに概念的に間違っていても、今日ではある種の威光を持つ傾向があります。この威信を調査したディーナ・ワイスバーグと彼女の同僚たちは、[11]専門家が全く不適切だと確定した脳科学の情報を与えられても、人々はその報告が提供する説明に満足することを示しています。ワイスバーグは、心理的現象の説明に関する脳科学の不適切な情報によって説明の基底にある論理を批判的に考える能力が実際に**害されている**と結論づけています。

道徳判断に関する脳科学の探究には大きな見込みがあると思うし、私たちは第二章で述べるように最近の多くのｆＭＲＩの研究から貴重な洞察を得ています。しかしすべてのｆＭＲＩ研究が新しいことや興味深いことを明らかにするわけではありません。ｆＭＲＩ研究の分析は全体として、研究中の現象の理解に何か新しい貢献をするのは少数の研究だけだと結論づけています。[12]ｆＭＲＩの画像で拾い上げられた脳の活動は心理的プロセスの物理的な相関にすぎず、価値ある説明を提供するものではないにもかかわらず、この意義は滅多に論じられません。しかしある消費者にとっては、ｆＭＲＩ研究は客観的な科学のオーラを持っていて、それが新しい所見がないことを覆い隠してしまうのです。

コントロールを失って走る仮説的なトロリーに加えて、道徳性の「新しい科学」とそれが助長している生物学的決定論をたきつけているもう一つの受け入れがたいパラダイムがあります。このパラダイムの研究の鍵となる方法は、兄弟姉妹との近親相姦や死んだ鶏とのセックス（！）というような忌まわしいことについて被調査者に考えさせることによって、嫌悪の感情を引き起こすというものです。明らかにこのような行動は人間的な出来事から逸脱しています。実験者は被験者に、近親相姦の兄弟姉妹は避妊をするとか、彼らは心理的に病むことはないとか、行為の秘密は完全に守られるということを保証することによって、これらの行動に反対するあらゆる非情動的な基盤を除外しようとしています。鶏に関しては、結局それは死んでいるのであり、実際、それはすでに細かく（馬鹿げて整然と）切り刻まれているのです。このような限定にもかかわらず、この実験の被験者がイメージを浮かべて即座にぎょっとした時、彼らの反応は道徳性は道徳的な熟考や理性的な判断ではなく、自動的で非理性的、生得的な情動によって支配されていることの証拠とされるのです。

その最も不十分な形で、生物学的決定論を強調することは、道徳性はほとんど本能によってつくられるという考えだけでなく、同様に非理性的な道徳的相対主義にも導きます。その論理は次のようなものです。たとえ道徳的な反応が「生物学に基づいている」と思われても、どんなに真剣な科学者でも、文化によって道徳的実践や信念が明確に異なることを否定することは不可能です。このように環境の中での経験が、人々の行動の決定に寄与しているに違いないのです。

新しい科学学派は意識的な理性を不適切で効果を持たないものととらえ、環境の中での経験をどう解釈し価値づけるかを決める人間的な判断を全くあるいはほとんど役立たないとみなしていることを心に留めておきましょう。新しい科学学派の考えでは、考慮する必要のある唯一の環境要因は、受動的で目的を持たない反応をする機械にすぎない人々が偶然にさらされている特殊な文化的情報です。このように道徳的価値とは、彼らが飛び出てきた文化の恣意的な遺物であり、人々が自分のために重みづけ選び取った信念なのではありません。したがって私たちがあらかじめプログラム化された生物学的な衝動にとらわれていない場合に、自分のコントロールをこえて恣意的な文化的価値に仕方なく支配されるのです。私たちが異議を唱える科学的なメリットが何であれ、これが確かに人間のモラル・センスに関する意気消沈させるとらえ方なのです。

新しい科学のパラダイムは意図的に道徳的選択をする人間の力を低く見積もる一連の社会心理学の研究――この研究の創始者の一人フィリップ・ジンバルドーは、近年彼の研究をそれほど暗くない方向に持っていっていますが――とつながるようになっています。20世紀の後半に行われた社会心理学の研究も決定論的なメッセージを伝えましたが、彼らが考える決定論的力は生物学的というより状況的、経済学的でした。たとえば、有名な権威への服従実験で、エール大学のスタンレー・ミルグラム教授は、白衣を着た者にそうするように指図されると、被験者は苦痛なレベルであると思っている電気ショックを他者に与えてしまうことを示しました。[13] 同輩の社会心理学者ジンバルドーは、大学生に偽の監獄でほかの学生を監視する看守役の仕事をさせました。2週間の予定だったのですが、学生看守の行動が残酷になったため六日後にジンバルドーは実験をやめることにしました。[14] この研究からのメッセージは、私たちのモラル・センスは外的に操られ、そしてもろいため、置かれた状況によっては限りなく残酷になる可能性を持っているということです。この実験によってつくられた世界観では、状況からの圧力の変化に耐えるだけのたくましさを持つのは自己利益だけなのです。

経済学の非常に影響力のある研究分野も、人間の行動は自分のコントロールをこえた力によって決定されているという見解に寄与しています。経済学のモデルではほとんどの愛他的行動は道具的な欲求や自分のための目標が単に反映されたものと解釈されます。[15] この経済学的考えでは、行動の選択は、リスクと得るものの計算あるいは個人の自己利益の種々の側面を表す「有用性」を最大化することによって決められるとします。経済学的ゲームにおける行動に関する実験的研究は、時に愛他性の存在や公正とみなされる解決への好みを認めることもあります。しかしそのような好みは、自分たちの好みあるいは「有用性」を追求する利己的な行為者の一つのまとまりとしての、人間の条件の全体像に最小限の影響しか与えない例外と理解されるのです。[16]

このように、最近の行動科学——道徳性心理学の「新しい科学」、実験社会心理学、行動経済学の領域——からの新しい情報は、私たちの熟練した道徳的理由づけや判断——それは時代をこえて良心の声と呼ばれてきたものなのですが——に対して、生物学的・文化的・社会状況的・経済学的な知見を組織して力強い戦いを仕掛けています。新しい科学の考えによれば、良心の声は静かで小さいのではなく、ほとんど効果がなく、錯覚でさえあるのです。

これらの決定論的考えの提供者は、仮定された力が反対方向から来て、それゆえお互いに理論的に両立しないということで困ることはないようなのです。同じ行動が非理性的な内的衝動と外的な社会的状況の両方によって同時に決定され得るのでしょうか。そんなことはないでしょう。人間の行動を導く道徳的理想の力を割り引く知見はどんなものでもすべて現在の社会科学の福袋に迎え入れられ、そして科学的リアリズムと頑強で厳密な方法論の名のもとに受け入れられているのです。

実際に、純粋な科学的妥当性としっかりした厳密な方法論に基づいた一連の研究によって、人間性に関する意気消沈させる見解がどの程度進められているのでしょうか。次にこの疑問を詳細に検討してみましょう。

道徳性に関する新しい科学の科学的妥当性

研究の妥当性の主要な指標の一つは、参加している被験者のサンプルの問題です。バイアスがあり代表性に問題があるサンプルは、研究結果をドラマティックに歪めて、結論が現実を変えてしまうかもしれません。たとえばサンプルの代表性に適切な注意を払わなかった選挙の世論調査が有名な間違いを犯しました。1948年の大統領選挙の時、電話を持っている人だけに調査がなされました。それはその時期の裕福な人々の傾向を示すものであったため、このサンプルは共和党のトーマス・デューイが民主党のハリー・トルーマンを簡単に破るという予測をもたらしました。その結果が、「デューイがトルーマンを破った」という間違った新聞の見出しをトルーマンが揺り動かして笑っている二日酔いの写真なのです。

ある領域における人間の機能の性質を検討する研究は、その領域で機能する能力についての妥当な説明を提供するのであれば、低い機能から高い機能の広いサンプルでなければなりません。一つの例として人間の知能の研究は、普通の成績の人と同様、天才のような最も高いレベルの人を調べなければ完全ではありません。高レベルの熟練者や創造的な天才の思考の型には普通の心のプロセスとは異なった特徴があるかもしれないので、熟練者がサンプルに含まれなければならないのです。

さらに、賢明な研究デザインのためには、サンプルの選択と測定は調整されていなければなりません。もし研究が熟練者の認知能力がどのように働くのかについて特別のことを検討するものであれば、研究は型にはまった心の機能をつかむのではなく、異なった手法を使う必要があります。人間の知能についての完全な見解を提供するためには、研究のサンプルは広いレンジの人々を含まなければいけないし、その方法はそのレンジのすべての箇所の特徴をつかむように工夫されていなければなりません。

道徳的行動の特質について露骨で蔑んだ主張をした研究は、一般的な母集団から引き出された普通の人々の限定的なサンプルに基づいています。それはしばしば典型的な大学生のサンプルで、彼らの質的特徴は、実験を行っている教授が教えている授業に都合よく登録しているため、参加者として利用しやすいということにあります。典型的な大学生が特に非道徳的だと言っているわけではありません（彼らはセンセーショナルな通俗音楽にさらされているけれども）。しかし十分な道徳的成熟に導くような挑戦的で複雑な人生経験に出会ったことがある大学生はほとんどいません。**どの**年齢の典型的な人々も、定義上例外的ではありません。これらの理由で、実験状況での大学生の典型的なグループの行動は人間の道徳的可能性のスペクトラムの全体を表し得ないのです。

新しい科学の誤りの一つは、完全に成熟していない典型的な人が、混乱し非理性的で、他者への配慮なく、人の言いなりに、利益を最大限にするように行動した時に、**人々一般**そして人間のモラル・センスそのものが、権威に盲目的に従い、容易に堕落し、基本的に利己的だと結論づけることです。典型的な反応が彼らの考えを支持して混乱し歪んでいたとしても、道徳的理解や性格がより発達している人々はそのような欠点を持っていないかもしれないと結論づける研究者を、新しい科学の研究で見たことがないのです。

新しい科学の研究者は、彼らの結果は使われた特殊なサンプルの道徳的な限界を単に反映しているにすぎないことを認めないだけではなく、この限界がさらなる発達、あるいは教育的に取り組まれることで対処することができることを考慮することを怠っています。新しい科学は、異なった人々の様々な反応や、教育やほかの発達的な経験によって改善される人々の可能性に注意を向けることができず、そのことがこの路線の研究結果の解釈に問題をもたらしています。

限定されたサンプルによる研究から得られた結果でも、普通の報告よりも複雑なパターンを示していることにも私たちは注目します。たとえば他者に電気ショックを与えるように被験者に命ずるミルグラムのすべての状況において、ショックを与えることを拒否した人がいつもいるのです。さらに実験者の命令に屈した被験者の中には、後で自分の行動を後悔し、実験状況で行動を続けるという道徳的判断を変えていた者もいたのです。**これらの**人々はどのような人だったのでしょうか。彼らの特質がどうであろうと、彼らは確かに人間という母集団の部分なのです。

ある者はほかの者より権威からの圧力に抵抗できるし、ある者は学ぶことにより開かれているようです。道徳性の本質に関するあらゆる主張は、このような人々を考慮しなければなりません。典型的な人々に限定されたサンプルだけに基づいた推論は、人間の道徳性に関する見解を歪めることにつながっています。

今日の道徳性に関する実験的研究のサンプルの限界性以上に、実験そのものが人々が日常生活で経験しているモラル・センスを代表する上での妥当性を欠いています。「道徳的な心」に関する脳画像による多くの研究で使われているトロリーの課題が、ありそうもないことであることをすでに指摘しました。状況がありそうもないため、それは完全に仮説的な理由づけの問題、家族や友人、共同体への責任を含み、通常情動をかき立てる現実の道徳的問題と似ていない「as if」の思考ゲームになってしまっています。40年以上前、コールバーグの先駆的な研究がその時代の科学者の共同体から仮説的な言葉による方法であることで批判されたという皮肉を「はじめに」で述べました。その時代の厳然とした科学的論議は、仮説的な言葉の問題では行動やそれを駆り立てる情動に備わっている道徳性の本当の要点に近づくことはできないというものでした。当時科学的妥当性と方法論的厳密さの名のもとになされた批判は、新しい科学の研究で使われている完全に仮説的なトロリー課題や道徳的嫌悪のパラダイムにこそより強く適用することができます。

最後に発達的な問題もあります。人々は行動する前にいつも意識的な選択をするわけではないということは、意識的な選択がなされないとか、行動の前の選択が行動を起こすのに不適切だというわけではありません。日々の生活で見事に私たちを導いてくれる決まりきった習慣の多くは、子ども時代に身につけられ、いったんしっかり獲得されれば考える必要はなくなります。成熟した人は、誰も見ていない時お店の棚からキャンディーをつかみ取るかどうかについて意識的な選択をする必要はありません。彼らはそれについて2回考えることなく、支払いをします。しかし4歳の時はこの行動の基本的なルールは明確ではないかもしれません。小さな子にとっては支払いをせずにキャンディーをとることは誘惑される選択肢かもしれません。[17] キャンディーのために支払うという選択は、おそらく近くにいる大人からの厳しいインプットの過程で学ばれる必要があります。うまく学ばれれば、その選択はついには習慣的で意識されなくなります。概して後の生活で習慣的で自動的になる選択は、しばしば学習と内省を必要とする決定としてはじまります。これが発達の基本的な原則です。いったんスキルが学習されれば、素早く実行できるのです。しかし学習のプロセスは骨が折れて、即時とは程遠いかもしれません。そのような行動はしばらくすればルーティンになって、私たちはたくましい心臓で「瞬き」もせずに即座にブルックリン通りを運転するのです。

多くの異なった領域の専門知識に関する研究は、本質的に素早い心的プロセスとゆっくりなプロセス、直観と内省についてこれと同じ主張をしています。チェスや物理学、法と同じくらい異なった能力についての研究は、人は多量の実践や経験によってその領域のスキルの専門性を発達させていくことを示しています。[18] この点で彼らの問題と課題へのアプローチは初心者におけるアプローチとは異なっています。専門家は豊かに洗練され、高度に組織化された理解のシステムを発達させていて、問題を解決するために素早くそれを引き出すことができます。そして専門性がいったん持たれるようになれば、深くてよく組織化された理解がいつでも非常に素早く働くようになるのです。

たとえば熟練したチェスのプレーヤーは盤を見ると、即座におそらく直観的に最も重要な次に動かすべき手とその意味がわかります。彼らはその決定を骨折って理由づける必要はありませんが、しかし彼らの知覚と直観に認知的な基盤がないわけではないのです。素早い、明らかに直観的な知覚と決定は、ゲームについての深い理解と知識に基づいています。同様に道徳的領域でも、後で習慣的、自動的になる行動が十分に発達するためには内省と観念形成の指導を受ける時間と経験を必要とします。公正さとほかの道徳的な問題についての大人の直観はチェスについての私たちの直観と同様、生物学的に与えられたわけではありません。それは時間をかけて学ばれる必要があるのです。

さらに、大人が道徳的思考に関して比較的成熟した後でさえ、状況によってはそれが理解され解決される前に明瞭な内省や熟考、しばしば他者との相談を必要とします。このような状況では人々は道徳的に混乱したり、後に疑問を持つようになるようなやり方で反応するかもしれません。道徳教育は、道徳的な状況やそれに対する自分の反応の特徴や重要性についてより注意深く考えるために距離をおいて客観的に考えるプロセスを容易にすることができます。

　実際、ジンバルドーは、実験が被験者の学生から残酷な行動を引き出すことが明らかになった時、同僚からのフィードバックに鼓舞されて自分自身の良心に基づく判断によって刑務所の看守の実験をやめました。何年か後、ジンバルドーは彼の初期の仕事の意味を振り返って、非道徳的に振る舞うように圧力をかける状況の要求について考え、はっきり知覚し、それに抵抗する認知的能力を形成するための「英雄の想像力プロジェクト」をはじめました。

　ジンバルドーの名前は、道徳的な力は状況の随伴性にあるという見解とほとんど同義になっています。しかし彼の新しい研究は、道徳的理解をサポートする教育によって人々は違法の状況的要求に気づくことを学び、それに抵抗する行動ができるという信念からなされています。永遠に状況の犠牲者でいるのでなく、人々はそれを押し返し、時にはそれらの状況を変えることもできるのです。ジンバルドーの最近の研究は、人々は教育や理解、意識的な選択によって生物学的な遺産をこえられるという人間の発達の頼もしさを認めているのです。

　これと同じ楽観主義が、ノーベル賞を獲得した心理学者ダニエル・カーネマンの著書『ファスト&スロー：あなたの意思はどのように決まるか？（*Thinking, Fast and Slow*）』を特徴づけています。エイモス・トヴェルスキーとともに行ったカーネマンの革新的な研究は、速くて自動的で時に間違える思考プロセスと、もっとゆっくりで努力を要し内省的でより正確なプロセスを区別することからはじまっています。この著書でカーネマンは、システム1の思考――素早く自動的で直観的――とシステム2の思考――ゆっくりで努力を要し熟考的――について述べています。システム1はほとんどの時は統制されていて、多くの場合人々が自分自身で選んだ意見だと思っていることが、実はシステム1から無批判的に借りた判断にすぎないとカーネマンは主張しています。そして「システム1はあなたがなす多くの選択や判断の秘密の著者なのである」[19]と言っています。システム1は進化に基づいていて、挑戦に対する時宜にかなった有益な反応を可能にするヒューリスティック〔訳注：決められた手順に従うのでなく、ひらめきや思いつきによって問題を解くこと〕なセットを構成しています。しかしそれらのヒューリスティックはすべてではないけれども多くの状況をカバーしているために、システム1を広く応用することは、しばしば不適切な判断を生じさせる広範囲のバイアスをもたらします。カーネマンとトヴェルスキーによるたくさんの研究はそれらのバイアスについて詳細な情報を示しています。

なぜ私たちは、道徳性への新しい科学のアプローチよりも冷笑的ではない見解について考察するのでしょうか。その理由はカーネマンがバイアスと間違いについて単調で長い説明をしても、合理性そのものが妄想だと結論づけてはいないからです。彼が論じているのは、人々はシステム1の直観的なバイアスに用心深くあり得るし、そうあるべきであり、そして日々の判断で非合理的なバイアスを無効にするように努めるべきだということなのです。実際カーネマンの著書は、部分的には、読者がシステム1による認知的な罠に陥るのを避ける能力を与えようとしているように思えます。この目的のために、いつも決まったように（そしていつかは習慣的に）システム2を身につけた心の習慣を読者はどのようにして発達させるかを示しながら、どのようにしたらそこに描かれたバイアスから逃れられるかについての示唆が各章の結論で述べられています。

カーネマンは人々の思考の質に関して「新しい科学」の見解よりずっと変異性を認めています。「ある人々はシステム2がよく働くし、ほかの人はシステム1により近い[20]」と。カーネマンは、ある領域で多くの知識を持ちエキスパートである人は、ありふれた認知的バイアスを示すことがずっと少ないようだと指摘しています。本物の専門的知識の賛美者であるカーネマンは、システム2によって生じる複雑な心的活動は、情報のフィードバックを伴った長期の練習によって、速く自動的にそしてより正確になるということを強調しています。このようにしてシステム1はシステム2によってつくられるし、その反対もあり得ます。

信頼できるのは経験によって豊かになったシステム1の直観であり、より一般的な直観的な判断なのではありません。素早く非内省的な反応はよく考えられた評価よりも信頼できるという人気のある主張についてのカーネマンの考えをまとめて、哲学者のジム・ホルトは次のような皮肉を言っています。「もし予測ができすぐにフィードバックを得られる環境でチェスや消火活動、麻酔学のトレーニングを1万時間受けたのであれば、瞬きをする間に判断せよ。それ以外の場合は考えよ[21]」。

カーネマンは、予測できる間違いを人々がしてしまうのは、彼らがそれを止めてもっと注意深く考えるように**動機づけられて**いないからだとも指摘しています。そう動機づけられていれば、彼らはその誤りと、問題が組み込まれている惑わせるやり方に気づきます。彼が言っているように、「知的怠惰の罪を犯さない人たちは『考えることに従事している（engaged）』と言える。つまりより敏捷で、知的に活動的で、間違っていたり安易な回答には満足しない[22]」のです。カーネマンの考えでは、このような考えることに従事している能動的な心を促進することが教育の重要な目的なのです。このような視点は、道徳性の非理性性を不可避的と受け入れ、教育や性格の発達による道徳的発達の基盤を示さない新しい科学の見解と、鋭い対比をなしています。

心理学者のジョナサン・バーロンたちはカーネマンが「ゆっくりとした思考」と言ったような質の高い思考について大規模な研究を行っています。バーロンは注意深く質の高い推論の能力や傾向を**偏見なく他の意見も積極的に受け入れる思考**[23]（Actively open-minded thinking: AOT）と呼んでいます。この領域の研究は、人々の思考の質は大きく異なり、重要な事柄についての質の劣った思考によって望ましくない結果がもたらされること、人々により注意深く考えるように教えることに焦点を向ける教育が役立つことを示しています[24]。バーロンたちは質的に劣っていて偏見があり、しばしば自信がありすぎる思考が必要もないのに広がっていること、教育者は学生に明確に考える能力だけでなく、この領域での高い基準に自分を保つ傾向を発達させる責任があることを論じ、偏見なく他の意見も積極的に受け入れる思考の価値について規定することを恐れていません。私たちの視点からいえば、自分に資するバイアスを避けて、自分自身のものとは異なった視点を真剣に考え、不安定な根拠に基づく考えに不当な自信を持つことを避ける傾向を持ち続けることは、性格の一側面なのです。

道徳的形成に関する科学的研究の変化する伝統

人間の道徳的な能力に関する決定論的で非理性的な見解は、20世紀後半の道徳性発達の研究を支配していた認知論の伝統から変化したものでした。ジャン・ピアジェやローレンス・コールバーグ、エリオット・テュリエルのような認知発達の心理学者は人々の道徳的な考えや思考プロセスを重要と考え、必ずしも厳密な1対1の対応はしなくても道徳的な理解が人々の行動に影響すると考えていました。この認知的なアプローチは、新しい科学の見解がそうしているのと同様、道徳的思考を随伴現象、あるいは実質的に要所を外れたものとして退けたそれ以前の心理学理論に対する反動として起こりました。

これらより以前の理論の一つの行動主義は、観察可能な行動を追いそれをつくると考えられた環境の随伴性――報酬と罰を分析する方法を選んで、科学的研究では検討できないと考えられた判断を「ブラック・ボックス」として退けました。行動主義的アプローチより先行し、それとともに存在し続けていたもう一つの主要な非理性的理論はフロイトの精神分析理論であり、それは多くの内的活動を描きましたが、活動のほとんどに生物学的に基礎づけられた意識下の欲望があるとしました。彼は現実に敏感な自我から派生した良心にも似た超自我を措定し、長い人生で持続的に差異をもたらす弱い知性を描きました。しかし精神分析の年鑑を通して読んでも、全く統制できず踏み外すように脅かす内的衝動にあちこちで引きずられて、自分たちの動機に実際に近づくことができない個人のイメージ以外は何も手に入れることはできませんでした。もし完全に決定論的でないとしても（治療によって学習する可能性は常にあるのですから）、精神分析の視点は、自分の生活を意識的な道徳的選択によって生きる人々の能力について概して悲観的です。そして自分の行動を説明するとされている理性は、「現実的に」彼らの選択を決定しているノイローゼ的でリビドーに駆り立てられた動機とは、実際には大きく関与しているとは想定されていないのです。

反対にコールバーグは「哲学者としての子ども」と言っていますが、それは子どもは強い衝動に支配された人形でも社会化の受動的な受け手でもなく、他者とのコミュニケーションをする中で自分たちの社会的経験を能動的にわかろうとしているということを意味しています。日々の経験に取り組む過程で、子どもたちは公正、権利、平等、人間的な幸福というような道徳的な概念を理解するようになっていきます。行動主義者や精神分析の理論とは違って、この理論は道徳性を、彼らの願いや欲求と社会の利益間の避けられない葛藤を抑えるために人々に対して外的に押しつけられたものととらえることを拒否しています。

道徳性は単に否定的な制裁や罪悪感や不安のような感情を避けることに基づいているわけではないのです。認知発達の伝統内で研究してきたコールバーグやほかの研究者たちは、大人や仲間、文化的実践、社会組織を含んだ社会的世界の様々な領域との関係に能動的に参加することによって、個人は道徳的な問題について次第に成熟した思考のあり方を発達させていくと考えています。

認知発達的アプローチは、原則と理想に導かれる意図的な道徳的行動の主たる守護者として、人間の本性やモラル・センスに関する啓蒙のような解放の精神を持ち出しています。そして人々は、熟慮、談話、決定によって機能的により適切で巧みな道徳的真実の理解ができるようになると主張しました。このアプローチのリーダー、最も卓越しているコールバーグは、挑戦的な道徳的問題について徐々により洗練された考え方になっていく発達的な段階を措定しました。[25] 広範囲にわたる研究が、解決するのが難しい仮説的な葛藤についての個人の思考パターンの発達的変形について、多くの国や異なった社会的環境で男女両方について実証されました。そして順序に従った進行は教育やそのほかの形での知的達成と関連していることが示され、進行の可能性を高めようとする意識が加わりました。

このアピールにもかかわらず、認知発達理論が道徳性発達を十分に科学的に描写するものとされたのは短い期間でした。最大の問題は、道徳的判断の発達段階の測定では、一番重要な目標である心理学的な指標――行動に関する信頼性ある予測――を達成できないことでした。コールバーグの発達段階でとらえられる道徳的洗練さが増せば、ある種の状況、たとえば市民的自由や適法手続きの考慮を含む状況での道徳的選択を予測することはできます。しかし献血車に参加するかとか貧しい人を助けるかというような選択には、特別に洗練化された道徳的理解は必要ではなく、驚くことに道徳的判断の発達段階との関連は見られないのです。献血や貧しい人を救うような行動は道徳的に重要な選択であり、道徳的判断の発達段階がそれとほとんど関連しないのであれば、その理論の勢力範囲も説明力も明らかに狭くなります。認知発達的アプローチの多くの支持者は、コールバーグ理論は道徳性心理学のある重要な次元に注目すべき説明をもたらしたけれども、ほかの本質的な次元、特に行動の動機を軽視してしまったと結論づけています。

道徳性のような多面的な人間の生活に関する領域においては、道徳的判断のような一つの心理学的なプロセスがすべての行動を説明することはできません。たとえば仮説的な葛藤が引き起こす選択とは反対の、現実の世界における道徳的選択を説明する試みは、道徳的目標、習慣、情動やほかの動機づけが果たす主要な役割を説明しなければならないのです。

以上のことを踏まえて、新しい科学の見解にもう一度立ち戻ってみましょう。今まで見てきたように新しい科学には誤りもありますが、今度はそこから何を学び得るかの目で考えてみましょう。このたくさんの研究から得られる一つの重要な洞察は、日常的な道徳的意思決定の多くは実際に即座に直観的に経験されるということです。[26]自分を傷つけた人に危害を加えることを我慢する、あるいは危険にさらされた愛する人を守ろうと突進する時、それらの道徳的反応は素早く、見たところ自動的に、ほとんど意識的な内省なしに起こることは確かです。[27]

これらの共通に起こる行動を理解するために、生物学的、情動的な傾向を考慮しなければならないということも確かです。動物と人間の両方の行動に関する進化論的な科学とその研究は、公正さや共感、愛他主義のような道徳的関心は私たちの種の生物学的な性質の一部であるという一致した見解をもたらしました。この合意の具体的な意味合いは激しい論争と不同意の対象になりましたが、道徳的関心は人間の本性に深く根ざしていると認めることは、人は元来利己的であるとか、より不正確ながら本質的に白紙の状態であるという以前の見解よりも、ずっと進んでいるのです。

さらに、新しい科学は、正義や人間の権利、危害を回避することの問題に焦点を絞っている認知発達理論より道徳的領域を広くとらえることで、有益な主張になっています。それらは確かに中心的な道徳的問題ですが、道徳的世界の全体ではありません。新しい科学の学者の著作は、私たちの文化で重要であると同様世界中の多くの文化で強調されている清浄、忠誠、高潔、共同体、権威への尊敬のような道徳的関心を持ち込んだ文化人類学者のリチャード・シュヴェーダー[28]の研究に基づいています。この包括的な見解は、以前の科学的研究が**道徳性**を道徳的関心が表す価値全体ではなく正義と個人の権利だけに焦点を当てていたのに対して、その言葉のあまりに狭い使い方を修正する重要なものなのです。

多くの場合、学者たちは個人的に自分にとって重要なことを検討し、それが人間のモラル・センスのすべてであるかのようにそのことについて書いてきました。ハイトは彼の最も有名な著書『社会はなぜ左と右にわかれるのか』で、進歩的な政治的立場も保守的な立場も、道徳性の中心的な問題――進歩派にとっては個人的権利と危害の回避、保守派にとっては権威、神性、共同体――に異なった構成化をすることから生じる道徳的な正統性に対して明確で別個の主張を持っていることを述べています。[29]この考えでは道徳的視点の違いは二つの政治的陣営の人々がつながることを難しくしますが、ハイトは両方のグループにそれをやってみることを促しています。このメッセージは対立するグループ間の相互的理解と同様、包括的な道徳性科学を推し進めています。それはさらにモラル・センスに関する科学的な視野に健全な広さと人間的な多様性ももたらしています。

研究の広がりと人間的な意図にもかかわらず、その核心的なメッセージは結局どこに導くこともない相対的なものでした。新しい科学の考えでは、道徳性とみなすもの、そして正邪と考えられるものの定義は世界中で異なるため、葛藤する視点間で決定する方法はないのです。このことは、理性的な道徳的選択の可能性のなさを再び示しています。しかし人々は尊敬に値する人生を求めて、いつでも善い選択をするように求められています。どの社会でも私たちは善いことと正しいことに関して葛藤する視点に悩まされています。信じているものについて冷静に考え、提示されている意見からできる限り最善な選択をすること（あるいは自分自身の新しい意見をつくり出すこと）は無意味なのでしょうか。

ハイトが定めている敵は、彼が「道徳的一元論」と言っているもので、それは一つの道徳的基盤、彼が描いた多面的な道徳的世界観のたった一つに基づいた道徳性を意味しています。ハイトは「すべての人、時、場所にとって本当の道徳性が一つあると主張する者に気をつけなさい……」と書いています。[30] そうです。どこかの文化の関心を排除する一元的な道徳性は、限られた心の狭いものなのです。しかしそのような一元論と、相容れない視点からほとんどすべての文化で共有されている道徳的関心を反映するものを理性的な思考過程を通して選択しようとする試み――たとえば第七章で道徳的選択の達成のランドマークとして論じる有名な世界人権宣言を生み出した普遍的な視点――とを一緒にしてしまうのは重大な誤りなのです。多様な異なった文化を代表する人権宣言の起草者の見方は多面的で包括的でした。同時に人権宣言の起草者たちは、すべての場所の人々が本質的とみなす道徳的関心に焦点を当てる時、文化が共通に持つ一群の理想を求め大切にしました。

そのような普遍的な道徳的関心は確かに存在します。ハイトもこのことを著書で認めて、たとえばイサイア・バーリンの道徳的相対主義に対する反論に賛意を示して引用しています。バーリンは「私は親切であることに賛成し、あなたは強制収容所を好む」というような相対主義的な意見を嘲笑っています[31]。ハイトも争う人々の間の相互的理解を支持する時、寛容という普遍的な規範――相対主義者は決して問題にしない一つの道徳的価値――を支持しています。

しかしハイトの枠組みでは、国際的にあるいは多文化からなる国でしばしば起こっているように、異なった文化的視点に基づく価値が衝突している時に、衝突を解決する手段を見つけることは難しいのです。相違を解決するためには、人権宣言が輝かしく達成したように、普遍的な道徳的優先性を確立する参照点が必要なのです。

普遍的な道徳的真実の存在を否定する相対主義的世界観を埋め込まれた新しい科学の多くの学者は、人間の行動は個人の道徳的信念や確信、理想とは異なった力によって決定されていることを示そうと意図して実験室での実験を工夫しました。これらの研究のあるものは個人の中に生物学や情動のようなコントロールできない力を設定し、あるものは状況からの圧力や文化的規範のような外的な力を設定しました。しかしそれらは、個人から道徳的主体（moral agency）を取り除くという意味で、決定論的メッセージを同じように伝えています。これらの道徳科学においては、人々は理想によって行動するように動かされ得るという考えが占める場所はないのです。

近年、この視点が人間の本質について、学者と一般の人々の両方のとらえ方に浸透するようになっています。人間の行動に関するこの品位の下がったとらえ方が不完全で歪んだ科学を生み出すだけでなく、この時代の冷笑的な風潮に寄与していると考えます。人々の動機について最悪なことを想定して、彼らの信念は単なる合理化にすぎないとか、彼らは真実ではなく人を動かす力や支配する力、自己利益を求めていると常に考えていると、社会的信頼は蝕まれてしまいます。

他者は単に非理性的な情動や盲目的な同調、個人的な自己利益によってのみ動かされていると想定することは、私たち自身の受動性と利己性の言い訳になるようです。日常的な道徳性の限界を示そうとするだけで、人々の真実と善良さを求める気持ちを無視する道徳性心理学は、私たちの本質の最も弱い要素をとらえるだけなのです。もし道徳的限界や混乱が、将来成長する可能性の領域でなく、変わらない道徳的自己の本質的な特徴として理解されるのであれば、個人的そして教育的な向上心の基盤はどこにあるのでしょうか。

心理学者のジョン・ギブス[32]は、これらの事柄についての最近の辛辣な扱いについて、道徳性の新しい科学は保証されていないだけではなく、敗北主義的で有害でもある否定的な歪みでだめにされていると書いています。道徳的可能性についてのバランスのとれた完全な描写、それは「私たちがより善くなり、より善いことをするように励ます[33]」ものなのですが、それをするためには道徳的な凡庸さと同様に道徳的な善さの説明も必要とするのです。次の章では、人間性のより善い本性の考察に話題を向けましょう。

第二章　能動的で理想を追求する、動機づけられた道徳的自己

私たちの行動を形づくり、究極的には私たちの人生を決める重要な選択をさせるものは何なのでしょうか。それはどの二人をとっても完全に同じということはないでしょう。すべての人生は、決断と環境の独自のパターンの影響を受けながら、自分自身で方向を決めています。しかし私たちはたくさんの異なった動機に動かされており、自分の利益を求める一方、自分をこえた目的を目指す場合もあるという特徴を共有しています。動機が混在していることが、人間の生活の標準的な状況なのです。

利己的な欲求を認めることはとても簡単です。個人的な野心、自己促進、自己防御は常に目に見えやすいものです。経済的な市場が急落したり急騰したりすると、恐れや貪欲さが目立って見えます。自分が属す集団が攻撃されたと感じると、暴徒のむき出しの怒りが見られます。自分が得をし自分を守るようにしようとする動機は、日々の精神状態の目立つ部分であり、それは自分自身の視点で世界を経験し「自分の利害に気をつける」共通の傾向を反映しています。

自己防御や自己促進に向けられた動機は人間性についての快い描写をもたらすことはありません。第一章で述べた実験で引き出された不名誉な傾向は、被験者の自己促進的、利己的な欲求を明らかにしました。日々のニュースをちらっと見るのと同じように、それらの研究から私たちは、多くの人々は時に、自分の

利益を守り増やすために、状況の卑劣な圧力に屈し、残酷な権威者の命令に従い、反社会的な誘惑に従い、不正な文化的規範に従って行動し、私利を貪り、不正直に行動するだろうということをわかっています。その上、人々は時により善いことを知っている時でさえ、非理性的な感情や力による選択をしてしまうのです。第一章で述べた道徳的な動機に関する現在の懐疑論には、その背後に多くの真理の粒があります。人間性の利己的で非理性的な側面は存在するし、そのことは否定されるべきではありません。仕事において感傷的でないことを望む科学者やメディアの解説者が、人間の行動の暗い側面を強調しようとすることは理解できます。

　第一章で述べた研究ではこれらの陳腐で質的に低いタイプの道徳的機能が描かれています。そのために新しい科学の研究者は、彼らはどう**あるべきか**を規定するのではなく、どう**あるか**を報告するだけなのだと言っています。しかしそれが一方に偏したものであれば、間違った説明に導かれてしまいます。人々は意識的な統制をこえて利己的な動機や力によってのみ駆り立てられているという主張は、人間のモラル・センスの多くの部分の特性を間違って記述しています。

　利己的で打算的、愚鈍な欲求に加えて、人々は他者への関心や善くなりたいという望み、自分をこえて世界に何らかの肯定的な貢献をしたいという欲求によって動かされ得るのです。人々は利己的で他者への配慮を持たないのと同様に、共感や公正さへの欲求、他者への忠誠、規則や権威者への自発的な敬意も持ち得るのです。欲求が混合しているという複雑な現実の観点から見ると、「新しい科学」の見解は、それが何で**あるか**を、目標がどのように見えるかと同じようにわかりやすく描くことはできません。平凡で混乱していて、利己的な道徳的反応だけに注目することは、たとえそれが誇張されたやり方で全体の一部を明らかにしているとしても、それが何で**あるか**の全体は含んでいないのです。

　そして、人間の道徳性について科学的に妥当な説明であるために必要なもう一つの問題は、本質的な科学哲学上の問題です。道徳性心理学はどう**あるべきか**の問題――哲学者が**指令的**あるいは**規範的**と呼んでいる問題を完全に避けるということはできません。指令的な言説は、たとえ著者が気づいていなくても、常にモラル・センスの記述になっています。ほとんどの社会科学者、特に人間の発達を研究している者はこのことを自覚し、完全に価値中立的な社会科学はあり得ないことを認めています。どのような発達研究も、ある機能が単に異なるのではなく、より成熟し進歩したやり方になっていく過程を記述しようとしなければなりません。なぜならば時間によって起こる行動の変化は成長を表すからであり、そうでなければそれは食べ物や衣服の好みのような発達上の進歩を含まない単なる変化なのです。確かに、時間によって起こる変化は、多少とも進歩した機能からの退化さえ表すこともあるかもしれません。

ある変化が進んでいるのか、発達的なものではないのか、それとも退行なのかの問題は、研究されている領域内での機能性と適応性によって行動を分析することで、概念的に検討されるべきです。このような分析は何が最も機能的で適応的かを決めるために**価値**を持ち込み、経験的な妥当性よりも哲学的な論議に基づく分析になります。このように道徳的発達の分析は現実に**ある**ものの記述的な説明をこえざるを得ず、観察された行動パターンの適応性あるいは機能性という相対的な**質**を評価する問題を避けることはできないのです。

このことや他の理由もあって、道徳性心理学の研究は指令的あるいは規範的な問題――つまり道徳的により成熟しているとは何かや、どのような道徳的反応が高レベルなもので支持し育てるべきなのか――を避けることはできません。それにもかかわらず、なぜ道徳性心理学の領域が重要なのでしょうか。一つの理由は、正直、公正さ、同情、尊敬、高潔というような肯定的な道徳性を促進するために、何がそれに寄与するのかを理解したいからです。もう一つの理由は、残酷さ、不正義、背徳という否定的な道徳的行動を思いとどまらせるために、それを理解したいからです。どちらの目標も肯定的と否定的、未成熟と成熟

を区別することを必要としますが、その区別をするためには価値が必要なのです。(1)

道徳性心理学の健全さと関係するもう一つの問題は、**道徳的主体**の概念です。人々は自分の統制をこえた内的・外的な力に引きずられているという新しい科学の見解は、個人から主体を取り去ってしまい、人々は道徳的世界での受動的なプレーヤーだと考えます。この意味で新しい科学の考えは道徳的責任の全体的な概念に疑問を投げかけています。人々が自分自身を意識的に統制できないのであれば、彼らはどのようにして自分の行動に責任を持ち得るのでしょうか。人々は生物学あるいは文化によってあらかじめプログラム化されていることに責任を持てるでしょうか。

これらの問題をめぐる概念的論点が、私たちがこの本を書いた理由の中心的なものです。私たちの目的は人間の道徳的機能の本質についてより豊富で正確な見解を示すことです。この目的に対して次の三つの基本的な前提があります。

(1)包括的な道徳性心理学は道徳的可能性のすべてを含んでいなくてはならない。あまりによく知られている人間的なもろさだけでなく、普通にみられまた非凡な道徳的な善さも含んでいる。

(2)道徳的発達の研究は評価的な姿勢を必要とする。

(3)人々は彼らがなす選択において能動的であり、道徳的責任の概念は必然的に道徳的主体を含む。

これらの前提が直接的に意味していることは、道徳性心理学は新しい科学学派や実験社会学者、行動経済学者が扱っているような問題に対する道徳的反応ではなく、道徳的な**徳**を検討しなければならないということです。このことは、大学生や他の同様な母集団よりも広い範囲の人々を研究することを意味します。時代をこえて誠実なモラル・コミットメントを示した人や、その結果として生涯においてしばしば称賛に値する行動をした人を含むということです。もちろん、研究のためにそのような人を選ぶこと自体が指令的スタンス——ある人々は高レベルの道徳的徳を示すために選ばれ得るという前提を必要とします。そして特に称賛に値するとされるためには、そのような人々の行動は主体性を示さねばなりません。もしその人のコントロールをこえた要因によって完全に動かされているのであれば、徳のあるように見える行為も特に称賛に値することはないのです。

本章では、この本で扱うケース・スタディの対象者を紹介します。ケース・スタディを使用するのは、それが複雑な人生全体の文脈で展開されるモラル・センスをつかむ上で本質的だと思うからです。ケース・スタディは、彼らの生涯の広い文脈の知識は伝えられずに人々の行動のわずかな一部を人工的な場で観察する実験的な研究とくっきりとした対照をなしています。ケース・スタディの対象を選ぶにあたって、人を無意識的衝動や状況の随伴性に従う者として理解する冷笑的な還元主義者の見解とは合わない行動様式をその生涯で示した人々を探しました。

なぜそのような人々について検討するのでしょうか。道徳的にひときわ優れていると広く思われている人々の生涯は、道徳性とは何であり得るのか、教育者が学生に何を望むか、道徳的に満たされた人生に向かって進むには何を目指せばよいのかを示すからです。モラル・リーダー（moral leader）や他の道徳的な模範になる者に明らかな属性は、ある程度はほとんどすべての人々が持っています。このことを認識している道徳性心理学は、それらの属性を強めようとする人々の努力を鼓舞し支えるために重要です。模範的な人生でドラマティックな形で実行された肯定的な道徳的属性を検討することは、私たちの人生でも起こる同様の属性のより控えめな道徳性を定義づけるのに役立ちます。

このような理由で、道徳的な理想によって重大な選択をする能力を発達させた、大多数の人よりさらに優れている人々の生涯を検討することが役に立つと考えたのです。このような検討は、人間の発達において可能なことの例として非凡な人の物語に言及するために、**模範による研究**と言われています。

この本では、20世紀のモラル・リーダーとして広く知られている6人の男女の言葉、行動、ライフ・ヒストリーの分析に基づいて、道徳的選択が信念によっていかになされ得るかについて詳細な説明をしようと思います。これらのリーダーの生涯を注意深く見ることで生じる洞察は、様々な方法で道徳的な生き方の探究に応用できると考えます。ここで語られる物語が、読者にそのような探究は探究される価値があると確信させられればよいと思います。

ジェーン・アダムズ（Jane Addams）

ジェーン・アダムズがノーベル賞をとったのは１９３１年で、アメリカ合衆国が大きなスケールの産業化を経験し、非常に多くの移民を受け入れることに苦心していた時で、彼女は先駆的な社会改革の努力をしたことにより、世界中に知られるようになりました。彼女は労働者の状況を改善し、言論の自由やそのほかの市民権を守り、女性の権利を保証し、世界の平和を促進するキャンペーンのリーダーでした。

アダムズは、20世紀の最初の10年、進歩的な時代として知られる時期に、アメリカ人の生活を変えた社会変革の大きなうねりの中心的な人物でした。彼女はアメリカ史における最も影響力のあるセツルメントの施設、ハルハウス（Hull House）の共同創立者であり、全米有色人向上協会（ＮＡＡＣＰ）、アメリカ市民的自由連合、平和と自由のための設立にも関わりました。彼女は多作の書き手で、特に興りつつあった応用社会学の領域で多くの論文を書き、それは彼女の時代の多くの優れた知識人――偉大な教育哲学者のジョン・デューイを含めて――に影響を与えました。

彼女が行った社会改革がなければ、現代の生活は承認できない、多くの場合耐えられないものになっていたでしょう。彼女の努力は、婦人の参政権、安全な建築法規、高いレベルの公衆衛生、市の行政に対する反汚職法案、児童の労働を禁止する法案の設立に寄与しました。彼女の国際的な努力にもかかわらず、アメリカ合衆国が第一次世界大戦に関わることを止めることはできませんでしたが、戦争に異議を唱える良心的な人々の権利を守るために活動し、海の向こうのアメリカ軍に食料を供給し、同盟国や中立国の飢えた一般市民に食料を与えるプログラムに中心的に関わりました。戦後も彼女は人々が飢えないようにする活動を続け、戦争で打ち破った敵国のドイツの市民も含めてそれを拡大していきました。アダムズは独創的で注目に値する民主主義の見解、21世紀の社会でもきわめて重要な見解を明確に示しました。

ジェーン・アダムズが現代史における力強いモラル・リーダーの一人であることを誰も否定できませんが、彼女は生涯の初期にはそのような役割を果たしそうには見えませんでした。１８８５年、25歳の時、彼女は裕福だけれど、ひどい抑鬱と戦う不幸な女性で、道徳的に真剣であるけれども、有害な自己批判と自己疑惑に陥っていました。脊椎湾曲とほかの健康問題で長いこと苦しみ、彼女は身体的にも情動的にも無力でした。彼女の根深い不安定さに加えて、最愛の父親――母親が早期に亡くなって以来主要なサポートを与えてくれていた――が、突然亡くなりました。ジョン・アダムズは宗教的道徳的に強い信念を持つ人で、反奴隷制共同地下組織に参加しており、エイブラハム・リンカーンの友人でした。彼の社会的地位、富、道徳的真剣さは、彼の若い娘だけでなく、知り合いのすべての人に大きな印象を与えていました。彼はジェーン・アダムズの人生で格別に重要な人物でした。

彼女にとって何者にも替えられない父親が亡くなって、彼女には不安から抜け出る道が見えませんでした。その時代の拘束的な文化は何の助けも提供してくれず、彼女の階級の女性がキャリアを積んだり単なる慈善の活動以上の社会的活動をすることは、よしとされませんでした。彼女は常にとても真面目な女性で、人生で何か価値のあることをしたいと熱望していました。しかし悲しみに打ち勝っても、彼女は自分が本当にコミットできるものを見つけることができませんでした。「私はなんと目的も抱負もないことか！」彼女は当時の親友に泣き言を言っています。(2)

この悲観的なはじまりを思うと、アダムズの人生で次に起こったことは全く驚くことでした。それから

5年以内にアダムズはハルハウスを設立しましたが、それはすぐに、経済的に不利な立場にある人々の必要性に向けた、新しくてより賢明で国際的に認められたモデルになりました。シカゴの最貧地区の一つに建てられたハルハウスでは、中流階級のボランティアが低収入の移民の横に住み、お互いの知識と文化を共有する環境がつくられました。ハルハウスは、普遍的な人間性の文化をつくるために、階級、性、人種の壁を打ち破る民主主義的な共同体を創設して、社会的サービスを届ける革命的なやり方を提供しました。アダムズは共同体をつくるこの努力を、民主主義の繁栄の本質的な面を発達させる実験と考えていました。彼女が後に創立を援助し導いた多くの組織も、新しい形の民主主義的な理想を追究するための中心的な手段だったのです。

女性が家の外ではほとんど本気で扱ってもらえなかった時代に、身体的・精神的病いを繰り返していた若い女性がどのようにして、全国的そして国際的な力強いモラル・リーダーになったのでしょうか。若きジェーン・アダムズが得ようと努めたものの一つは、知識への愛でした。学生時代に彼女は、チャールズ・ディケンズの社会から追放された者についての生き生きとした人情味のある描写と同様、道徳的英雄的行為を描いた本や女性史、宗教、道徳哲学の本を貪るように読みました。彼女はディケンズを読むことから、貧しい者とともに生き、彼らの苦しみを和らげる方法を見つけようとする永続的な欲求を獲得しました。若い成人として、アダムズは自分の理想に生きる道を見つけることで、挫折感に打ち勝つ道を探したのです。ヨーロッパへの旅行で、彼女は都市に住む者の悲惨な貧困にショックを受け、また初期キリスト教の愛と友情の喜びに満ちたメッセージの記録に感動させられます。その後、彼女は、敬虔なキリスト教徒になるために、少し前に物的所有および有名な小説家としての世俗的な生活を捨てたロシアの貴族レフ・トルストイの著書を2冊読みました。『私の宗教（*My Religion*）』『人は何で生きるか（*What to Do*）』の中で、中年のトルストイは彼の以前の生活は道徳的に挫折したと思うと書き、そして貧しい者の苦しみを和らげるというキリスト者の抱負によって彼の生活をいかに完全につくり直したかを描いています。トルストイは彼の最も深い理想をつくり上げるために、階級の特権や彼のそれまでの生活を規定していた社会的しきたりや役割を捨てて、徹底的な変化が可能なことを示したことから、アダムズはこれらの著書が彼女の人生を永遠に変えたと書いています。それはまさに彼女がしたいと熱望したことだったのです。

ジェーンは、トインビー・ホールと呼ばれているロンドンのセツルメントでなされている都市の貧困への新しいアプローチを描いた雑誌の記事を読むとすぐ、自分の目的と方向に気づきました。立派な教育を受けた人々が貧しい人々とともに生き、特権を与えられている者と貧しい者の両方をよくするために働いている民主的なキリスト教の共同体は、彼女が通って来なかった実り豊かな道に彼女を導く中心的な思想なのです。

アダムズは二人の友人とともにヨーロッパへの旅の計画をすでに立てていましたが、トインビー・ホールを旅行日程につけ加えました。英国における「社会主義的キリスト教」の運動の芽ばえが、相互の学習と両者の利益のために、社会的に等しい者として特権を持った人々が貧しい者とともに住むというセツルメントの思想を生み出していました。この急進的な新しい思想を具現化している施設は、蔦が絡まったゴシック式のロンドンの建造物と呼ばれていましたが、それはそこでその思想が実現化したからなのです。アダムズは夢中になって、トインビー・ホールを「それは、自分たちのリクリエーションの団体と同じスタイルで、貧しい人々のリクリエーションの団体がある大学生の共同体であり、『職業上の善行』から自由で、変わらずに誠実で、クラスや図書館によい結果を生み出すという意味で、完全に理想的に思われる」[3]と表現しました。彼女はトインビー・ホールに、すべての人々の善のためにともに働く生活の歩みから、初期キリスト教の夢が現代に実現化したものを見ていたのです。

アダムズは、友人であり一緒に旅をし、この独特で野心的な計画に加わることに熱狂したエレン・ゲイツ・スターに、セツルメントを在宅ではじめる夢を告白しています。1年たたないうちに、ジェーンはエレンに会うためにシカゴに引越し、二人はハルハウスを設立しました。アダムズの生涯の仕事に敬意を表するノーベル賞の声明は、この素晴らしい起業の才を次のように述べています。

アダムズ嬢とスター嬢は隣人たちが必要としていることについて話し、お金を集め、若い裕福な家庭の女性に手助けすることを納得させ、子どもたちの世話をし、病人の看護をし、困難を抱えた人々がほとばしるように話すことを傾聴した。2年目の時までには、ハルハウスは毎週2000名の人々を迎えた。午前中は幼稚園のクラス、午後はより大きい子どもたちのためのクラブの集まり、夜は大人のためのクラブやコースが置かれたが、それは事実上夜間学校になった。ハルハウスにまずつけ加えられた施設は美術館で、次に公共的な調理場、次に喫茶店や体育館、プール、女性のための共同の下宿、製本室、アトリエ、音楽学校、演劇のグループ、巡回図書館、雇用のための事務所、労働博物館がつくられた。(4)

このような業績を可能にした、熱意、コミットメント、創造性、見識をどう理解したらいいのでしょうか。何がアダムズの生涯をこのような運動に向けるように動機づけたのか、彼女の輝かしい成功について簡単に答えることはできません。疑いもなく、彼女は、道徳的公正さや社会的貢献が中心的な価値のルールである家庭で育ったことから強い影響を受けています。ジェーンがまだ若かったころ、両親を亡くしたトラウマティックな出来事も彼女に同様に影響しているようです。おそらく、それらの影響やいくらか遺伝的な気質的な傾向、その二つに加えて彼女自身の社会的な理解のような他の要因によって、ジェーンは非常に共感的で、彼女のまわりの人々とともに苦しみ、状況を改善できるという希望によってのみ、その苦しみを軽減させせました。

しかしそれらの性格や要因だけがジェーン・アダムズの生涯のあり方を決めたわけではありません。仮に誰かがジェーンの最終的な姿を予測するとしたら、当時の女性の生活によく見られた慣習的なパターンのうちの、ある豊かな信心深さと慈善事業（たぶん彼女の父親に明確に見られた道徳的な正直さが伴っているのですが）といえるでしょう。しかしジェーンの意味ある生活への強い欲求には、自由への欲求と自律的な思考の重要性への信念が伴っていました。彼女は家族の道徳的教えや理想に疑問を持ちそれをこえたように、慣習的な期待に疑問を持ち、ついにはそれから自由になったのです。

ジェーンの共感は生涯にわたっていますが、その形は彼女が出会った考えや彼女が仲間とともにつくった思想に応じて変わっていきました。彼女は、自分が家で学んだ博愛と慈悲心の理想に疑問を持つようになり、それらをより民主的な社会的進歩の概念に置き換えるようになります。このようにして彼女の共感は、まだ本質的には情動的なものでしたが、彼女の内省と概念的洗練化によって形づくられ変わっていきました。同様にジェーンは家族の持つ道徳的正直さに疑問を持ち、その重要さを再考し、その後の生涯でそれに向かう自分自身の傾向と格闘しました。

ジェーン・アダムズの生涯は、個人は自分が生きる社会的文脈を選ぶことができるということを示しています。彼女が求婚者と結婚し裕福な既婚女性になっていたら、彼女の生涯は全く違っていたでしょう。しかしそうする代わりに、アダムズは日々社会を変えることの限界や民主主義と市民権のあらゆるレベルでの意味を追求する環境で生活し働くことを選びました。アダムズ自身、人生のこの能動的な選択が意味することに気づいていました。「私たちは自分の経験を選ぶ道徳的義務を負っている。なぜならばそれらの経験が私たちの人生の理解を究極的に決定するに違いないからである。私たちは自分の理想を日々の行動と決断によって決定しているのである」(5)。そして彼女の生涯がよく示しているように、それらの理想が決断や情動、衝動、自分の意味や本質を形づくるのです。

アダムズにとって思想と行動は切り離せないもので相互に影響しあっていました。思想が仕事を活気づけ動機づけて、そして彼女と仲間たちの初めの思想が行動にどう現れているかを一緒に考えることで、思想はより豊かに発展したのです。このように彼女たちの仕事は、組織の創設とリーダーシップをとることを含めて、理想そのものの本質的な部分なのです。

確かにこのプロセスを明確に表現することは、アメリカの民主主義の発展に対するアダムズの独創的な貢献の一つです。彼女の仕事の広さ、独創性、注目度によって、またその仕事とそこから得られる教訓を書いた多くの論文や著書によって、ジェーン・アダムズは彼女の家族および生きた時代や場所の文化から自由になっています。彼女は仕事の状況、都市での生活、ジェンダーの役割、国際的な関係、市民権、市民の自由を含めた現代の生活の本質を変え、そのことで文化の価値、期待、実践を変えたのです。

ネルソン・マンデラ（Nelson Mandela）

20世紀の終わり、ネルソン・マンデラは成人としての人生のほとんどを南アフリカの野蛮なアパルトヘイト体制への戦いに捧げました。この反アパルトヘイトの活動の結果、マンデラは27年間刑務所に収監されていたのです。素晴らしいことに、彼はこの10年単位の長い収監期間を、自分および仲間たちを教育し、道徳的・政治的リーダーとしての能力を磨き、アパルトヘイト体制の打倒に向けての準備にうまく使ったのです。

マンデラがやっと解放された時、彼は最も有力なアフリカ黒人の党（ＡＮＣ）のリーダーに就くことを可能にするような熟練した政治的な力をすでに備えていました。彼は驚くほど恨みを持たず、綿密に考えられた建設的な方法で南アフリカの白人に対しましたが、この二つのことが国に統合をもたらす能力の本質でした。マンデラはこの国の、深くそして暴力的に分裂させられた内紛を扱える唯一の人間であり、南アフリカの初めての黒人の大統領に選ばれました。彼のしっかりしたリーダーシップはアフリカの指導的な国の一つとして、ポスト・アパルトヘイトの時代をもたらしました。

マンデラは自国でも国外でも敬慕されましたが、彼は一人の人間のカリスマ的なリーダーシップよりも民主主義の力を信じて、第2期を拒否しました。マンデラは大統領でなくなっても、彼の国と大陸が直面する重要な問題、特に人種の統合と調和、そしてアフリカ中を荒廃させはじめたエイズに対する戦いのために働き続けました。マンデラは強さと同様に、温かさと謙遜をまわりに広めました。大統領職を退いてからずっと後になっても、彼は世界で最も尊敬され愛される人物の一人でした。彼はノーベル平和賞やほかの数えきれない賞を授与されました。マンデラは歴史に残る偉大なモラル・リーダーとして世界中で称賛されています。

マンデラのほとんど聖人のような許しと和解の受け入れ、深い知恵、魅力的なユーモア、にこやかな笑顔に基づいて、多くの人々は彼をやさしくて穏やかな気性の人と思い、彼の持つ激情的な頑強さと強烈な強さには気づかないでしょう。10代の時や若い時代、ネルソンは尊大で何者をも恐れない、怒りに満ちた反逆者だったのです。彼の勇気は多くの場合向こう見ずな行動になり、彼は衝動的で進んで危険をおかしました。若いマンデラの激しやすい性質は、彼や他者を深刻なトラブルに巻き込みました。

子ども時代のネルソンは伝道団体の学校でよく学び、19歳の時にフォート・ヘアにある南アフリカのネイティブのため大学で、初歩の大学レベルの学習をする特権を得ました。このエリートの組織を卒業することはアフリカの黒人に開かれているキャリアでの成功を保証するものでした。

フォート・ヘアでアカデミックな成功に向かうスタートをきった後、ネルソンは比較的些細な問題への抗議に参加し、同級生は引き下がっても彼はそれを拒否しました。彼は永久除名（＝退学処分）にすると脅されましたが、頑固に抵抗しました。ネルソンは夏の間この問題をよく考えるようにと言われました。

しかしその夏の間にフォート・ヘアでの問題と関連して校長と戦ったため、フォート・ヘアに留まって卒業すれば享受できた特権を永久に捨てて、ヨハネスブルグに行くことになってしまいます。

お金も証明書もなく、マンデラは鉱山の夜警の仕事をしました。彼は無謀でしたが計略に富んでいて、事務員として法の実務に携わるためのサポートを首尾よく得て、そして通信教育で法学の学位をとりトレーニングを終えました。後にマンデラは法の実務をとるようになると、上品な服装で女性を連れていることや、ボクシングを好むこと、法廷での傲慢でさえある自信で知られるようになります。マンデラはビジネスよりも政治に関心を持ち、彼の法の実務は経済的な面では全く成功しませんでした。彼は不正義には鋭く反応し、徹底的に許さず、その目的を追求するために、生計や安全、そして彼の生命さえ進んで投げ出そうとしました。

時とともに、マンデラは白人との隔離に対する政治的な戦いに引き込まれていきました。彼はすぐに、さらに抑圧的な統治体制が用いる残酷な戦術に対して、暴力を使っても対決することを唱えるＡＮＣでリーダーシップをとるようになります。このスタンスは、白人の規則に反抗する力強いリーダーとして人目をひいたこととあいまって、マンデラへの絶え間ない攻撃や非難、逮捕、反逆罪をもたらしました。彼はそれに反抗的に応じ、43歳の時共謀罪が立証され、終身刑になります。70歳の時に国際的な圧力が彼の解放をもたらすまで、彼は牢獄に入っていました。彼の牢獄での27年間のほとんどは、悪名高いロベン島の収容所の粗悪な状況での厳しい労働に費やされます。

マンデラのサボタージュへの支援や最後の手段としての武装した反抗は論議をよび、今もまだ論争中ですが、それが原則に基づいているのは確かです。裁判所での宣告の時、マンデラは次のような有名な表明をしました。

私は生涯を通じて、アフリカの人々のための戦いに自分を捧げてきた。私は白人の支配、そして黒人の支配に対して戦ってきた。私はすべての人々が調和して平等な機会をもって一緒に生活する、民主的で自由な社会という理想を心に抱いている。それは私がそのために生き達成したいと望んでいる理想である。もし必要であれば、そのために死ぬつもりでもある理想である。(6)

想像し得る中で最もひどい状況的圧力にもかかわらず、マンデラはしばしば生命を奪われる危険があった収監のすべての時期に、アフリカの人々のために正義を求めて活動し続ける方法を見つけました。彼は刑務所にいても、何物をも恐れず弱まることのない決意によって、国内的にも国際的にも重要な政治的力さえ得ていました。収監の最後の数年間、彼は解放を提供されますが、それは民主主義的な目標を達成しようとする彼の能力を弱めるような状況下という条件がついていました。彼はしばしばそのような条件での解放を拒絶し、いつか解放されるという保証がないまま刑務所に留まりました。この長い試練の時を通して、マンデラは怒りを統制し、人道主義的・政治的目標を推し進めるために、看守の支配しようとする試みに対して反抗しました。

マンデラは、意志と目的を変えず、屈服せずに、敵意と不正義に満ちた拘禁状況を生き延びたのです。しかし、いったん解放されると、深く分断された国家に調和をもたらすために、彼の拘禁に責任のある人々を許す決心をします。刑務所から解放された後、マンデラは驚くべき、ほとんど奇跡的な寛人さと恨みのなさを示し、それが彼の大統領としての仕事や、国の反対派への対応を形づくりました。

大統領職についた初期、希望と和解の精神は、本当に非凡な道徳的創造性の源になりました。黒人に対する恐ろしい侮辱に直面して、マンデラと彼の協力者のデズモンド・テュテュ司教は、国を改善する戦略――それは独創的で、直観に反するような、危険で論争を引き起こすものだったのですが――である真実と和解の委員会（ＴＲＣ）をつくりました。ＴＲＣは第二次世界大戦後のナチスを告訴するために同盟国が使ったニュールンベルグのモデルとは全く違ったものでした。その目的はすべての立場の者の過ちを見つけ暴くことでした。この目的のために、公開討論会は責める側と責められる側の両方に同様に開かれ、率直な告白を引き出すために、犯した犯罪の赦免が寛大に使われました。

犯罪の告発を強化しない姿勢は、当然のことながらアパルトヘイトの犠牲者やその家族の間で論争になりましたが、ＴＲＣは以前の体制の下で起こった人間の権利の侵害の全体像を明らかにしたことで、広く信用を得ました。それは加害者の告白、謝罪、後悔の供述をもたらし、以前の敵対者間での生産的な対話が始まり、多くの人が南アフリカでは不可能と考えていた国家の癒しとその結果として起こる国家の統合の大きな一歩を可能にしたのです。

マンデラが許しの理想を創造的に示したもう一つの例は、自国のラグビーチームへの熱心な、ありそうもないほどの情熱です。支持者からの反対と裏切りに直面しながら、マンデラは長い間黒人と有色人種の中で白人が特権を持つことへの憎しみのシンボルだった南アフリカの全国的なラグビーチームに、政府からの祝福の言葉を与えました。彼はチームのモラルをつくるために彼自身の時間と政治的な資本を投じ、ラグビーのワールド・カップでの勝利を根付かせるために国を動員しようとしました。彼がしていることを理解している者は、ほとんどいませんでした。当惑した彼のスタッフは反対の意見を述べました。しかしそれは実行されたのです。時が過ぎると、みなは絶望的に壊されたようだった社会を統合する戦略を彼がつくり上げたことがわかりました。道徳的なレベルで彼のリーダーシップは、まだ深いところにある憎しみから国が立ち上がることを鼓舞したし、実践的、政治的なレベルでは、マンデラは彼自身の指令を強め社会を安定させたのです。彼の行動は、彼が黒人の南アフリカの大統領なのではなく、黒人と白人を含めた全体の大統領であることを効果的に示しています。

マンデラの業績を説明するために使われてきた心理学の理論は、文化的なものから生物学的なものまでたくさんあります。マンデラの複雑な文化的経歴と独特の気質が、彼の非凡な道徳的リーダーシップを可能にする素の一部であることは確かです。しかしそのような心理学的理論は、ネルソン・マンデラのような人の道徳的選択を形づくる決定的な要因――理想と自分のコミットメントに価値があるという信念――を一覧表から外してしまっています。

マンデラはこれらの理想のいくつかをアフリカ民族として育てられた教育から引き出しています。「時々叔母が、何世代にもわたって語り継がれてきた物語や伝説、神話、寓話を話してくれたが、それはどれも想像力を刺激し、価値ある道徳的な教訓を含んでいた」[7]。彼は自由のために戦うそれ以前の時代の土着の物語が好きだったのですが、それらの話は、白人であろうと力を持つ誰であろうと彼の尊厳や自由を傷つけさせないという感覚を育てたのです。

他の忘れがたい物語は尊敬している教師や聖職者から語られました。

彼はある時、悪霊が出没する家の男についての説教をした。彼はそれを追い出すためにあらゆることをしたが、うまくいかなかった。そして彼は小屋と家からなる田舎の村落――**クラール**（kraal）を去る決心をし、すべての荷物を荷馬車に詰め、他の村落に向けて出発した。その途中彼は友人に会い、友人は「**どこへ**行くのだ」と尋ねた。彼が答える前に「私たちは歩いて**クラール**を去るところだ」という声が荷馬車から聞こえた。それは悪霊たちの一人だった！　彼は悪霊たちを置いてきたと思っていたが、実際は悪霊たちと一緒だったのだ。そこで「自分の問題から**逃げるな**、それに**直面せよ**！　なぜなら**それを処理しなければ**、それは**いつでも**あなたとともにあるのだから。起こった問題には**対処し**、勇敢に立ち向かえ」と彼は言った。それが道徳なのだ。私はそのことを決して忘れなかった。[8]

明らかにマンデラは文化的教えのイメージとテーマを、彼の考えつつあった理想に組み入れたのです。しかし彼は出会った優勢な考え方の多くに対して能動的に疑問も持ちました。現状に疑問を持つことと創造的な代替を考える非凡な才能は、少なくとも彼の熱心な受容性が彼に吸収させた教訓と同様に重要でした。マンデラは彼の人種を白人が征服することの不可避性に疑問を呈しました。彼は黒人のアフリカ人が劣等であるという普及している考えに対して疑問を持ち、否定しました。彼はアパルトヘイト体制の下での人々の無力さと、国中で最も残酷な刑務所の被収容者としての自分自身の無力ささえ疑問視しました。最も驚くことは、彼が刑務所から解放されアパルトヘイトがなくなった後、彼自身の共同体に広く持たれていた怒りと復讐への欲求に疑問を抱いたことです。

同様に、マンデラの支配的で堂々とした物腰と権威に抵抗しようとする衝動も、彼を自由のための闘士そしてリーダーとして成功させる上で重要な役割を果たしました。しかしマンデラはそれらの衝動を普遍的な人間の尊厳や自由、民主主義の理想のために統制し、注意深く方向づけることを選びました。もし彼がそうしなかったら、彼はおそらくまだアパルトヘイトに抵抗していて、刑務所の理性的な看守や後のアパルトヘイトのリーダーと彼がしたようにはうまく交渉できなかったでしょう。そして国を統合と相対的な調和に向けることはできなかったのも確かでしょう。

道徳性について書いている多くの心理学者は、文化と生物学に加えて、ほとんど抵抗できない力を、状況の誘因や圧力に帰しています。ジェーン・アダムズと違ってマンデラは、彼が生きる環境や彼の人生の多くの場面で彼のまわりにいた人々を選ぶことはできませんでした。しかし政治的・道徳的な目標に対して焦点を絞り、自由や尊厳、正義という理想に対して熱烈にコミットすることが、想像できる限りの強い圧力に対してもコントロールする驚くべき力を彼に与えたのです。

ジェーン・アダムズは、民主主義についての影響力のある新しい思想と進歩的な熱意で20世紀の先導役を務めました。ネルソン・マンデラは正義についての彼の力強い主張と寛大な許しの精神で20世紀のカーテンを閉じました。この二人の間で他のモラル・リーダーが、世界の多くを支配した専制政治と戦い、世界平和と社会的正義のためのキャンペーンを行い、貧困を軽減し、公衆衛生を促進し、これらの道徳的要因を進める制度をつくりました。ジェーン・アダムズとネルソン・マンデラの検討に加えて、4人の20世紀中盤のリーダーを選び、社会的な問題に対する様々な影響力のある道徳的アプローチを述べようと思います。

ダグ・ハマーショルド（Dag Hammarskjöld）

国際連合の第二代事務総長として、ダグ・ハマーショルドはその形成期に国際連合の背後で動く力でした。彼は草分けの組織の憲章をスタッフやボランティア、代理権授与者に解説し、憲章に書かれた目標――国際的な秩序のしっかりした基盤をつくり、国家間の平和や自由、平等と正義を促進するという目標を追うための仕組みをつくりました。ハマーショルドは国連緊急軍を創設し、経済的に未発達で独立したばかりの国を助ける国連の役割に新たな重要性を与え、環境問題と原子力エネルギーの平和利用に関する科学的な会議を組織し、中国に捕らわれていたアメリカ人のパイロットの解放を勝ち取りました。彼は世界中の争いが起こりそうな地域、パレスチナ、スエズ運河、レバノンとヨルダン、ハンガリー、カンボジア、タイ、ラオスの危機で交渉を行いました。

ハマーショルドはコンゴの内紛の停戦の交渉を試みている時に、小型の飛行機が墜落して亡くなりました。若くして亡くなったにもかかわらず、国連の文化や構造、運営への影響、そして国際的な衝突を処理する方法への彼の影響は今も生きています。合衆国大統領のジョン・F・ケネディはこのスウェーデン人の国連職員であり外交官を、20世紀の最も偉大な政治家と呼びました。彼は死後、ノーベル平和賞を授与されました。

私たちの研究におけるリーダーの何人か、また現代世界の多くの自省的な人々と同じように、ハマーショルドは初期成人期に個人的に意味を求めて苦闘しました。彼は非常に優秀な学生で、出世して銀行の管理職やスウェーデン政府の経済と外交の政策に関するアドバイザーになりました。彼の政府での仕事は無党派のものであり、客観性と専門性で特徴づけられます。この時期、彼はしばしば、有能にこなしていた仕事に大きな目的を見つけることに絶望していました。彼は日記に「成功によってその虚しさを隠してはいけない[9]」と書き、世界で何か生産的なことをすることから離れるように誘われていることを強く感じたと言っています。

ハマーショルドに初期の国際連合を率いる機会が思いがけなく訪れます。彼は合衆国およびソ連と意見が合うわずかな外交官の一人で、そしてそのことを公然と知られていなかったために選ばれたのでした。この機会はハマーショルドの目的に新しい道を開きました。彼の自省はよりポジティブな方向に進みはじめます。仕事に大きな影響があったという意味で彼は後に思い出しています。「誰が、あるいは何が問題を提起し、いつそれがなされたのか知らないし、それにどう答えたのかすら覚えていない。しかしある瞬間に私は誰か、あるいは何かにイエスと答え、その時から存在は意味を持ち、自己放棄していた私の人生は目的を持っていることを確信した[10]」。

ダグ・ハマーショルドは世界の平和と人類の幸福を進める使命の中で、先駆的な組織を先導するという目的を見つけると、人生の無意味さに関する彼の絶望は消え、絶えず熟慮していた自己批判は弱まりました。国連の事務総長としての経験は彼の発達に大きな影響を及ぼしました。しかし逆もまた真でした。ハマーショルドは国連の形と未来への方向をつくりました。彼の生涯は社会学者ロバート・マートンに由来する見解――制度はそこで生活し働く個人に大きな影響を与えるが、制度自体が個人によってつくられ、その人の選択が制度の状況を決定し、関係する人々を形づくることを認識することが同様に重要であるとする見解を例証しています。

国際的な協力の可能性への深い信念によって、ハマーショルドは国連が成し遂げた野心的なビジョンを心に描き、実現化しました。しかし彼は夢想家ではありませんでした。彼を知る人は、彼はシニシズムと同様に浅い楽観主義にも落胆していたと言っています。彼は永続的で教義的でない霊性やモラル・センス、そして国連が交渉しなければならない現実についての非凡な知的素養をもってリーダーの役割を果たしました。これらのすべては世界平和、自由と平等の理想によって基礎づけられ、動かされていました。

ハマーショルドのたくさんの業績の中に、彼が先導した組織内に統合と意味の文化をつくり出そうとした持続的で明確な努力があります。彼はしばしばスタッフに、組織が表す価値について、またリーダーを含めてすべての人の行動がどうしたらよくそれらの価値によって導かれるかについて話しました。これらの価値の中心は公私両方の価値としての真実です。彼はよいアイデアは自分自身と他者に厳密な率直さで関わることによっていると信じていました。世界を変えるためには、人間の理解には限界があることを自覚しながら、現実にあるものを真正面から明確に正直に見つめることが必要だと彼は言っています。彼は自分自身の限界、誤り、失敗、そして自分の目標を国家間の競合する利益や要求を調停する際の公平の価値に合わせることに関して、絶対的な正直さを求めました。彼は国連に関わるすべての人に、信頼され効果を持つためには公平さが最も重要であることを伝えました。また民主的な社会が機能するために、公平性と真実性がいかに重要かについてもしばしば書いたり語ったりしています。

ハマーショルドは広い心を持ち、主要な原則を見失うことなく多くの異なった文化的レンズを通して、問題についてたくさんの視点を考えることができることで広く知られていました。そして彼は超越的なものへの意識を持ちながら、内的な真実性へのコミットメントを強めました。このように彼はキリスト教の神秘主義、そして世界中の多くの宗教に影響する霊的原則の信者なのです。これらの信念から彼は、美しい瞑想のための部屋を、国連につくりました。その部屋は素材と記号で組織の理想と抱負を表すように念入りにデザインされていました。瞑想のための部屋は世界で最も力のある人々が平穏と黙想の中で重大な決定を吟味できる場所に残っています。

アブラハム・ヨシュア・ヘッシェル (Abraham Joshua Heschel)

アブラハム・ヘッシェルは１９０７年生まれで、有名なラビの血筋をひいています。彼はポーランドで育ち、非常に信心深い子どもで、ユダヤ教のテキストを勤勉に学び、ユダヤの律法と完全に調和して生きようとしました。ヒトラーが力を得た時に、彼はドイツで学び、教えていました。ほかのポーランドのユダヤ人と同様に、彼はドイツからポーランドに追放され、ヒトラーがすでに犯した恐ろしいことを見て、ナチスが彼の国を侵略するちょうど6週間前に、ポーランドから逃げ出しました。ヘッシェルはアメリカへと渡り、結局ニューヨークのユダヤ教神学校の教員の地位に就きました。

保守的なユダヤ教神学校（ＪＴＳ）での長い経歴の間、ヘッシェルは20世紀における指導的なユダヤ教神学者の一人となっていきます。彼の業績は、ドイツ・ユダヤの思想、ハシディズム〔訳注：18世紀後半ポーランドのユダヤ教信徒の間に興った神秘主義的傾向の復興運動〕、そしてアメリカのユダヤ人の生活を含むいくつかの伝統、文化、学問的分野から引き出されています。これらの豊かな伝統に基づいてヘッシェルは、創造的で新鮮で人を動かさずにはおかないユダヤの精神性への接近を進めました。彼の人生の多くは、神の本質、そして神もしくは聖なるものと人間の関係について、より発展していく理解を明確に述べることに集中していました。

ヘッシェルは、ヘブライの預言者たちの教えは世界での社会的行動をクラリオン〔訳注：明快な響き渡る音色の細管らっぱ」として呼びかけているととらえ、彼の時代の主要な問題に関わっていきました。彼は世界のユダヤ人共同体を動員して、ソ連のユダヤ人虐待に抗議し、アメリカのベトナム戦争を終わらせるために長年活動しました。ヘッシェルはまた、アメリカにおける黒人の市民権のために戦い、セルマではマーティン・ルーサー・キング・ジュニアとともに行進しました。またほかの画期的な市民権のためのデモにも加わりました。市民権の大義をサポートしている仲間の宗教的リーダーに働きかけて、ヘッシェルは次のような公的な声明を行い、それは後にジョン・F・ケネディ大統領への、有名で人を動かさずにはおかない電報に要約されました。「私たちは黒人に屈辱を与えている限り、神に礼拝する権利を没収される。教会もシナゴーグも機能しない。彼らは悔い改めねばならない。私は宗教的リーダーに国家的な悔いと個人的な犠牲を要求する。大統領、あなたが道徳の非常事態にあることを宣言することを提案する。**今こそ道徳的威厳と精神的大胆さが求められているのだ**[11]」。

保守的なユダヤ教とユダヤ人の教育へのヘッシェルのアプローチは、神あるいは聖なるものについての超越的な感覚への信念を新しいやり方で結び合わせることでした。それは彼が**過激な驚愕**と呼んだ宗教的な畏敬の経験という神との直接的なつながりと、社会的行動への呼びかけ、厳しい正義の追求によって実現化されました。当時ヘッシェルが行っていた保守的なユダヤ教の学術的な文脈、宗教生活への非常に分析的で抽象的なアプローチによって定義づけられる文脈のために、この神と霊性の理解は主流から大きく外れ、JTSやそれ以外の有力な同僚たちを遠ざけることになります。ヘッシェルの政治的な活動も、保守的なユダヤ教内では異例なもので、彼はそのことで同僚たちや全国ユダヤ協会から厳しく批判されました。

ヘッシェルはユダヤ教や他の宗教、そしてアメリカ合衆国からソ連までの国々の体制に対していつも批判者でした。彼は常に物事がどのようにすれば違ったものになるのか、またそうあるべきなのかを見て、人々に責任を求めるようにしていました。彼の娘のスザンナ・ヘッシェルは「組織は時々間違って、穏やかで温和なラビを招いたと思っていて、そして力強くカリスマ性のあるチャレンジを聞いて満足した」と言っています。[12] しかしヘッシェルのメッセージは否定的なものではありません。多くの著作に表現された独創的な視点、彼の目に見えるような演説、ドラマティックな政治的活動、伝統的であるが力強いユダヤ教の信心深い実践者としての彼の生涯を通して、ヘッシェルは現体制に対する創造的で奮い立たせるようなオルタナティブを示しました。

ヘッシェルの現代のユダヤ教の教えと教育に対する批判は、しばしば雄弁でほとんど詩的であり、宗教的な儀式を新鮮で生き生きしたものに保とうとする欲求を表現し、どのようにしたら人類は神の光の下で最もよく生き得るのかを熟考するものでした。スザンナ・ヘッシェルは「父の非凡な才能は、非日常的で予想外のことを言いながらも、聞き手に深い共鳴を与えるところにある」[13] と言っています。この共鳴はユダヤ教信者と同様、多くのプロテスタントやカトリック、そして著名なキリスト教の神学者のラインホルド・ニーバーやトマス・マートンを含めた仲のよい友人にも及んでいます。

アメリカのユダヤ協会のためのスポークスマンとして公務をつとめたバチカンで、彼は他の人たちとともにカトリック教会を説得してユダヤ人を卑しめる礼拝の通路を除き、ユダヤ人をキリスト教に改宗させようとすることを止めさせました。彼が受けた批判とJTSの指導者たちによる彼の仕事の評価が明らかに不足していたにもかかわらず、ヘッシェルは彼が見た霊的な真実と生命の普遍的な神聖さ、人間の権利をサポートすることにおいて揺らぐことはありませんでした。彼はトラブルを抱える世界の苦しみと不正義を非常に強く感じ、ベトナムやカンボジアで罪のない女性や子どもが虐殺されたような「いわゆる普通の社会を乗っ取る狂気」についての深い不安を語りました。しかし彼は「不条理をこえた意味」[14] を見つけることは可能だと信じ、この意味への希望を他者、特に若い人々に伝えるために懸命に働いたのです。

ディートリッヒ・ボンヘッファー（Dietrich Bonhoeffer）

ディートリッヒ・ボンヘッファーは第二次世界大戦前のドイツで、才能あふれるカリスマ性のあるルター派の牧師として成人期の生活を始めました。彼は彼の生涯の使命――それはキリスト教神学と教義の理解を深めること、神学上の疑問に対する非常に影響力のある彼の考えを明確に書くこと、宗教上の集会を先導すること、子どもや聖職のための訓練を受けている若者のための宗教教育を提供すること、そして何よりも「キリストのように」生きようと努めることでしたが――に夢中でした。ボンヘッファーは自然にリーダーになる人であり、そしてジェーン・アダムズと同じように共有する理想を実現するために人々がともに働く共同体をつくる非凡な能力を持っていました。

普通の時代であれば、キリスト教の理想に捧げた牧師としてそして神学者としての業績が、ボンヘッファーの生涯の使命を完全に定義づけたでしょう。しかし時代は全く普通ではなく、ボンヘッファーのキリスト教の目標は広がって、ナチスへの抵抗を含むことになります。その抵抗とその結果が歴史における彼の定義となりました。

ボンヘッファーはヒトラーが公式に権力を握る前から、ヒトラーの恐るべき協議事項の邪悪さを即座に見つけていました。ドイツの聖職者としてボンヘッファーは、ヒトラーが力を持つようになることおよび、ナチスのユダヤ人や知的障害者らに対する集団大虐殺のキャンペーンに抵抗するために教会を動員する責任を感じていました。彼はドイツのプロテスタントとカトリックの教会がどちらも降伏し、ヒトラーのプランに協力したことにぞっとして、他の人々と教会の砦をつくりました。それは集団構成員に告白教会〔Confessing Church：訳注　1933年ナチズムに反対して福音主義教会内に起こった運動〕と呼ばれ、教会がなす妥協に反対しました。

この抵抗がヒトラーを止めることができないことがわかり、内的な苦悶を経て、ボンヘッファーは必要であれば彼の生命が奪われることも含めて、どんな手段であってもヒトラーを権力の座から降ろす陰謀に協力するようになりました。信心深いキリスト教の平和主義者にとって、この選択は熱烈な祈りと非常に意識的な内省によってのみ可能なものでした。ボンヘッファーは陰謀を支援する選択をしましたが、たとえヒトラーであっても生命を奪うことが正当化され得るのか確かではなく、自分の良心の命令に合うようにベストを尽くしただけでした。この時期の手紙で、彼は自分の決心についての感情を次のように書いています。「人は責任を負うべき者としての自分に罪がある時、他の人ではなく彼自身に罪を帰す。彼はその責めを負う。他の人の前では緊急を要する必要性によって正当化され、彼自身に対しては良心によって無罪にされるが、神の前ではただ恩寵だけを望む[15]」。

結局陰謀は暴露されますが、ボンヘッファーはそれに関係していました。彼は逮捕され、親衛隊の監獄に2年間監禁され、1945年の4月、ナチスの降伏のちょうど1か月前に処刑されたのです。マンデラと同様に、ディートリッヒ・ボンヘッファーはハンサムで人を引きつけ、魅力的な愛すべき人物で、温かいユーモアの感覚と確固とした信仰と勇気を持っていました。彼は監禁に耐え、ほとんど来世のような平静さと快活さで死んでいきましたが、この驚くような平静さは神の意志への信頼に帰すことができます。彼は良心に従って決心し、その後は神にゆだねました。この信念が、それが不可能に思える時でも感謝と希望をもって生き、最も大きな困難にも静かな勇気をもって直面することを可能にしました。彼は監禁されていた仲間や多くの看守すら含めて、すべての人に愛され、称賛されました。このように平和と気品をもって死に赴いたボンヘッファーのイメージは、世界中の人々を感動させました。

収監される前そして監獄で、ボンヘッファーは神学上の注釈を書き、それはプロテスタントの神学校や教会の世界で最も影響力のある解釈の中に残されています。彼の美しい『監獄からの手紙と論文（*Letters and Papers from Prison*）』は、今まで出版された中で最も心動かされる手紙として広くみなされています。ボンヘッファーの著作は、冷戦下の東欧における反共産主義者の民主化運動やマーティン・ルーサー・キング・ジュニアと市民権運動、南アフリカでのアパルトヘイト運動に影響を与えました。なぜ今日、信仰をもつ人と非宗教的な人の両方が、ボンヘッファーを苦しい時代に良心的な道徳的選択をしたモデルとするのか、その理由は容易にわかります。

エレノア・ルーズベルト（Eleanor Roosevelt）

エレノア・ルーズベルトは合衆国の大統領の妻として知られていますが、彼女は自身の資質によって20世紀の最も重要な公人の一人です。彼女は大統領夫人の役割を、信念をともに持つパートナーに変え、特に彼女が接触している力ある社会で守られずに不利な立場にある人々のために十分に意見を述べました。そして組織における彼女自身のリーダーシップの役割を、労働者の権利および人種や性によらず平等であることのために捧げようとしました。夫が死んだ後も、エレノアは国連の世界人権宣言に関する生産的な仕事によって、人権に対する格別に独創的なアプローチを案出して、平和と社会的正義のために働き続けました。

特権と権力をもつ家庭に生まれましたが、エレノア・ルーズベルトは政治的な力を持ちリーダーになる人生を容易にはとりませんでした。彼女が若い時に両親は亡くなりましたが、母親は彼女に対して非常に批判的で、彼女が敬慕していた父親は家に滅多にいないアルコール中毒者でした。10歳までに両親がいない状況に置かれて、彼女は親がいないことや内気さ、自信のなさの感情と闘っていました。そしてジェーン・アダムズと同じように、当時の彼女の階級の女性の伝統的な役割に束縛を感じていました。夫が大統領選に立候補すると決めた時でさえ——それは彼女が多くの社会的・政治的問題で活動をするようになり、ニューヨーク市長夫人になってからずっと後のことですが――、彼女はどんな時でも注目されることを避けようとしました。FDR（フランクリン・デラノ・ルーズベルト）が大統領選に勝った時、彼女は「私は大統領夫人になることを望んでいなかったし、今も望んでいません」と打ち明けています。(16)

しかしエレノア・ルーズベルトは夫とともに、政府の役割やその可能性について人々が持つ考え方を、すべての市民の幸福を支援するものに変えました。彼女は、白人と男性がほとんどすべての面で優越していることが当然だとする文化的な考え方に疑問を持ち、つくり直しました。ジェーン・アダムズと同じように、彼女は特権と富を持たない人々に対して、丁重で民主的な態度をとる**ノブレス・オブリージュ（高い身分に伴う義務）**の概念に疑問を持ちました。彼女は文化、宗教、イデオロギーそして既得権などが根本的に異なる国々が普遍的な権利のセットに合意することは不可能だという常識をくつがえしました。

エレノア・ルーズベルトを公共の善のために絶え間なく働くように駆り立てたものは、個人的に特権を持ち贅沢に暮らす生活は不合理であるし、満足できないという確かな信念と、「有用」でありたいという情熱的な欲求、大きな困難にある人々との本物の個人的なつながり、彼女が信じ直接関わった社会的訴訟への抗議でした。ルーズベルトはその時代の女性が直面していた限界を確かに経験していたために、初期のフェニミズムの運動に引き寄せられました。さらに彼女の社会的平等への熱意は、労働者、農夫、アフリカ系アメリカ人や他の特権と政治的力を欠いた人々の権利のための運動に彼女を引き寄せました。

人生の後期になると、ルーズベルトの人権への関心は国際的なレベルに広がりました。彼女の最高の業績は国連の人権宣言の念入りにつくられた最後の一節です。第七章で論じるように、このことに関する彼女の成功は、他のどんな立法的な行為よりも社会的正義の主張を、世界的規模で長期にわたって促進しました。この業績に対して、ハリー・トルーマン大統領は、彼女を世界のファースト・レディと呼びました。

エレノア・ルーズベルトのモラル・リーダーとしての有効性は、社会的平等の理想への永続的なコミットメントと、この理想を追求する際の明白な謙遜から生じています。実践的な意味で、ルーズベルトの謙遜は、彼女が世界中から受け入れられようとした価値を担った文書の背後を固める世界中のリーダーの強いうぬぼれを取り除くのに大いに役立ちました。個人的な意味では、彼女の謙虚さはその文書を本当に普遍的なものに改善するのに必要な開かれた心をもたらしました。精神的な意味では、それは彼女の挑戦的だった後半生に彼女が書き、毎夜繰り返した祈りの中に込められた信仰——彼女の宗教的な信仰の中心的な要素でした。その祈りは、それが何を言っているということではなく、誰が言っているのかが重要なのです。

私たちの心を不安にし、完全には見つけられないものを追求するようにつくられた我が父よ、自分の人生に満足することを禁ぜよ。私たちを凡たる中身から切り離し、私たちの目を遠く離れた目標に向けさせ給え。私たちには厳しすぎる課題、強さを求めてあなたに向かわせる課題を与え給え。いらだちと自己憐憫から引き離し給え。見ることのできない善と世界にある隠された善を確かめさせ給え。そして自分自身から救い、世界を新しくするビジョンを示されよ。(17)

ルーズベルトの毎夜の祈りはそれだけでこの著書のテーマの言説になり得ます。私たちの道徳的な生活の「凡たる中身」は確かに人間行動を引き起こします。しかし「遠く離れた目標」を追うことを選べばそれが行動を引き起こします。学術的な心理学と人気のあるジャーナリズムでは、基本的な内容が多すぎ、遠く離れた目標が十分ではありません。このことが私たちの本質についてのストーリー全体を歪めるだけではなく、私たちの生活を間違った方向——気高く鼓舞する方向から離れ、凡たる懐疑的な方向——に曲げることもできてしまうのです。

理想と道徳的生活、模範性と不完全さ、非凡さと平凡さ

この章では、その選択と行動が明確に知られていて、そしてそれが彼らの理想と信念に基づいている6人の人々を紹介しました。すべての人間と同様、その6人も間違いを犯し、時には称賛に値しないような振る舞いをしています。彼らの誰もその間違いや限界に焦点を当てることで、少なくとも部分的には正体を暴くことは難しくないでしょう。しばしばその間違いは私たちすべてが経験している人間のもろさ――虚栄やいつも成功するわけではない自負に対する苦闘、絶望や希望の喪失の時期、真実に直面することが耐えがたい瞬間――を表しています。他のケースでは、深く持たれている価値の葛藤や正しい選択は回顧においてのみ明確です。私たちが検討した事例の素材は、これらのすべてのもろさ以上の例を提供しています。しかし、すべての人間存在の、たとえ最も感動的なモラル・リーダーであっても、時には粘土の足、少なくとも数本の足の指を持つということを伝える研究は必要ではありません。

この6人のリーダーが誠実に道徳的真実を求め、彼らが見つけたものに基づいて行動したやり方について、事例の資料は驚くべき一貫性を示しています。彼らは100万の人々のためになる、よき仕事の遺産を残しました。彼らの生涯は現在を生きる人々のモデルとして、正当なものとして今でも引用されています。以下の章では、第一章でレビューした道徳性心理学よりもより完全な説明をしながら、慎重に考えられた理想に従って生きようとした人について言及したいと思います。

この記述は、この著書で描いたような道徳的な徳とリーダーシップを持つ輝かしい例になる人だけでなく、人類の幅広い人々にも当てはまります。普通の人々も、ドラマティックで有名ではないけれど、犠牲を払い同じように望ましい資質を示します。普通の人々も家族内、そしてそれをこえて他者を愛し配慮しています。彼らは自分を仕事に捧げ、社会的に責任あるやり方でそうしようとしています。彼らは困窮している人を、しばしば感謝や報酬を期待することなく助けています。ある者は見知らぬ者を助けるために

生命の危険をおかします。このような非凡な人々と同様に普通の人の生涯を高いものにするきわめて重要なモラル・コミットメントは、道徳性を生物学的な衝動や状況の圧力、あるいは経済的な自己利益に格下げしてしまう科学によって説明することはできません。それらの要因が関与しているかもしれませんが、最終的には道徳的な人生は人が持つ理想の本質と力によって導かれるのです。

第三章　完全なる道徳性心理学を目指して

第二章では、道徳性においてきわめて偉大なリーダーを6名紹介しました。道徳が発達する過程は、すべての人の生活に存在しますが、平凡な生活には見出しにくい道徳性の発達プロセスを偉大なリーダーたちは創造しながら生活しています。六つの事例から鮮明に描かれるのは、文化が彼らの人生に影響を与えていることや、個々人が文化にどのように関わってきたかについてです。その上、彼らは未来の文化を方向づけるような創造的な道徳的想像力を発揮したことです。こうしたリーダーたちの人生から見えることは、人生のかなり早いころから、感情的気質を含む情動の状態が持つ役割が明らかなことです。彼らの人生から、理解が深まることによって情動がどのような状態になるかが明らかにされました。すなわち、彼らは自分自身の情動の状態を内省することができ、感情を理想の姿になるよう努力します。おそらく最も大切なことは、彼ら偉人の物語を通して、人生をよりよい方向に持続的に送ることを可能にする本質的な役割は、美徳にあると明示してくれたことです。

今日最も代表的な道徳性についての見方といえば、道徳性心理学の「新しい科学」や、行動経済学、さらには、状況的な制約を重視する実験社会心理学などがあります。ただし、これらの見方では、ここで紹介するモラル・リーダーたちの人生をうまく説明することができません。この流行りの見方は、一般の人たちの豊かな道徳的生活からしても違和感が残ります。残念なことに、これらの考え方は、道徳的理解や道徳の担い手が持つ重要な役割を考慮していません。道徳性心理学全体を包括的に説明することは、この問題をとらえ、流行の見方から脱して、道徳性の特質を明確に理解していくことにあります。その説明には、人が現実の生活の中でみせる道徳的な反応、つまり、毎日のありきたりのものから、ヒーローが行う高尚な行為までを含む必要があります。道徳全体を十分に説明するためには、限定された実験をもとに大風呂敷を広げる単一プロセスの主張をうのみにしないことが求められます――特に、私たちの道徳的な選択が、遺伝、環境が持つ力、誘因、権威的な要求、あるいは、ある特定の実験によって検討されたその瞬間に関わるすべての要因によって決定されるのだという、どうにも支持できない主張のことです。

道徳性について十分に説明していくためには、道徳的な選択が導かれる精神的、情動的、そして行動的なプロセスを含むすべてだけでなく、それらが経験する中で互いにどのように関係しあっているのかを示しつつ、**関連づけていく**必要があります。なぜなら、現実に、一人の人間が存在し、一つの心が存在しているからです。単に、何が起こっているのか科学者によって分析され、理解される構成要素の集まりを司る存在ではありません。様々な要素は互いに情報を伝えあっています。時には互いに支持しあい、時には葛藤することもあります。各要素は時間をこえて影響します。人々が社会状況を道徳的な観点からとらえ、そして反応する時に、こうした要素がつながりあう過程がありますが、この過程からこそモラル・センスという強さや効力が獲得されるのです。

道徳性心理学全体を説明することは、道徳性の持つ、**束縛的**な機能と**上昇志向**の機能の双方を示すことといえます。今日まで先行研究で扱われた道徳性心理学の主な問題は、人が誘惑時にどのように抵抗するか、あるいはしないかといったことでした。多数の研究は、たとえば、マシュマロを食べてはいけない状況で[1]、欺いたり、嘘をついたり、盗んだり、食べるといった機会が与えられると、どのようなことが起きるかについて検討してきました。道徳性には、上昇志向の機能があります。たとえば、より高い目標を見つけ遂行しようとする時、世の中で自分が倫理的に振る舞う姿を想像したりします。卓越しようと個人的に動機づけられる時、人格を育成する徳は、常にこうした上昇志向の機能が働くことが少なくありません。

ポジティブ心理学の動向をとらえた近年の研究は、人が、単に神経症を抱えて気弱な気持ちで歩いている[2]という以上の存在であることを示してきました。よりよい方向に考えると、人は、寛大で、思いやりがあり、誠実で、勇気があり、ヒーローとなり得ます。しかし、これが常に、あるいはたいてい継続するということにはならないわけですが、この点が、まさに人間についての真実にほかなりません。そのため、こうした問題を、十分に説得するためにも道徳性の発達の観点から対応していくべきでしょう。

本章では、道徳的行動を理解するための枠組みを示します。この枠組みは、流行のメディアでもてはやされている枠組みとは対立するものです。道徳習慣がどのように身につけられていくのか、思索や判断が人生の道徳の成長に与える様子について示す枠組みです。この枠組みは、少なくともかなり高次に発達した時に見られる、真実を求め、理想に導こうという道徳的行動の性質を強調しています。この枠組みには、「新しい科学」が道徳性心理学について近年の研究で指摘している洞察も含みますが、人間の潜在的可能性についてさらに精査した視点からとらえるものです。よりバランスのとれた見方ができることを目標にしています。

人が、真実を求め、理想に導かれ、思索する、といった道徳的反応を常に示すとは決して主張しません。ですから、日々の行動の多くが自動的で反射的であるという新しい科学の見方に同意するところもあります。しかし、ルーティン化した、自動的にみえる習慣や直観でさえ、意識的な学習によって得られたと考えることができます。私たちが紹介する発達理論は、生活に深く根ざした習慣や慎重に導かれる考えというものが、実は、学習と成長の力動的なプロセスの中でどのように関わりあって導かれてきているのかを明らかにします。

遺伝によるもの――道徳的な成長の種

進化についての科学の発展により、近年では、人が人生においてどれくらい道徳的な生活を送るように準備されているのかが明らかになりつつあります。進化科学者の多くは、おおよその輪郭ですが、少なくとも、共感性、愛着、社会的な互恵性、協力、寛容さ（種族から種族へは特に）などは、私たち種にとって生得的なものではないかと指摘しています。こうした生得的な性質を実際に向社会的行動にしむける道徳的な性格にまで高めるためには、かなりの学習が必要ですが、道徳性の種そのものはすでに誕生時にすべての人の中に存在しています。

道徳領域において、生物学的な天賦を理解することに貢献してきた研究には、霊長類やそのほかの動物（アリやハチといった昆虫を含む）の社会的行動の観察や、乳幼児の研究があります。20世紀後半には、コンピューターによる分析が可能になり、ビデオによる記録ができるようになったことで、新生児の社会的な世界が明らかになってきました。生まれてまだ数か月で、新生児や乳児が他者の感情状態を共有できることがわかっています。換言すれば、共感性の基本的なフォームを持っていることが、30年以上にわたる追試研究で明らかになったことは、驚くべき発見でした。

ほかの研究においても、動物についての共感性や愛他的行動、さらには公正に関した行動について文献にまとめられています。たとえば、デヴァール(3)は、チンパンジーや類人猿が他者の痛みに感じやすいことを明らかにしました。最近では、ダンバー(4)は、仲間の毛づくろいをする猿は、される猿よりも生物学的に至福を示すことが多いことを見出しています。チンパンジーやほかの類人猿のような動物は、ものを公平に分けないことに対して嫌悪を示します。すなわち、量的に多くほしいという利己的な欲望に嫌悪を示すのです。[5]

進化の科学は、発生学的、またほかの生物学的なメカニズムを特定し、こうした啓発的な知見を説明しはじめました。こうしたメカニズムから示唆されることは、進化による適応は、動物が協力的な社会的構造をつくることができれば高まることです。たとえ、個人の存続[6]には適合しなくても、動物は種に対して望ましい方法で長期にわたり交流しています。これは、種のレベルで、コミュニケーションや協力が、優れた地位を獲得するために、ほかの種に比べて重要なことだからと考えられます。

もちろん、すべての人が必ずしも、ほとんどの時間（あるいは、かなり）向社会的な行動を行っているわけではありません。また、進化の科学が明らかにしてきたポジティブな潜在能力を達成させることが必要不可欠というわけではありません。私たちは、向社会的行動を行うことに内向きの気質を持っていることに加えて、自分に尽くす、自分を欺く、強い競争心を持つ、力ずくで行使する、といったことをしがちです。明らかに、人間は善と悪の両方を行うのです。しかし、この両方の能力が、すでに誕生時に種に組み込まれているという認識は、科学的理解においてかなり変更されてきています。人間は基本的には利己的であり、共存できるように社会化される必要があるという道徳的発達の見解は、終わりのない辛い課題でしたが、この考え方は、今や不安定で時代遅れの考えとなっています。[7]

人間の道徳性の潜在能力に焦点を当てると、私たちの進化の遺産はまだほんのはじまりであり、これから成熟する道徳性の木に例えると、まだほんの若木であることを認識させます。どんな進化の遺産も道徳性についての完璧な発達を保証することはできません――学ぶことが必要なのです。学ぶことで、モラル・センスが長い時間にわたって、体系だったものとなり予測し得る方向で成熟していくのです。ただし、変動性の余地はかなり存在し、必ずしもすべての人がざまざまな領域において潜在力をすべて開花させるわけではありません。

道徳的文化のすべて

道徳的性格は、道徳的行為につながるための堅実で効果的な道しるべになるまでは、経験を通して培われる必要があるものです。こうした学びの多くは、親、仲間、教師、そしてコミュニティのほかのメンバーとの対面によるつきあいによるものです。ただし、中には間接的な関わりを通してなされる学びもあります。こうした間接的な経験は、概観すると、目に見えにくく、価値、規範、習慣といったものに深く根ざしている、いわば、文化の根幹といえます。

文化的なきまりや習慣を行うようになることは、一般的に、生物として与えられている以上の大きな影響力があることから、モラル・センスに最も強い影響を与えるものの一つとして考えられています。あらゆる文化において、モラル・センスは、多くの世代をこえて進化してきた規範、伝統、文化的なきまりごとによって形づくられ強化されています。こうした伝統や規範はしばしば数えきれない慣習や儀式、同様に宗教や合法的な教義において具体化されます。道徳規範や基準という文化的遺産は，人間の生物としての道徳的な衝動から受け継がれています。文化は、自分や社会的な世界についてある特定の考え方や感じ方を生み出し、心理的な経験に社会的な次元を加えます。しばしば、文化規範は承認を伴いますが、指導と道徳的動機づけを与えます。そのほか、こうした文化的な規範や標準は、人が一緒に生活できるように、また利己的な動機を抑え葛藤をなくすことに役立ちます。

いったん身につけると、文化的に形づくられた行動がさらに深く浸透し、意識的に内省しなくても感情的反応に影響を与え習慣的に機能するようになります。たとえば、ヒンドゥー教の最高のランクのブラフミン（Hindu Brhamins）は、牛の屠殺を禁じる文化を長く維持していますが、ハンバーガーを差し出されると誘惑よりも嫌悪の情を強く感じます。このように形成された習慣は、ある社会的な反応を自律的に示すようになります。その結果、市民化した人たちが当然のこととして実行する「適切な」行動が、単純に経験されることになるのです。

文化的なルーティンを行うことは、道徳的感情や習慣と同様に道徳的理解にも影響を及ぼします。リチャード・シュヴェーダーが指摘したように、(8)文化的慣習に長年ひたると、そうした慣習は情動にも知的にも道徳的に正しいものと思うようになります。彼は、異なる文化で重要度の異なる価値について三つのクラスターの存在を述べています。一つは、**神性という倫理**です。これは、インドのヒンドゥー教のブラフミンにとって、中心となるテーマです。シュヴェーダーは、ここでフィールドワークの仕事を多々行ってきましたが、この神性の世界観は、敬虔が社会的秩序に浸透すると考えられています。日々の生活の一部であり、崇拝すべき伝統に反映されています。これは、純潔と堕落のルールによって統治されています。こうした規則は、児童期ごろから理解されるようになります。慣習を身につけることを通して、子どもたちは純潔、堕落、神聖な場所、重要な儀式について具現化された直観力を深く成熟させていきます。これらの慣習について理想的な理性、たとえば、禁欲や超越、内在的な神聖さを学ぶ時、子どもたちにはすでにこうした考えを受け止める準備ができているのです。直観的に正しいもの、自明なこととして受け止められるわけです。

このような様々な方法を通して、文化は、人々に習慣がおきまりのものであり親近感を感じられるような方向に導きます。こうした実践や考えは、心や行動の習慣を形成していくのです。自然界や社会的世界が持つ方略的な特徴を明示するために、文化の中で用いられるメタファーは、発想するために最も一般的な入れ物として広くシェアされます。こうしたメタファーはあまりにも偏在しているために、メタファーを使う人はそれが隠喩であることに気づきません。つまり、現実をそのまま描写したものとしてとらえてしまうのです。このようにメタファーは意識しないで人々の世界観を形成することができ、メタファーで明示される世界観や価値は暗黙のうちに道徳的な示唆を与えます。たとえば、若い女性は、たいていどこでも、結婚式のガウンに傷もしみもない純白が用意されますが、欠点のない純潔のイメージが、結婚相手に望まれる道徳的な価値、すなわち貞操を象徴しています。

時間の流れとともに、こうした文化に参加する人々は、何らかの因習的な語りや物語を共有するようになります。こうした語りは道徳的な教訓や価値を伝えるものです。これらは、多くの人々についての話であり、文化に重んじられる人々の生活の美徳を表しています。たとえば、アメリカでは、ジョージ・ワシントンが子どもの時に父親が大事にしている桜の木を折ってしまったことを正直に話したことで、彼が大変誠実であったことを語った話がありますが、この話を知らずにアメリカで大人になることは難しいといえましょう。今日、３００年以上を経ても、チェリーパイは、ワシントンの誕生日のお祝い事には伝統的に食されています。ほかによく知られた話（たとえば、ピノキオ）は、正直といった重要な道徳的規範を破ったことから悲惨な結末になり、不誠実について警鐘を鳴らしています。こうした二つの話は、聞き手を、主要な登場人物と同一視させます。これによって、向上心や警戒心を物語の教訓として埋め込み、同一視するように導いているのです。

文化と能動的な関わり

道徳性の新しい科学は、道徳的な思考や担い手に信頼を置かず、同時に、文化といった無生物要因の役割によって道徳的行動を説明しようとしています。鍵となる物語、すなわち家族や種族、コミュニティについて繰り返される話が、道徳的感受性を形づくるプロセスを強調しています。しかし、その過程において、人々がどの程度自分たちの正体を明らかにする物語を**選択**し、どの程度自分自身のやり方でその物語を活用しているかについては、新しい科学の説明は見落としています。文化的な物語は、個々の道徳的な視点や道徳的同一性にすべて取り入れられているわけではありません。すべての人々が独自なやり方で家族やコミュニティについての伝統的な話を理解し、その話の意味をくみ取り、その話で示唆されるものを考慮し検討し、自分の個人的な意味に応用し、時に何が大切でよいことなのか自分の見方をほかに伝えるために新しい物語をつくり出したりしています。

文化を物語として共有し、そこに個々が関与していくことは一般的な主眼点になるところです。人々は世の中に関わろうとする時、能動的であり、受身ではありません。ただ座っているだけではなく、社会的な経験を外部から自分たちへと流し込むかのようです。何に気づくべきなのか、何から構成されているのかを選び取ろうとします。経験を選び解釈しているのです。人々の多くは同じ文化を共有するわけではなく、異なった視点に注意を向け、議論することもあります。同じ文化的なシンボルや儀式についても違った理解をすることもあります。他人が認める信念に疑問を持ち、文化を批判的に見るものもいます。このような人々は、他人によってまだ検討されていない仮定を変えようとしたりします。人々は考えのないヒツジのようにただ従っているといった生き方をしていません。

また、重要なことは、文化全体が一つの同質のものでないと認めることです。あらゆる文化は複数のサブカルチャーを含んでいます。人々は積極的にサブカルチャーといった状況をある程度まで探し出します。このサブカルチャーは人々が参加したいと思う状況であり、参加することによって、その後の自身の成長を形づくるような影響力のあるものが選ばれます。たとえば、アメリカ人のティーン・エイジャーの多くは、スクールカーストの内訳である、人気者グループ、芸術風シアター・グループ、テクノのオタクグループ、競争しあうよい子集団、非行グループ、カーストでは低い集団、などのいずれに入るかを能動的に選択しています。こうした選択は、話し方、服装、摂取するものに対して未来にわたって影響を与える状況へと導きます。このような状況の影響力は、現実的なもので、依存させるほどに強い魅力を持ちます。人々が特定のサブカルチャーを選ぶ場合に、その規範に抗い、変えようとし、最終的にはそこを去って別のサブカルチャーにいく可能性があります。

人はまた、文化的信念についての自分の考えを変えることもあります。すなわち、判断は同じところにあらずで、変化するのです。一つの文化に基づくイデオロギーが別のイデオロギーに変わることは、信仰心やほかのイデオロギーに基づいたコミュニティ内でよく起こることです。実際、宗教やイデオロギーのかなりの頻度で起きる対立は、コミュニティに最も忠実なフォロワーから生じることが多いものです。新しい文化の信念の創造者は、かつてはその前の文化の熱狂的なファンであったということはよくあることなのです。

ある研究で、文化の歴史に多くの断絶があることが観察されています。たとえば、モラル・リーダーの中には何人もが、非常に権威的な家族の中で育っています。こうした家族は、**ノブレス・オブリージュ（高い身分に伴う義務）**の文化を持ち、経済的に恵まれた人は、貧しい人たちを援助し、寄付する行為をすることを期待しています。しかし、リーダーによっては、この寄付という方法が公正さを求めるものとして望ましいものではないとみなしている者もいます。こうした間違った寄付は、権威のない者にとっては、実際のところ、公正の達成を妨げてしまう、と書物や公の発言で指摘しています。

ジェーン・アダムズは、経済的に恵まれない多くの人々を支える新しい方法を見つけようとしたのち、この結論に達しました。彼女の伝記作家であるルイーズ・ナイトは、アダムズが「博愛のために必要な手段」として寄付の価値を疑問視したと書いています。その後、彼女は、偉大な遺産となったセツルメント・ハウス・アプローチ（the settlement house approach）という方法を適用しました。「至る所に、彼女は見たようだ」とナイトは書いています。「彼女は、道徳が社会に与える危険を見た……彼女は、家内の雇用者と使用人との関係に危険を感じた。すなわち、寄付するものとされるもの、繁栄する市民と苦しむ労働者、との関係に危険なものを見始めていた」(9)。アダムズによるセツルメント・ハウスのアプローチは、寄付によって特徴づけられるドナーと受け手の関係を対象化せず、より対等な関係になるようにしました。エレノア・ルーズベルトは、このことについてアダムズから影響を受け、労働者、女性の平等、市民権のための政治的なキャンペーンに同じアプローチを採用しました。

これらの例やそのほかの例を見ても、アイデアは人の心に形をつくります。それは、人が周囲の文化によって影響されるからだけではなく、人が文化に影響を与えているからでもあります。人は他人を賛嘆したり、そうなりたいというモデルとしてみています(あるいは、なりたくないモデルとして)。しかし、繰り返しますが、尊敬する人との同一視は積極的なプロセスであり、仲間との相互作用を通して、また時間とともに変化はしますが、考え抜くプロセスなのです。

他人との会話や自分の内省によって、人は文化で巡り会う信念、語り、そしてモデルについての自分の考えを明らかにし、精緻化し、対話します。彼らは視点の違いを議論し、時に理解や信念を結果的に変容させます。このように真実を探求する中で、個人は育ち、文化は進化するのです。

文化の進化が及ぼす個人への影響は、私たちがこの本で検討したモラル・リーダーが、社会的で制度的な文化を新たにつくり出す時に特に表れます。第二章で述べましたが、彼らの驚くような人生のそのドラマティックな特徴は、彼らが文化として重要な制度をつくり出す、あるいは変容させようとしたその規模の大きさです。ジェーン・アダムズはハルハウス(Hull House)をつくり出しました。ネルソン・マンデラは、真実と和解の委員会をつくり、ダグ・ハマーショルドは、国際連合の制度という文化をつくりました。6名すべてが、国や世界、宗教の誓いといった広い文化に影響をもたらしたのです。アブラハム・ヘッシェルは、ユダヤ人の習慣や教育に新しい豊かなイメージを与えました。ジェーン・アダムズは、アメリカ社会の連帯に新しいモデルを与えました。ディートリッヒ・ボンヘッファーは、ヒトラーに対抗して、ドイツキリスト教の教会を再組織化しました。文化は個人をある程度のところまでつくり出しますが、一方で個人の行動によって文化それ自体がつくられるところがあります。

制度や文化をつくることの重要性は、人間の道徳機能に関する社会心理学のモデル、脳のモデル、あるいは経済心理学のモデルでは、ほぼ考えられていません。また、道徳的な創造性、あるいは道徳的想像と呼ばれるようなものが欠落しています。自身の文化に批判的であったり、賛同しない要求に対しては反対する人々が存在するのは否定できないことです。意欲や理想についてその文化がなすベストな提言に、より当てはまりのよいほかの選択肢を想像しようと、対立以上のことをする人もいます。市民権や男女平等の獲得に成功したインドやアメリカでの独立運動は、こうした意味で光り輝く例といえましょう。これらは教訓となる例になります。なぜなら、非常に献身的で創造的であるリーダーのもとへと、一般の人々が大規模に参加したことが明らかだからです。

個人が能動的に参加し、選択し、想像し、さらには文化や制度という文脈を大きく変えていくものだ、という見方は、新しい科学の見方とここで述べている見方とが対照的であることを示します。私たちは、人々が自身の心の生活を司る道徳的な担い手である、と理解する重要性を考えています。自分たちの言葉で出来事を解釈し、世界を理解し、能動的に関与し、自分たちの選択をある程度までコントロールする能力を持っているのです。道徳の哲学的な説明にとって重要である、道徳的な主体という考えは、今日のメディアの説明において優勢である還元主義の見方からは、完全に欠落している考えです。実際、道徳的な主体の重要性を理解していないこの見方は、彼らのことを還元主義だと私たちが指摘している根幹の部分にあたります。文化という文脈に個人が積極的に参加する現実、与えられた社会の中でのサブカルチャーの多様性、さらに、個人の活動を通しての文化の発展などを考慮した時、道徳性は自身の文化の規範や価値へと文化する以上の何物でもないのだという見方[10]は、ほぼ意味がありません。

道徳的な理解

「新しい科学」の顕著な特徴の一つに、道徳的な選択は一般に合理的でなく、道徳理解によるものではないという主張があります。道徳理解の重要性を無視する代わりに、新しい科学は、**選択のそのわずか一瞬**に、意識的そして分析的に熟考していると考えます。この論点をすり替えた仮説は、次のことを結論づけやすくしています。すなわち、道徳的行動が外部から観察される時には分析的な熟考がなされているかどうかは明らかでないので、考えることは、毎日の道徳性の重要な部分ではない、と結論づけてしまっていることです。道徳性が、理解によって導かれていないというこの結論づけは、理解の働きについてきわめて間違った概念をもたらしています。

道徳的な理解とは、選択するという行動がなされるまさにその時の分析的な熟考と等しいものではありません。人は理解をさらに成熟させようとする中で道徳的な疑問と格闘することがしばしばあります。それは、いったん新しい道徳的な洞察を得ると、暫定的にではあっても、こうした洞察はそれぞれの状況で再考することがなくなり[11]、道徳的な知覚、解釈、そして選択に影響を与える仮説となります。これは、算数の基本的な理解のようです。たとえば、子どもならコインのサイズや数についてメリットがあるかないかを考えるために時間をとるところですが、大人は1ダイムと3ペニーを特に熟考しなくても、交換することはしません。つまり、大人になると、基本的な道徳理解は、毎日の行動の多くを司る思考や行動の習慣の中に数学の知識のように、焼きつけられるのでしょう。

いったん確立されると、思考や行動など習慣になった方法は、おきまりの場面で使われます。それゆえ、これが、新しい科学を唱える学派がまさに注目してきた道徳的反応の自律的な性質といえます。しかし、新しい科学の見方は、この自律性の原因を誤ったことに帰属しています。私たちの道徳的反応は、しばしば自動的に見えますが、進化に基づいた生物学的な衝動によって決定されるのではないのです。また、考えることなく、文化に導かれて習慣となった行動をしているのでもありません。むしろ、私たちは、少なくとも親しみ慣れた状況においては、道徳理解に関わる多くの経験を積んできたので迅速に行動できるようになっているのです。発達過程を通して、意識的に内省することが、道徳的理解を導いているのです。いったん内省が発達的にみあう仕事をすると、道徳理解や習慣は、迅速にまた意識することもなく機能するようになります。

道徳的内省と道徳的直観との関係を検討した研究を要約すると、心理学者のジョン・ギブス[12]は、道徳的直観はそれまでの熟考された道徳的推論に基づいて形成されるという私たちの主張を支持するエビデンスを指摘しています。ギブスが引用している研究から明らかにされているのは、いったん道徳的な問題について熟考すると、この問題に伴う状況に対する次からの反応は素早く、一見したところ自動的な反応のようになることです。ギブスが述べているのは、複雑な認知は時間をかけて自動にまで移行することです。

この要となる発達理論は、近年、科学的な理論やデータに基づいて強く支持されてきています[13]。

この発達理論が導かれる初期のこと、あまり知られていなかった叙述には、デビッドソンとユーニス[14]が二つのかなり異なる道徳的過程を区別していました。つまり、**内省的**な道徳性と**習慣的**な（あるいは**自動的な**）道徳性です。内省的な道徳性は、注意深く評価することや正当化を伴い、比較的まれにしか起こりません。たいてい、行動の成り行きが明らかでない時や、最初の道徳的反応を難しく、内省する時間のある時です。これとは対照的に、たいていの道徳的行動は、毎日の生活に浸透しており、多くは意識されない道徳行動は習慣となっており、もはや意識的に内省されることもなく行われるようになります。道徳的理解の発達を通して獲得される考えは、時間とともに容易にアクセスできるようになり、やがて当たり前とみなされます。こうして、考えは自動的な直観になり、意識的に覚知した行動であると気づかれないことが少なくなく、即、行動に影響を与えるようになります。

道徳的解釈に関する研究報告で、ジャネット・ウォーカー[15]は、床に汚い靴下を見つけた時に、反射的に夫に怒りがこみあげてくると述べています。引用すれば、こうした感情的な反応は、ソックスがみえたことが引き金となって、「彼が汚れたものをそこらにほうりっぱなしで、私が拾わなければならない」[16]といったように、習慣的に解釈できるスキーマから生じます。しかし、ウォーカーが指摘しなかったのは、この解釈のスキーマが、家庭の（あるいは、ジェンダーの）役割について特定の公正観に基づいていることです。こうした見方をする女性、あるいは男性は、配偶者の後ろでいつも靴下を拾わなければならないことを不公平なことと考えるでしょう。つまり、ウォーカーの家族内におけるジェンダーの役割や正義についての理解は、おそらく目には見えないが、床に散らばった衣服を見つけた時の感情反応に重要な役割を果たします。より一般的なことに、人が正義、道徳的権威、信頼性、責任といった道徳性の根幹になる概念についての理解の仕方は、毎日の生活の中で直面する道徳的な状況に反応する際の決断に影響します。

分配公正の概念に関する子どもの研究は、子どもたちについて次のような様子を明らかにしています。子どもたちが分配公正の概念をどのように発達させるかという精力的な研究は、私たちの一人（デイモン[17]）によって行われました。彼は、子どもたちに仕事をさせた（ブレスレットづくり）後、アイスキャンディーを分けるように依頼しました。観察から明らかになったのは、何かをした時の報酬を目の前にして、公正とはどういうことかという考えは、年齢によってシステマティックに変化するということでした。この研究で最年少の子どもたちは、報酬を考える理由づけは任意で自分本位のものでした。たとえば、背の高い子は、大きい子どもがたくさんのキャンディーをもらうべきだ、とか、女の子は男の子よりもキャンディーが好きだからたくさんもらいたいと言いはるところがあります。少し年長になると、キャンディーを自分たちに多くするよう要求するためにとにかく基準らしきものをつくり上げることは、グループのほかの子たちにとっては公正でないことと理解していました。つまり、他者の視点をとれるようになると、こうしたやり方を他者は**合法的**には不公平とみなすことも理解していました。こうした学びから、この研究では、いくらか年長の子どもたちは（6歳あるいはそのころ）、**均等**の方略をとりました。すなわち、「みんなに同じ数のキャンディーをあげよう」と考えたのです。これは、優れた理解といえますが、かなりまだ単純な考えといえます。次に年長の集団では（8歳あるいはそのころ）、大半の子どもたちが厳密に均等ではなく、**メリット**について説明の中で言及するようになりました。これらの子どもたちは、より貢献した（よりたくさんのブレスレットをつくった、あるいは、より素敵なものをつくった）ものが、より多くのごほうびをもらうべきだという考えを示しました。最年長のグループでは少し繊細な方略が用いられました。これらの子どもたちは、メリットは公平観によって調整されるようになります。たとえば、子どもたちが仕方のない理由でブレスレットがたくさんつくれない時（たとえば、その日は気分が悪かったとか、ブレスレットのつくり方を学ぶ機会がなかった）なら、メリットを決定する際に、この要因は生産性と一緒に考慮されました。

追試研究では、子どもたちが手伝ったのちに、報酬を分けようと話し合う状況で自分たちが努力したことに見合うために何が公平かを考える時、子どもたちにどのようなことが起きるのかを観察することができました。(18) 仲間と一緒に公正とは何かを話し合う、まさにそのプロセスは、子どもたちの道徳理解にかなり発達的な影響を及ぼしています。ここから明らかになったことは、他人が自分の考え方を受け入れないことを悟ることが、不一致の背景にある推論を理解しようとする努力とあいまって、公正についてさらに深く考えることに大きな刺激になり得るということです。こうした経験は、（内的にあるいは外的に）話し合うことや意識的に内省することによって最も新しい正義の発達を促します。しかし、いったん子どもたちの公正の理解が安定すると、今度は、一時的にでも子どもたちは決断の際に公正さを立ち止まって考えようとする傾向がなくなります。さしあたり、慎重に考える必要性がなくなるからでしょう。

行動経済学者の近年の研究から明らかにされるのは、類似した年齢パターンが見られることです。このゲームに参加する人たちの反応に、**最後通牒ゲーム**というフィールドで知られているゲームでは、二人のプレーヤーが、実験者によって与えられるお金を分けなければなりません。最初のプレーヤーは、分け方を考えもう一人に申し出ます。もう一人のプレーヤーは、その申し出を受け入れてもいいし、断っても構いません。二人目のプレーヤーが断ると、誰もお金はもらえなくなります。受け入れる場合には、お金は申し出通り分けられます。このゲームは、一回のみで返報はありません。

生粋の経済学者を驚かせたのは、参加者が公正について**思いやった**ことです。申し出が不公平であると感じたならば分配をあきらめるところまで考え抜いたのです。新しい科学の研究では、参加者は公正を分析的に立ち止まって考えず、即時的に決断する傾向があるということでした。しかし、この最後通牒ゲームの反応における年齢差は、私たちが何十年も前に実施した公正の概念の差とほぼ同じでした。経済の研究では、幼児は、3年生や6年生の人数の半分よりも少ない人数でしたが、かなり不公平な申し出を喜んで受け入れています(70%……)。しかし、大人になるまでには、不均衡な申し出を受け入れるものは実質誰もいませんでした[19]。こうした大きな年齢差が明らかになったのは、参加者の公正についての理解が深まり、実際の選択に大きな違いをもたらしたと考えられます。こうした理解の違いは、背景にある推論によってかなり異なってきます。いったん理解されれば、意識的に注意を向けなくてもほとんど、あるいは全く意識しなくなります。

道徳性についての新しい科学の見方は、意思決定の際に慎重に考えるという分析が比較的観察されないことを道徳が直観主義理論により説明できる証拠として解釈し、道徳的理解を単なる後づけの合理化のように描いています。しかし、実験的な研究をしっかり見るとこの見解と一致しないだけでなく、第二章で述べたモラル・リーダーの人生から、時を経ながら道徳的な行動や経験が互いに影響をしあいながら道徳的な内省が重要な役割を果たしていることが明らかにされています。

これは、世間から離れた世界での知性化のことではありません。すなわち、このことは、人生についての内省や、考え・物語・イメージを活用した経験、さらには、道徳的な理想や理解を創造したり、精緻化するのに必要な批判能力が積極的に進行しているプロセスを指し示します。こうした種類の道徳的内省は、実際の選択肢に強く影響する基本的考えを導きます。こうした基本的考えは、時をこえて、個人が持つ世の中の見方に自動的に働き、浸透していきます。まるで、直観的な反応のように、暗黙のうちに、素早く、無理矢理とさえ思われるくらいに人々の選択を決めていくのです。

ジャネット・ウォーカーは、他人と話し合ったり論争する際に、人が自分の道徳的解釈や判断を内省する様子をまとめています。本書の6人のリーダーにほぼ該当しますが、こうした内省は、普通の人々の道徳的成長の礎となります。日々直面する道徳的決断の大半において、人々は時間をかけて別の方向に導く可能性のある新しい解釈をとる習慣をつくり出しつつも、たどり着く解釈を選び取る余裕や内省能力を備えています。このことは、いくつかの対立する解釈を考え出し、また解決することを意味します。あるいは、こうした解釈が自分だけに役立つのではないか、ほかのことにバイアスがかかっているのではないかと不安に思い、結果的に自分自身の最初の解釈に疑問を持つことを意味するかもしれません。

自分の解釈の習慣に抵抗することや変化させる力を持つことは重要なことです。なぜなら、それができることによって、未来の道徳習慣を能動的につくり出すことができるようになるからです。人は心や行動の自分自身の習慣についての感度を優れたものにする努力を重ねて道徳的に成長します。自分が偏った考えを持っていることを知り、それを乗り越え、他人の解釈を理解しようとつとめようとします。[20] こうして、道徳について再考することを選び、こうした道徳的な考えや信念の内省をし、道徳性の担い手の役割を自分の力によって実行します。こうした選択は時間をこえて繰り返しなされ、道徳的意欲を十分強め、より新しく情報価値の高い習慣になります。

道徳的理解が果たす役割には明白なものもあればそうでない暗黙のものなど多々ありますが、道徳的反応を決定することだけに作用するわけではありません。私たちは、道徳的感情が道徳的発達や機能に重要な役割を果たしていると指摘する研究者たちと意見を同じくしています。しかし、道徳的感情が道徳的行動に影響を持つことが、道徳性は基本的に理性的でないことを示唆していると主張する人たちには、同意できません。新しい科学を唱える学派による現在流行している見方は道徳的理解を間違って解釈しており、直観・習慣・感情との緊密で力動的なつながりを正しく理解していません。

道徳的感情

明確に知覚できる感情の多くは、道徳的信念を強め、こうした信念のもとに行動する可能性を高めます。道徳的感情の多様性は広く、自己を否定的に評価する感情（恥とか罪悪感など）、他者を否定的に評価する感情（正義の怒り）、自己や他者の道徳的な質を理解する感情（誇り、崇める、感謝、鼓舞）、他者の苦しみを思いやる感情（同情、共感的嫌悪）、他者の幸せを喜ぶ感情（共感的喜び）等の感情が含まれます。こうした感情のそれぞれは、異なる状況で喚起され、また、道徳的機能という大領域においては別の役割をとります。

道徳的感情は、新しい科学の視点から明確に主張されていますが、進化を通して人間という種に組み込まれ、道徳的感情の多くはほぼ普遍的と考えられています。世界中のどこに住む人々でも、暴力的なことには嫌悪と恐怖で退きます。寛大さや親切をまのあたりにすれば温かい感情がわき、人が傷ついているのをみれば痛みを感じるのです。しかし、ほかに組み込まれた道徳的感情を十分に機能させるには、もともとの未熟な状態から成長させる必要があります。

研究者が道徳的感情の発達を検討してきたように、この領域の発達は、道徳理解の発達と分離して考えることは難しいものです。このプロセスのどのステップにおいても、感情パターンが成長するにつれて、感情と理解が相互作用をする時にこそ向上がみられるのです。

この原理――道徳性の発達過程で、理解と感情が互いに関わり、決定し合うという――は、何十年もの間の研究で明らかにされてきました。しかし、新しい科学の学派からは（どちらかを見分けるのは難しいですが）無視され、あるいは却下されています。道徳的感情の役割について書かれた書物の中で、ジョナサン・ハイトは次の立場をとっています――「感情というものは道徳性という殿堂で**役割を持っている**……道徳的推論は、まさに、高僧を装った召使いのようである」[21]。このコメントは、新しい科学学派のコメントに近いもので、感情と理解を明確に違う二つの、おそらく独立した領域に分けて考えています。道徳性を主に運転する推進力として、感情を選んでいます。感情が行動にどれくらい重要な影響を与えているかにかかわらず（実際には重要ですが）、これは認知と感情の関係に関して慎重に検討してきた心理学研究全体からすると、全く是認されない極端な立場をとることになるでしょう[22]。

道徳的感情の研究が、この極端な新しい科学的見解をなぜ支持しないのか、その理由を示すため、これまで精力的になされてきた道徳的感情や共感性の研究について詳細に考えてみましょう（たとえば、マーティン・ホフマンの研究[23]）。共感性の研究は、子どもたちの思いやりの行動への影響とともに、思いやりを特徴づける発達のパターンを探求してきました。共感性の発達に関する研究は、道徳的感情と道徳的理解の発達の結びつきがどのように進化していくかを明らかにしようとしています。感情的反応は、道徳的関心を刺激し、道徳的理解が深まると成熟した道徳的反応を導きます。こうした研究から、道徳的感情と道徳的理解が密接に絡み合う関係であることが明らかにされています。

共感はしばしば同情、慈悲の行為、また、道徳的情動性と区別がつかないことがよく議論されます。これらは、共感性や共感による道徳的反応が人間の発達過程において実際にどのように形成するのか、その理解を難しくしてしまう誤った言葉の使用のためです。科学的な意味においては、共感性は他人の情動状態を共有することを意味します。それ以上でもそれ以下でもありません。共感性はそれ自体、感情的な反応であり、行動プログラムが伴うものではありません。共感性は、知らない人たちと同一視するような広い意味を与えません――より十分に発達した認知的能力として、同情があります（共感性、情動状態の文字通りの共有は伴わないかもしれません）。たとえば、ギャンブラー特有のまさにある一瞬の感情を共有しなくても、彼はギャンブル中毒だと同情するかもしれません。また**連勝中であっても**、ギャンブルへの依存は手に負えないもので、いずれ破滅に追い込まれると考えれば同情するかもしれません。彼の苦境に共感したり、同情することはあっても、彼の喜びの瞬間には共感（感情を共有）しません。

共感性の最も基本的な形は生まれた時にすでに存在します。その後順次、大半の人は、生まれつきの共感的反応が認知能力および対人能力の発達に伴って社会的現実の機微に次第に順応していきます。新生児はシンプルな種類の共感性を示します。たとえば、ほかの赤ちゃんが泣くと自分も泣くといった例です。こうした行動は、痛みを示す特定の音へ選択的反応を示すという、種に組み込まれた行動です――赤ちゃんは同じ大きさの音でもほかの音を聞く場合には泣きません。こうして人間の赤ちゃんは、特定の方法で、ほかではなくある特定の音や視覚的なパターンに反応するよう順応していくのです。

しかし、初期のころには、子どもたちは自分の嫌悪感と他人の気持ちとを区別できません。もう少し後にハイハイするようになると、別の子を助けようとして、自分を慰められるものを差し出したりするようになります。たとえば、小さい女の子は、むずかっている子を慰めようと、その子のお母さんを連れて来られる場合でも自分の母親を連れてきたりします。さらに年長になると、他人は自分とは異なる心の状態があることに気づきます。そして、助ける場合には、より適切に行動します。たとえば、自分の母親ではなく、他人の母親（あるいはテディベア）を泣いている子のところに連れて行くことができるようになります。

もう少し優れたレベルでは、すなわち、さらに高い認知レベルである場合には、他人の状況に**同情する理解のレベル**に達します。同情は人が感情状態を共有していなくても、別の人と同一視することを可能にします。この意味で、共感的反応の制約をしのぎます。認知的な発達で考えると、たとえば、他人の慢性的な病いや経済的な苦しさ、家族の難しい状況に同情を抱くことが可能となります。たとえば、他人を観察している時に、他人がたとえ嬉しそうにみえても可能になります。先述したギャンブラーについては、その例です。より年長になると、あることで気分を害している人は自分の感情を嬉しそうな表情で隠そうとしたり、また、同情を受け入れない人を意識するようにもなります。こうした社会的現実についての精緻化した理解は、子どもの感情反応やそこから生じる行動を発達させるように情報を送り研ぎすましたものにします。

認知判断はまた、誰に同情するかを決める上で重要な働きをします。たとえば、困っている人が、無実に見えるかどうかよりも、不注意や過失により自分の苦境に自身の責任があると判断されるならば、同情は少なくなります。このように、道徳的理解の発達は、道徳的感情の本質や機能を具体化するのです。

効果のある親業は、過ちを犯した子どもたちに、彼らの行動が他人を傷つけていると理解できるよう促すことです。子どもが他人の経験や視点を理解する能力を身につけることによって、両親は子どもの感情能力をも養っていることになります。このように、親は子どもの道徳的理解を深めることによって、子どもに成熟した、より適応的な道徳感情を身につけることに貢献しているのです。

時間とともに、共感性やそのほかの道徳的な感情が、他人の人生の複雑さに順応するようになります。

しかし、大人の道徳性でさえ、合理的で分析的な見方からは理解できない進化の根っこにある残余物が含まれています。エイモス・トゥヴェルスキーとダニエル・カーネマンが認知的問題解決[24]において示したのと同様に、マーティン・ホフマンは、種に組み込まれた共感的反応には体系的なバイアスが存在することを明らかにしています。たとえば、ホフマンの研究は、人が困っている人について同情的に関わる能力を持つものの、家族や親友、自分に類似した人には、よりバイアスのかかった行動をすることを明らかにしました。これは、**親密感バイアス**と呼ばれています。なじみがあり近しい人は、遠い存在の人よりも、より同情し、援助をする傾向にあるのです。共感バイアスの研究はまた、身近にいないが知っている人よりも、まさにその時に近くにいる人に、より同情することも示しています。このパターンは**今ここでバイアス**（here-and-now bias）と呼ばれています。

これらのパターンは、進化の中で道理にかなっています。その時に存在し自分と類似している人への援助や支援は、知らない人よりも、遺伝子プールにおいて自身の再現性を高める傾向にあるからです。身近にいる人と同様に自分に最も類似している人や親戚は、見知らぬ人よりも遺伝的に共有しているものが多くあります。すなわち、親近感バイアス、また、今ここでバイアスは進化的な価値があります。

このように共感性反応においてよく論じられるバイアスは、別の意味では適応的ともいえます。世界中には数えられないほど多くの人々が、自分には落ち度がないのに常に苦しんでいます。もしこうした人々の苦悩を経験するとしたら、この結果として生じる苦悩は圧倒的なものになり、助けようと建設的に努力しても支えきれないものだったりします。実際、研究からわかることは、負担のかかる共感的嫌悪を経験する時、動機づけられるというよりはむしろ、何もしなくなります。このように、うちのめされると、注意は他人のためにできることよりはむしろ、自身の共感的な痛みに向くようになります。共感性のバイアスという重要な機能は、共感性の喚起の強さを調整できるメカニズムによって喚起される反応を停止し、過度な負担感を予防することにあります。

共感性バイアスが健全であり重要な点で適応的であっても、絶えず道徳的な選択がなされるわけではありません。慈悲あるいは正義は、私たちに親しみ慣れた顔や、今ここで経験しているという心地よいゾーンをこえる方へと目を向けさせようとする時があります。賢明な両親は、子どもたちが間違っている時に子どもの味方に立ちたい気持ちを抑えるだろうし、よき市民はどのような社会でも、同じ人種、社会階級、家族やコミュニティのつながり、宗教や同じ信念を持たない人たちにも思いやることを望みます。このような場合に、思いやりの輪は、遠く離れた人たちや見知らぬ人、時には敵対する人たちにも広がることができるのです。

このことは、人が生来のバイアスのなすがままではないことであり、あり得ることです。基本的感情の傾向を凌駕し、新たに方向づけることができるのです。ここで、再び強調することは、新しい科学の視点と私たちが提唱している視点には、大きな隔たりがあるということです。新しい科学の多くとは異なって、私たちは人の同一化や思いやりの能力が、進化の中の遺伝によるバイアスやほかの衝動によって厳格に指令を受けるものだとは思わないことです。道徳的感情において、道徳的な担い手とまた選択の重要性をここで考えましょう。

親近性や近接性の境界を広げていくことが、道徳的なモチベーションの重要な要素であり、私たちがある人を思いやりがある人と表現する時に意図するものの中にあります。人は、同情できる仲間の一人とみなす人を決めるために、思いやりの領域を広げる程度を変化させます。時には、思いやりの輪を広げる視点は、危機時には直観的に即時に変化します。

最近の話として、ニューヨークの地下鉄にいる年配の女性が誰かに押されたところを目撃した人について報じていました。その女性の無事を確認した後、目撃者は加害者を追いかけ警察が来る前に捕まえました。目撃者がなぜ危険をかえりみず加害者を追いかけたのか尋ねられた時、彼は、「それは私の母親だったかもしれない。私の友だちであったかもしれない」と答えました。その時、彼は、「これは知らない人だ」というより典型的な反応ではなく、「これは自分の親しい人だったかもしれないから」と考えたのです。その結果、彼の行動はかなり異なるものとなったのです。

親近感や義務感の広がりは、即時であれ、時間をかけた場合であれ、いずれにおいても、全く制限のないものです。たとえば、サム・オリナーとパール・オリナーの研究で明らかになったのは、第二次世界大戦でナチスからユダヤ人をかくまおうとして自分の命だけでなく子どもたちの命までも危険をおかした例が明らかにされています。オリナーが研究した救助者はキリスト教信者（非ユダヤ人）でしたが、個人的には知らなかったものの、自分とは寸分も違わないコミュニティのユダヤ人をそこに見たのです。この理解があればこそ、虐げられた家族をかくまうという、個人的には大きな危険をおかす以外に選択の余地がないと感じたのです。[25]

この種の思いやりの輪の広がりは、第二章で述べたモラル・リーダーにも明らかなことです。貴族でありながら、エレノア・ルーズベルトは、労働階級の人々に親密さと連帯感を感じ、彼らの生活条件を改善するために努力を惜しみませんでした。労働階級への思いやりや強い連結感は、彼女の感情経験の重要な要素でした。こうした感情は、少なくとも何をすることが正しいかという信念と同じく、彼女の関与を強め維持する上で重要でした。

しかし、ルーズベルトの感情の特徴や源を理解しようとするならば、人生を生きるに値する価値の概念と社会的階級や特権についての彼女の理解に注意を向ける必要があります。彼女は子ども時代に経験した悩みや、家族の困窮から、若い時の彼女は、時代や階級といったものが物事の本質としてみなされ得る社会的秩序の必然性に疑問を持つようになりました。彼女は特権が必ずしも得られるものではなく、優れた人格の印でもないことを理解していました。彼女はまた、身近に裕福な人たちの生活を観察しました。そして結論づけたことは、物質的な富や快楽、心地よさは究極の満足ではないと結論づけました。こうした信念が、深い感情と乖離していたなら、不撓不屈のエネルギーや勇気を彼女は維持することはできなかったでしょう。しかし、感情と信念が織りなされると、経験から得た感情的また認知的なより糸は回復力があり切れないものとなり、驚くべき道徳的な偉業をなす人生を支えたのです。

こうした道徳的主体は、自分自身が持つ感情的反応のパターンに向かう指向性の中に見られます。人々は感情的強さを基盤にしていますが、ネルソン・マンデラは本来恐れない態度が備わっていました。彼らはまた、人生の初期にまた基本的に備わっていた生物学的な気質に含まれている適応的でない感情パターンを変化させようと行動することができました。一般的な共感性バイアスに翻弄されないように、臆病・無分別・頑固といった傾向に抵抗したのです。人は自分自身の感情を調節することを学ぶことができるのです――実際、最近の心理学的研究は自己調整能力が、人生にわたる人間の肯定的な発達にとって最強の指標の一つであることを見出しています。[26]

人が自分の感情を意図的に調節できることが適応を可能にするという考えがなされるようになったのはかなり以前からです。古代ギリシアのストア哲学者は、遥か昔に人は積極的に自分の感情を、精神的な強い自制心で調整しました。今の時代でいえば、たとえば、認知行動療法のように確立されたメンタルヘルスのアプローチによって、適応的な思考パターンを身につけさせ、感情反応を調節させることが期待されています。人の感情反応はしばしば感情が人を支配しているかのようですが、人こそが感情を統治する能力を持っているのです。時に、これはある感情を押さえ込み、あるいは無視することを意味します。また、作曲家が音楽をつくり出す材料やエネルギーの源として、時に難しい感情を引っ張りだすやり方を用い、遂行の目的と感情を結びつけることを意味することもあります。

ネルソン・マンデラの人生からわかるのは、人の感情パターンの独自性が、新しい道徳的理解や理想、コミットメントが加わると、時を経て新たに形づくられることです。若い時のマンデラは大胆で、自信家で、恐れを知らない人物でした。彼の初期の感情プロフィールは、当時の南アフリカの政治状況では、革命的なゲリラになったかもしれません。しかし、彼は道徳的象徴になり、求心力のある指導的政治家になり、アパルトヘイトから国を導きました。

成人になったころ、マンデラの感情に起伏のある人生は、怒り・誇り・時に傲慢、そして向こう見ずさをこえるほどの勇気によって特徴づけられます。しかし、正義という理想に一心となって献身した愛情が、南アフリカを人種差別のひどい状況から解放することに成功するためには、感情をコントロールする必要があることに気づかせたのです。長い投獄年数の間に、マンデラは人を自由にする課題を前に進めるためには、自分の感情をより生産的な方向に導いていく必要があると理解するようになりました。怒りを持たずに解決に焦点を当てようとしました。向こう見ずさを慎重な勇気に変えました。傷つくリスクを回避し穏やかなまま、信じるもののためにすべてを犠牲にする意思を持つように変換しました。

この気持ちの変換は戦術においては、実際的で戦略的な変容でした。マンデラの感情反応が変わらないまま、単純に保持されていたわけではありません。もしこれが保持されていたと考えると、肥大化した自我と傲慢さが結びつくことなく、むしろ、人の尊厳を主張するに至ったマンデラの誇りや驚くほど恨みを抱かなかったマンデラの成熟を説明することは難しいでしょう。第五章で、マンデラの強さ、誇り、謙虚さの逆説的なコンビネーションについて詳細に述べていますが、ここでは、マンデラを傲慢さから信念の強さという品格をつくるに役立った謙虚さの発達に注目しましょう。

同じように重要なのは、マンデラが投獄されている時に、連携することの必要性を意識し、公正や真実についての考えを深めたことです。単なる粗野な残虐者である看守と、囚人に品位と敬意を持って対応する人間性を持った看守との間に大きな違いに気づくことができました。マンデラが、こうした違いを理解する審美眼や敵の視点まで理解しようとする能力は、強く有益な感情を抱くことにつながったのです。マンデラの寛大な理解は、十数年も投獄されながらも穏やかにまた憤怒しないことに有益でした。

こうした普遍的な人間性のうち寛容という精神は、投獄から解放されたのち、さらに顕著なものになりました。国が発展していくためには、許しが政策的に必要不可欠であると信じただけでなく、長く苦しい葛藤から人間をあらゆる面から広く受け入れようとまさに**感じ入った**のではないかと思われます。マンデラの判断、選択、そして行動は彼の理解や信念を反映しただけではなく、彼の**感情的**な反応は、彼の道徳的理解から直接導かれたのでした。感情と行動にみる寛容さについて、忘れがたい例があります。それは、マンデラが南アフリカの新しい大統領に選ばれた時、ロベン島（Robben Island）の看守の一人を招いて彼と一緒のステージに座らせたことでした。

感情反応に関して道徳的担い手の意識を働かせるプロセスは、自己覚知、内省、洞察や実践へのひらめきを含みます。道徳性の新しい科学は、道徳的によい話やモデルに反応して生じる、直接的で自動的で概して身体的に温かい感情や道徳的な高揚感を、人間の道徳性をつくる生得的な感情反応の一つとして指摘しています。しかし、道徳的なひらめきに関連する生物学的なメカニズムの近年の研究から、特定の事例を内省し、より一般的な道徳的考えや原則と結びつけることは、こうしたプロセスの大切な部分であるという私たちの主張を支持しています。

神経科学者のマリー・ヘレン・イモーディノ＝ヤン[27]は、研究参加者に真実の話を細心の注意を払って話しました。話は対人場面であり、いくつかの話には寛大さ、私欲のない行動が描かれていました。こうした話は、ひらめきや高揚の感情を引き出すことが意図されていました。参加者は話を思い出すよう求め、その時にどれくらいその感情を強く感じたかが尋ねられました。その後、各物語を思い出しその時にどの程度強く感じたかが尋ねられている間にｆＭＲＩを実施しました。研究では、ビデオで記録した行動とｆＭＲＩの反応の両方が報告されています。

その研究のビデオテープで記録したセグメントから、イモーディノ＝ヤンが見出したのは、人々がひらめきの感情を報告しているということでした。多くのものが、感情と同時に身体感覚について報告しました。さらに、参加者の中には、行動を止めて上や下を見たり、少し耳を貸さないそぶりをして、話と自分の体験の関連性を持ち出しました。視線を嫌う反応をしたり、反応が遅い参加者はほかの人たちに比べて、高揚した感情を報告しました。言葉数、身体運動がゆっくりなほど、話から大きな道徳的教訓を引き出すことができました。これらの内省的な参加者の多くは、話を聞いて考えた末、各自何か違ったことを行動すると明言しました。

この研究のｆＭＲＩのセグメントから明らかになったのは、参加者の反応のうち、注視をやめて内省している段階では、脳の活動が外に注意を向けるよりはむしろ内的なところに焦点をおき、意識の覚知やセルフモニタリングの機能を維持するように指向したことです。観察の間、こうした記録や参加者のコメントに基づいて、イモーディノ＝ヤンは、脳の活動は心がより抽象的で理想的なことに関心を持つ時に起きる内省のプロセスを監視していると結論づけました。この内省は感動する話に人々が示す反応のうち重要な部分であり、人生の決定や行動に洞察をもたらす決断や道徳的教訓について洞察をもたらします。

道徳的感情の最後のポイントは、第二章で紹介した規範主義の問題と関わっています。典型的なものが、必ずしも道徳的に正しいものではないと仮定するなら、人間という有機体に組み込まれている道徳的感情に基づいて行動することが、いつなら正しいのか、あるいは、いつなら道徳的に正当化されるのかを問うのは無理もないことです。ジョナサン・ハイトが、典型的な道徳反応として引用する感情は嫌悪感です。嫌悪反応は、ハイトが「道徳的にあきれた」ことを示すために用いているジレンマの中心に扱われています。

実験参加者を特に傷つけるものではありませんでしたが、兄弟姉妹の近親相姦の考えが提示された時に感じる嫌悪に含まれるような感情です。しかし、このような状況で道徳的嫌悪をあらわにすることが、その感情が支配的な道徳的感情というわけではありません。また、嫌悪感が絶えず健全な道徳的指針になることも意味しません。嫌悪は必ずしも善のための力となるわけではありません。自分とは異なる人々や社会的慣習を拒否する人々など、外集団への嫌悪感によって、歴史の中では重大な損失を経験してきたのです。

理解が深まるにつれて、嫌悪の感情は新たに形を変え、その方向性が変わってきます。たとえば、社会は人種や性的な好みへの態度を変えていくことに示されたりします。道徳的理解は、特定の人や場面への感情的反応が善に貢献するかどうか、それゆえそうした感情が支持され促されるべきかどうか、あるいは、感情的に偏見、不公正また理解不足がある場合に改められ、再び方向づけるべきなのか、などを決める試金石となります。ここでも、理性と感情は切り離せない結びつきのあることがわかります。

道徳的動機づけ

長い歴史を見わたしても、人々の行為にはまさに善と悪が入り交じっています。最も立派な道徳モデルであっても、時に様々な誘惑に屈服したり不運な選択をすることがあります。不誠実な犯罪者が、しばしば親切だったり、寛容だったりすることもあります。たいていの人々は、目立たないやり方で、利己的に、不正直に、他人を傷つけたりします。まさにあらゆる人が、現実あるいは想像上の暴力に反応して、時に仕返しをしたいとか、自分の方が利益を得たい、さらには、他人には望む規則を自分だけは例外にしてほしい、という気持ちに駆られたりしています。

しかし、たいていの人はよい意図を持ち、誠実で責任があり、思いやりがあります。自分自身を善良で道徳的に振る舞おうとする誠実な存在であろうと考えています。また、たいていの人は道徳的なことを真剣に考えています。自分の見方に自信を持ち、慎重に意見を言い、他人の意見を快く受け入れようとしています。しかし、道徳的な問題で混乱してしまうことも少なくありません。また、感じるほどには明確に考えることは難しく、自分の生活を楽にしようとしたり、不公平な行動を正当化しようとしがちです。このように、大半の人々は道徳的意識において完全ではないものの、かなり努力しており、正しい状況で自身を改善できるよう努めています。

人の行動のこうした善悪の入り交じりは、動機にある道徳と不道徳の混ざりを映し出しています。道徳的な動機は、禁欲的な（法や道徳的規範の中で）目標を持ち、かつ、長期的に道徳的目的を掲げる向上心のある目標を持ちます（他人を助ける以上のことをしたり、より気高い動機に関与する）[28]。もちろん、様々な道徳的な目標だけではなく、良識的な自己に関わる目標や自分の利益を守り、もっと増やすことのできる目標に動機づけられています。

人々が日々の生活の中で持つ混じりあった動機は、日和見がちな動機が、理想的な目的を否定するかのように、時に皮肉な状況をもたらします。このような皮肉は正当化されないでしょう。こうした動機が混ざりあうことは、ある意味、人間の道徳意識の頑健性のしるしでもあります。道徳規範、社会的、法的拘束、道徳的理解、道徳的感情、自己の道徳的意識は、一般的に、秩序ある世界を支え安定化させるものです。ここでいう秩序ある世界は、道徳的秩序を自分にも課し、他人を信頼できる世界です。

道徳的動機は、道徳的なシステムの中では余剰性があるものとして理解できます。たとえば、飛行機のエンジンが止まり、翼がダメージを受けても、飛行機を空中に保つようにデザインされています。色々な動機が混在するのは一般的に信頼されるに足る道徳のために複数のチェックを促します。私たちは、多くの理由から社会的規則に従います。なぜなら、規則を破ることは社会的に是認されず事態を悪くするからです。なぜなら、道徳的に反応することが**習慣化**したからです。なぜなら規則を丸ごと受け入れて公平だと判断するからです。なぜなら無秩序や混乱が嫌いだからです。なぜなら、悪人になることを恥じ、罪悪感を感じるからです。なぜなら、社会の伝統に敬意や愛情を持つからです。私たちは、他人を多くの理由で思いやります。なぜなら、私たちは互いに愛し、共感しているからです。なぜなら、人々は思いやりや互恵性を大事にしているからです。なぜなら行動規範やそのほかの公正や協力の倫理を信じているからです。なぜなら心ない人に思われたくないからです。なぜなら社会的なメンバーとしての、義務を受け入れているからです。これらの理由のいくつかは特定の場合には応用できないかもしれませんが、別の理由から道徳的な行動が導かれます。血が流れる戦争や最悪の犯罪がニュースになりますが、人間の行動の大半は、市民的で思いやりがあり、責任感があるものです。

人々の様々な道徳的、文化的、個人的な目標は、当然ですが、必ずしも、道徳的な方向で列挙されるわけではありません。道徳的動機づけは必ずしも、利己的な欲や、恐れ、そのほかのもろさに打ち勝つのに十分強いものではありません。幾重にも計画して保険をかけたシステムも働かない時があります。不運にも飛行機は時に墜落することがあります。ここまでくると、道徳的な動機づけについて最も素朴な質問をしたくなります。なぜ、規則通り正しいことをする人々がいる一方で、そうでない人がいるのか、ということです。

成熟した道徳理解は重要ですが、それだけでは、行動を予測したり、決定までには至りません。道徳的動機づけは、明らかに、善に関する知識以上のものであり、実行を伴います。道徳的判断と道徳的行動のズレについてよく報告されますが、最も適切な理由の一つは、道徳的アイデンティティが考えられます。道徳的に困難な状況でベストな判断に従って行動するためには、特定の行動が道徳的に善であり、正しいということだけではなく、そうした行動をする**個人的な責任感**を持っているかどうかが大切です。こうした個人的な責任感は、道徳的な事柄や目標が自身にとってどんなに重要か、自分の存在理由にとってどのくらい重要かと密接に関係しています。[29] これがモラル・コミットメント、すなわち正しい行為への接続的な専心を導くものなのです。

道徳的に高くコミットした人に関する初期の研究は、道徳的目標や道徳的な関心事がアイデンティティの核心にある場合には、道徳的目標と自分の利益[30]との間で葛藤が生じないことが明らかにされてきました。道徳的なモデルにあがる人々というのは、望むことやなすべきことと、感じることは非常に統合されていて、一般的に経験する葛藤があまり見られません。結果として、彼らは、他人にとってはリスクの高い勇気が必要な行動であるのにかかわらず、全く勇気を必要としないと感じています。南アメリカの人種差別と戦う大きな勇気や、貧しい人を助ける寛容さとについて尋ねると、偉大な人は、単純に「不公平（必要性）に直面してただ突っ立っていただけだったら、果たしてその後生きていくことができただろうか」と話すものです。

その後の研究で明らかになったことは、人を動かさずにはいられない道徳的動機の一つは、道徳心に従うことができないと、深く辛い自己感覚の逸脱意識となることです。物事がアイデンティティの中心にない時、たとえば「必要としている人々を助けるべきであるが、あまりにも難しい」か「時間がみつからない」となります。物事が心の中心にある時は、そこから離れることができないのです。

こうした道徳的動機づけについての説明から、自己意識と強い道徳的信念との間に一貫性を維持する方法がたくさんあるということが認識されます。一つは、まっすぐに正しいと信じることをすることです。自身を正直で、思いやりがあり、責任があり、寛大で、公正だと思うことに問題はないでしょう。ほかのアプローチは、研究によって報告されていますが合理化することです。アルバート・バンデューラが合理化の実践を詳しくまとめていますが、道徳的な知覚表象と明らかに反する方法で行動する一方で、道徳的な自己イメージを維持しようと創造的な方法で行動を正当化しているところがあります。これは、**道徳性**

不活性化（moral disengagement）[31]と呼ばれています。バンデューラの研究は、共感的な**ラベリングのような**合理化の方略をいくつも説明しています。たとえば、軍の攻撃で殺された無実の市民を「（軍事行動による）巻き添え被害」と呼んだり、違反の程度をさらに悪い他人と比較する「**有利な比較**（advantageous comparison）」と呼んだり、みながよくしていることを**責任の拡散**と呼んでいます。さらに、被害者を「未開人」「変質者」「動物」といった格下げの存在とみなすことを「**没人間化**」と称しました。

正当化を避けることは難しいものです。人は、自分の考え、理想、論理を誠実に生きようとしますが、その程度が異なります。個人が統合されていると考える時、これは道徳的な価値や目標が、自分のアイデンティティの中心にある場合です。そして、少なくとも重要なことは、価値に背いても罰しないようにと、彼らは理屈をこねるようなことをたびたびはしないことです。正当化を回避すること（内にある誠実さ）は、強い道徳的人格の中心的な特徴として周知されています。

研究者は、人の多様性に加えて、個人**内にある多様性**を指摘します。正直な人の行動を、しばしば貶めてしまう状況要因について探求し予測することが社会心理学者の主な目標でした。事実上、動機は常に入り交じっていますから、同調したり、不正直に行動したり、他人を傷つけようという圧力のかかった状況は利己的な動機を強めることになります。また、権威や社会的慣習に立ち向かう恐れを大きくし、その状況で他人と仲よくすることを拒みがちになり、恥をかきたくないという気持ちを強めます。利己的動機が道徳的関心や統合の動機と葛藤する時、多くの人は、道徳的逸脱を隠そうとする正当化、すなわち自己欺瞞に陥るのです。しかし先述したように、すべての人が誘惑や状況のプレッシャーに必ずしも負けるわけではありません。道徳研究は、なぜ屈しない者もいれば屈してしまう者がいるのかその理由を解明する必要があります。

束の間の感情状態や長期的に続く感情傾向は、個人内および個人間の変動性をもたらす資源といえます。

こうした現象は、入り交じった動機のベースラインの認知から理解できます。あせったり、いらいらしたり、疲れきったり、あるいは、煩わしかったりといった感情を持っている時、寛大で思いやったりすることはできそうにありません。他人の利益よりも自分の利益を追求しがちになります。社会心理学者は多くの研究でこうしたことを報告してきました。しかし、こうした研究はまた、人は完全に束の間の感情や身体的な状況から導かれるものではないと指摘しています。こうした状況や全く逆の状況（状況によっては温かみのある向上心のある至福の感情）はしばしば、様々な動機要因の強さや重要性を変化させます。動機要因とは、常にある程度の意識にのぼり、その日に勝ったり負けたりするものではありません。自己意識は、こうした影響を思いとどまらせることができます。たとえば、判事は、ランチの後の、身体的にリラックスしている時に扱う事例について、いつもより情状酌量のある罰則を判断する可能性があるといったことです。しかし、いったん、こうしたバイアスがあることを自覚したならば、かなり慎重に斟酌することにはなります。つまり、理解は常に感情的反応や行動結果を決めることにつながるということです。

道徳的キャラクターと美徳

モラル・リーダーやモデルになる人たちだけではなく、すべての人々にとって重要なもう一つの要因は、道徳的な傷つきやすさや、ともすると崩れてしまうような動機に持ちこたえ、より前向きな道徳的動機を維持できるかどうかということです。言い換えれば、自身が誠実であると評価できるかどうかです。この章で先述したように、道徳的な指導者や一般の人々によって示される潜在的能力のことです。これは、道徳的な目的をうまく遂行できない、または自分をうまく表現することができなくても、自分の感情的な部分を内省し変えようとする能力のことです。私たちはまた、自身の中に意欲的なモデルを獲得しようとする傾向があることを述べました。自分の行動が尊敬する人の行動には匹敵しないと知りつつも、彼ら以上になろうとすることを指します。道徳的に成長し続けようとする能力は、不道徳な行動の言い訳となる正当化をせずに、自分に誠実に広い心で他者から学ぼうとします。同様に、世界の中心に自身がいないことを理解し、自分から注意をそらして他人の福祉について考える時、葛藤する動機の大半は自己防衛と自己改善ですが、それも次第に消えていきます。こうした理想や道徳的目標へのコミットメントがかなり強くなり、道徳的な誓いによって支えられる時には、ほかの考えと葛藤するようなことはなくなります。こうした三つの質――内面的な誠実、謙虚さ、公正は、道徳成長をより肯定的な方向に促す**美徳**といえるのです。

ここ数年は、哲学者、社会科学者、教育者の多数は、理にかなう推論と道徳的美徳を対立するものとして、また、双方を道徳的善と排他的な動機として扱ってきました。しかし、私たちは、互いに違うものとして提案することは間違っていると思います。実際、徳についての考え方は、私たちが説明してきた多くの道徳的プロセスを統合し力動的な相互作用を示すものです。こうした過程は、道徳的な慣習、感情、知覚、理解、コミットメント、アイデンティティ、統合、目的意識を含むものです。こうした道徳的次元がすべて統合される時、道徳的人格について語ることができるといえます。

20世紀中盤から後期にかけての長い年数の間に、人々は状況に応じて行動の一貫性がないことを実証し、心理学者は道徳的な美徳の存在を否定するようになりました。最近の研究では、人々が生活の様々な領域の中でより大きな一貫性を示す「領域特殊性」の体系的なパターンを特定する有益な情報が得られています。これは、驚くような知見であり、ある人が持っている、あるいは持たないという道徳的善の量はある意味変わらぬまま、特性としての美徳の概念は置き去りにしています。(32)

最後に、私たちがふれてこなかったかもしれないことも関連させて、道徳的機能の多面的性質を概観してみますと、美徳の中に道徳的過程の相互作用の展開をみることは有益なことです。慣習、アイデンティティ、コミットメント、基本的な道徳的関心や仮定、時に意識的な内省がすべて含まれています。こうして導かれる結論は、道徳人格の要素である徳についてです。生活の**領域内で**完全な一貫性を期待することは現実的ではありませんが、強い道徳人格とは、道徳的成長のための個人の能力に影響を与える行動の美徳によって明らかにされます。

第二章で紹介した6人のモラル・リーダーの研究で、私たちが述べたのは三つの美徳についてでした。これらは、人生に足跡を残す道徳的成長を支援する上でとても重要です。ただし、これら三つの、誠実さ、謙虚さ、信じる心のみが重要な道徳的美徳というわけではありません。ほかにも重要な価値はたくさんあるでしょう。しかし、これら三つの美徳について語ることが、偉大なモラル・コミットメントや影響を与えた人たちの人生にあった特定の美徳ではなく、一般の人たちの人生にも貢献するという意味で、徳の理解につながることを期待したいと考えます。

賛嘆に値する素晴らしい人たちの道徳性について、私たちの研究から詳細に説明しようとしてきましたが、彼らの行動ないしは普通の人々の道徳的な行動に現実に存在する制約に目を向けていなかったように思います。言うまでもありませんが、この世界で実際に悪事を働いている人たちの行動に目を向けていませんでした。しかし、内面の誠実、謙虚さ、公正さが肯定的な道徳的成長を促すというものの、こうした美徳がないとこの発達の潜在的可能性をかなり制約するものになります。人々は誠実さを見失う時、傲慢で、独善的になり、そして心を閉ざすことになり、さらに、他人の厳しいフィードバックを考えようとしなくなり、時間をかけても道徳性を獲得し発展させることができないことになります。内なる誠実が欠けると、信じたり関与したりすることを妨げてしまう徹底したシニズムが、道徳的な潜在能力を獲得する能力を制限してしまうのです。次の章では、これら潜在的に限界のある性質である、誠実さ、謙遜さ、信じる心の三つについて発達的に探求していきたいと思います。

第四章　誠実

誠実であることはどれくらい重要なことでしょうか。また、自身にそして他人にどれくらい誠実であるべきでしょうか。いわゆる新しい道徳の科学のシニシズムなのか、近代の社会科学、特に時代のメディアから脚光を浴びている科学は、厳密な誠実さの価値に形骸化の光を投げかけてきています。社会科学の最近の研究を概観した少し前の『ウォール・ストリート・ジャーナル』では、「自分に嘘をつく場合」(1)といった見出しをうたっていました。この論文では、様々な不誠実が、「あなたの権力や影響力を高める」と主張されています。「我々は、みな嘘つきだ」(2)と提唱した最近の『USニュース（*US News*）』では、「自分を騙す人々は……正直な人々よりもより幸福」であり、「時に嘘をつくことはよいことかもしれない」と示唆しています。そして、次の研究が引用されています。大半の人は、一日に少なくとも一度は嘘をつくとか、5分おきに嘘をつく人々もいる、などです。このような説明は、一般的に、あまりにも多くの嘘や悪質な嘘は成功を妨げるかもしれないと警鐘を鳴らしています。しかし、こうした警鐘はたいてい、真実を告白することの価値を懐疑するような文脈で絶えず指摘されています。こうした説明は、自分を騙すといったことを些細な行為として大目に見てしまうほか、他人が時に大きな嘘をつくことについて寛容です。「認めなさい。あなたが嘘をついたことを」という『USニュース』の論文は、「悪いと思わないで。あなたは不誠実な、だけど良い仲間です」と結論づけています。

実際、たいていの人は、たびたび嘘をつくように思います。『不誠実についての真実（*The [Honest] Truth about Dishonesty*）』[3]において、ダン・アリエリーは以下の説明をしています。この世の中に広まっている不誠実さは、誰でもそれをするのだという認識によっていくぶん刺激されています。この認識は、各人の不正直をいとも簡単に正当化してしまっています。このようにして、不誠実の文化は永続することになるのでしょう。

不誠実の伝染は、腐敗が根を張り始める社会で起こります。腐敗を抑えようとする明確な手段や強いリーダーシップがなければ、腐敗から立ち直ることは難しいことです。現代社会を混乱させてしまう背景には、実際のところ知性あるエリートのオピニオンリーダーが、自己欺瞞から利益を吹聴し、ほかの不誠実な形を正当化していることにあります。不誠実な文化がはびこる腐敗を予防するために声をあげるのではなく、むしろ、彼らは自己の利益を増すようなタイプの、また量的な偽善を主張して、悪徳ではなく美徳として繕うとしてきたのです。名高い科学者からのこのような主張や、こうした主張が生みだしたたくさんの説明は、真実へのコミットメントが達成可能なのか、必要なのか、また多くの場合に望ましいものであるのかについて、今日の社会全体に疑問を投げかけています。

今こそ、次のことを疑問に思うべきです。私たちは、たとえ嘘という些細な行為でも、個人のリスクや道徳的なリスクに関して何かを見逃してしまっているのではないかということです。不便でも、誠実であろうとすることによる道徳的利益を見過ごしてきているのではないでしょうか。

誠実は、伝統的な道徳的美徳の中心に位置する価値でした。古代ローマにおいては、誠実は太陽のように輝く価値であり、あらゆる種類の名誉ある行動を生み出すと信じられていました。ローマ人は女神のベリタス（Veritas ラテン語で真実）を「美徳の母」と考えてきたのです。ローマ人はこうした見方から、

たくさんの親交を持っていました。孔子は、人間関係において誠実を、愛、コミュニケーション、公正のための重要な資源であると考えました。西洋社会では、聖書は嘘を十戒の一つとして禁じています。アメリカでは二人の称賛される大統領、「嘘をつけなかった」ジョージ・ワシントンと、正直者エイブ（Honest Abe）として知られるエイブラハム・リンカーンは、真実を話す人物としてよく知られています。世界の文学でも正直をたたえる話がかなりの数にのぼります。少し検索しただけでも限界がないと思うくらいたくさんヒットします。

これらの誠実が公共で賛辞されるのは普遍的な認識です――ほとんどの人が自分の言葉を鵜呑みにしうる、という基本的な前提は、持続する文明的な親交において必要とされています。不誠実なコミュニケーションが長期に予期されると、市民化は破綻します。人間関係は、そのルールとして、真実を話すという誠実さを必要としているのです。これは、真実をいうことが実際にもそして道徳的にも必要であることを指します。

社会すべてがこの要求を認識しています。しかし、大半のものはそれを絶対的とは考えません。如才なさやそのほかの気配りは、あらゆる場面で完璧に正直でいることの必要性を緩和するものです。容姿が良くないティーンエイジャーに、特別な美しさをはなっていると安心させることは、文字通りではないが、思いやりがある、責任を持った真実の表現となります。社会的に重大な例を出せば、ヨーロッパにおけるナチスの占領下で、隠れているユダヤ人の家族をかくまった人たちは、名誉あるそして勇気ある嘘をついたといえましょう。道徳哲学者の多くは、正直について、常に厳密に忠実性を求めるもの、絶対的なものとしてはみなしていません。思いやり、外交、人生を脅かすような場合には、時に、すべてを文字通り誠実に生きるということから少し離れることも求められます。

これまでの観点からみると、最近の社会科学における自己欺瞞や他人への「些細な」嘘が好まれる傾向は、あまり罪とは思われないかもしれません。『ウォール・ストリート・ジャーナル』の「あなた自身に嘘をつく場合」は、身体的イメージや知性といった、道徳の範疇ではないことへの自己欺瞞に焦点を当てています。あなた自身を納得させることに本当に問題はないでしょうか。たとえ正確でなくても、あなたのBMI指数（Body Mass Index）の高い得点が、不健康な脂肪の量というよりはむしろ、詰まった筋肉や大きな骨によるものだと納得させてしまうことに問題はないですか（特にあなた自身がそれについて何もするつもりがないのなら）。あるいは、人前で話をしている話し手が、実際は二流以下であっても、自分は素晴らしいと信じさせようと話していたりするものですが、これについてはどうでしょうか。それは重要なことでしょうか。『ウォール・ストリート・ジャーナル』はラトガース大学の教授を引用していますが、教授は、こうした話し手の歪んだ自信は、観客に思い込みをもたせる機会を増やすとします。すなわち、話し手にとってのみ、おそらくよいことをもたらす機会を増やすと主張しています。そう、聞き手の多くは、何もおもしろいことを言わない話し手を怒鳴り散らして、長々としたレクチャーに辟易したのちに、馬鹿にされたと思うことになります。自己欺瞞の高い話し手は、謝罪にはじまり謝罪に終わるということになり、同様に退屈な講義よりも、もっと悪いことになるのではないでしょうか。

そう、この場合はさらに悪いことになってしまいます。より正確にいえば、自己についての未来の予見をさらに悪いものとします。正当な理由のない自信や自慢は成長を阻害します。自己欺瞞は、特に自慢の有害な形をなします。なぜなら、学習を促す心の中の批判力を閉ざしてしまうからです。公での偽りの行為は有益なフィードバックを得ることはできませんが、若干でも自身の欺瞞への疑いが頭をもたげるのなら、真実がみえることになるでしょう。自己欺瞞は、何ももたらしません。これは、心理学の「ダニング＝クルーガー効果（Dunning-Kruger effect）」が示していることです。ある領域で最もスキルのない個人が、自らの能力を最も過大解釈することにあたります。本当に評価に値する潜在能力の領域を理解し、前向きに頑張っている人たちは、自分たちの限界に気づいています。自己を正しく認識することは、目標とする学習や、フィードバックに対して開かれていることから、より熟達へと導きます。

概して、学習に焦点を当てることは、目に見えない安心よりも人生においてかなり適応的なことといえます。私たちの一人（デイモン）は、偽りにほめられた子どもたちが、重要なスキルや何かを成し遂げるための強い自信を失ってしまうことを『偉大な期待（*Greater Expectations*）』[4]で示しました。皮肉にも、本当に自尊心を高められるのは、子どもたちに学ぶ必要性について優しく、かつ誠実にフィードバックしてやることなのに、善意ある大人は、気持ちを込めずただほめればいいと思ってほめることがよくあります。

不幸なことに、正しいアプローチは、流行の陰に隠れてしまいます。自尊心を高める（the self-esteem-at-all-costs）アプローチは、数十年に及ぶ研究がなされていても証明されておらず、今なお近代的な子育てや子どもの教育において立ちはだかっています。そして、近年の自己欺瞞の動き（それを私たちはそう呼ぶなら）はこの誤ったアプローチに擁護材料を与えました。

自己欺瞞を擁護する者は、子どもは真の姿よりももっと賢いと信じることでより成長すると主張します。彼らは、自己欺瞞は人生において困難に直面した時に自然に行うもので、自身を感情的に慰めようとする反応だと仮定するのです。このことは、子どもたちに自分と対峙することは残酷だと意味しているのでしょうか。達成できるスキルを考える時、発達研究から明らかに示されてきたのは、最も賢明なアプローチはこうした歪みを過大にも過小にも評価しないことです。むしろ、子どもたちの注意を自身から遠ざけ、学習の利益に注意を促すことにあります。スタンフォード大学の心理学者のキャロル・ドウェックは、自分が本当に賢いと信じ、それを示すことに注意が向く子どもたちは（賢くないと信じ、それを隠そうとする子どもと同様に）、学習に価値をおく子どもたちに比較するとかなり深刻な不利益をこうむっていると指摘しています。ドウェックが言う**知能の成長理論**（a growth theory of intelligence）[5]に当てはまります。この「成長理論」を持つ子どもたちは、成功が学ぼうという動機づけや一生懸命努力したいと思う気持ちに関連していること、またすでに持っているか持っていないかわからない知性の量には関連しないことを理解しています。この成長についての考え方は、多くの利益をもたらします。それは、学ぶための楽観性、持続性、内発的動機づけを含みます。ドゥエックの理論のように閣下たる理論は、子どもに能力の改善ができると子どもを安心させる間違った試みや善意の試みに厳しい見方をします。誤った妄信は、学習や幸せな結果ではなく自己欺瞞を育ててしまうからです。

もし、誠実に自己を理解することが、潜在能力を伸ばす上で重要ならば、それは道徳的成長に本質的なものだからです。哲学者のシセラ・ボク(6)は、アイリス・マードックが自己欺瞞によって道徳性のその根幹の大事な部分が攻撃されるとコメントした時、その神髄を得たと書いています。自己欺瞞は、道徳性を傷つけます。なぜなら、自分の性格を精錬する（必要があれば、リフォームする）能力を阻害することになるからです。深刻な過ちは、自分自身や他人に小さな嘘をつくことからはじまる、実に滑りやすい坂道から生じるものです。

アルコホーリクス・アノニマス（Alcoholics Anonymous）の12ステップからなるプログラムは、この洞察を表します。「ビッグブック（Big Book）」からの一節は、各ミーティングのはじまりの時に読まれますが、これは、回復に必要なものは、「誠実である能力」であることに言及しています。12のステップの大半は、認識する・受け入れる・償う・道徳的な逸脱をモニターする、特に自分の行動が他者をどのように傷つけるかをモニターすることです。この誠実や信頼を得るために自分の性格を再形成するプロセスは、飲酒をコントロールできないために壊れてしまっていた自己への敬意を取り戻し、長期の禁酒によって確固とした礎を打ち立てるために、アルコールを克服する上で必要なことです。道徳的な成長に必要な自身への誠実さにアルコホーリクス・アノニマスが強調することは、飲酒をしないものにも同じく当てはまります。

あなたが自分の不誠実さや、自己探索あるいは無神経な行動を否定するのなら、将来、不誠実でわがまま、さらには冷淡になることを避けられないでしょう。このように、自身への誠実さが他人への誠実さときわめて深くつながっているのです。

今ここで、私たちは、ポジティブ思考や楽観性を人生への健康的なとらえ方（指向性）ととらえるアプローチを咎める気はさらさらありません。現実を代用するイリュージョンでない限りにおいては咎める気はありません。成功への可能性を楽観的に受け取り望みを託すことは、現実的に自分の潜在能力を客観的に見ようとしないこととほとんど関連していません。自身に対して、「私はそれをすることができる！」ということと、「私はこの教室で最も賢くて、これ以上何も必要としない」ということとは大きな開きがあるのです。自信を持って困難なことにアプローチすることは、たとえ、成功の可能性が低くても、ネガティブな思考をやめてポジティブな思考に焦点を当てることは適応的なメンタルのパターンです。意味のある方法であるならば、それは自己欺瞞ではありません。ただし、現実を習慣的に歪めた否定ならば、それは機能を奪い肯定的に現実を考える試みではないといえます。

実際に今日、自己欺瞞からなされていることのいくつかの中には、ネガティブな思考に依拠するのではなく、楽観的な態度を採用すること、要するに、ポジティブな思考を強化することが示唆されています。こうしたことは、本来は自己欺瞞ではなく、むしろ健康的なメンタルの強化といえます。よくある言葉で「欺瞞や詐欺」などのカテゴリーにポイと入れられてきた行動の中には、心が傷つくことを意識した不誠実なものとはかけ離れているものも含まれています。たとえば、ある研究では、今日でいわれる詐欺の中に、つけまつげも含まれていると指摘しています。つけまつげの美学について考えると、つけまつげをつけるのは容姿に「嘘」をついていることだ、と語るのはかなりの拡大解釈となるでしょう。そのように考えると、世界の至る所でファッションとして装飾する人の中に、純粋無垢の人を見つけることは非常に難しいことになってしまいます。こうしたことは欺瞞の精神でなされるわけではありません。現実について透明化されていることは、不誠実による害を生み出すものではないでしょう。

人気のある出版物で、嘘について沸いた議論の問題は、内輪の激励や「あなたに会えて嬉しい」といった社会的慣習をも、現実を否定するものだとまとめてしまうことです。こうした真実ではないものの内訳を区別することは、何が真実なのか、また真実がどのようにして成長や適応を生み出すかを理解するためには重要なことです。

遠い昔から、哲学者はこのような区別についてかなり真剣にとらえようとしてきました。このトピックでの古典的な研究として、シセラ・ボクの『嘘（*Lying*）』[7]は、嘘を、人を欺く意図的な努力として定義づけています。こうした定義を念頭におくと、「あなたとお会いできたのは素敵なことだ」という挨拶などのマナーは誰も騙すことではなく、騙すことが意図されていないと指摘されています。こうした社会的慣習は、思いやりの嘘でもなく、シンプルによいマナーと考えられるものです。実際の嘘の場合について、ボクは「誠実の理論」を唱えています。ここでは、「嘘が考えられるどのような場面でも、人はまず誠実さの選択を考えなければならない。時に正当化されることもあるが、最後の手段であるべきだ。[8]」と。この理論は、小さな嘘や念入りに意図された詐欺にも通ずるものです。傷つけないようにする思いやりの嘘や、無知な人が傷つかないよう予防する嘘は、正当化し得るものです。しかし、あまりにも頻度の多い嘘は、必要性よりはむしろ便宜性から話されていることが少なくありません。そのため、最後の手段という条件にそぐわないことになります。

ボクは、不誠実から起因する3種類の害に注意するよう呼びかけています。嘘をつかれた人の害、嘘をついた人に与える害、信頼し社会的に協力する一般レベルの害です。嘘は、合理的な選択をするために必要な信頼や情報という犠牲を出してしまいます。嘘は嘘をつかれた人を、不公平な立場に置きます。嘘は自分が扱われたくない、たぶらかすようなやり方で行動規範のもとにある理論を破ります。さらに、嘘のそれぞれは、不誠実についての話し手の心理的な良心の呵責を蝕み、何も考えず結果を意識せず自動的に話すようになる習慣をつくり出してしまいます。ボクが匿名の機知に富んだ話を引用していますが、それには、最初の嘘は「屋根を草でふく」ようにしなければならないとあります。さもないと、「雨が入り込む」ことになるというのです。そして「不誠実を貫くためには十分な記憶ができるような修理ともつれをとく準備がいると」(9)。いうまでもありませんが、嘘つきは暴露されることがあります。失った信頼や敬意は、取り戻すことはほぼできません。そのため、嘘をつけばつくほど、重大な喪失のリスクをおかすことが明白になります。

嘘をつく人は、こうした行動の社会的結果が大きな損失になることを無視している可能性が高いといえます。ボクが指摘しているように、「うわべの社会的信頼は、薄っぺらいことが少なくありません。嘘が広がると信頼は失われていきます。しかし、信頼は息をする空気や飲み水のように、守られるべき社会的な善なのです」(10)。

現代の生活において、見せかけの社会的な信頼は多くの場合かなり薄っぺらいものとなってきています。教育の世界では、カンニングや単位の不正がよくあります。専門職やビジネスの世界においてよく言われる不平として、「君の言葉は正しかったものだが、そんな時代は過ぎ去ったんだな」があります。現代のジャーナリズムは、認知のバイアスが大きく、真実を犠牲にして利益を求めてきたことから、公共での信頼性は失いつつあります。民主党と共和党の最大のトラブルは、政治的な話し合いの場においてでさえ、もはや情報の真価を考慮しなくなっているところです。むしろ、政治のリーダーは、政治的な利益を得るために効果のある態度で声明を出し、誠実な話し合いや、事実ありきの論争をしていません。こうした雰囲気の中、事実は予想される関心のもとに、ことなげに操作され（でっちあげられ）、正確に示されず、公平な立場で検討されていないのです。こうした信頼のない話し合いの中であらわになる犠牲者は、公共の信頼です。

不誠実がはびこると民主主義は破壊されます。選択の自由は遠のいていきます。なぜなら、選択の自由は、正確な情報を必要とするからです。不誠実さは市民の側の市井の情熱に必要な信頼性をも壊してしまいます。信頼できないことは、信頼を失う不誠実になり、悪循環します。社会のメンバーの誰か一人でも他人と誠実に接することをやめたら、その人は不誠実で信頼できない集団に入り、真実のないまま他者に働きかけることになります。

もちろん、人間の熟慮は時に最後の手段に、不誠実をとる場合があります。道徳哲学者のほとんどは（例外としてイマニュエル・カント）、状況がどうであっても真実に執着すべきだと指摘していません。しかし、ボクやほかの近代の哲学者によって説明されたより柔軟な見解にたつと、真実への信頼できる関わりとは個人の発達にはかけがえがないものなのです。家族、友だち、近隣、同僚、社会との関係性にとって、また学校、法廷、コーポレーションといった組織にとって、さらにはコミュニティ、文化、国家にとってかけがえがないものなのです。

なぜ人は誠実さに苦しむのか

個人や社会の至福にとって誠実さは重要であるのに、人間の行動に信頼できないところがあるのはなぜでしょうか。人は誰かを騙すコストを想定し、嘘によってもたらされる利益とコストを比較し、（よくても悪くても）利益がコストよりも高い、少なくとも自分自身にとって高いと判断することがあります。これは、基本的な理論から発生します。その理論とは、人は自分の利己的な関心を理性的に追求するところがあるということです。しかし、ダン・アリエリー（行動経済学の教授）は、騙しについての実験結果の考察が十分ではないことから、このモデルを退けています。もしコストか利益かといった理論がこうした行動を導くのであれば、人がずるくなるのは三つのことに依存しています。嘘から得られる利益の量、捕まる可能性、捕まった時の罰の大きさです。これについて、研究が繰り返しなされていますが、誘因の大きさ、罰の可能性や程度が操作されてきましたが、騙す可能性の変化との関連を見出すことはできませんでした。

アリエリーは、人はさらなるお金を得たかったり、騙すことで得られる報酬がほしいので、しばしば騙すと考えました。同時に、人は、自分を誠実でよい人とみたいところがあります。アリエリーは、彼の研究ではたいていの人々は少し騙すことをするが、自分は基本的には誠実だと認識していると指摘しています。さらにずるいことをすると、自分をよい人とみなすのは難しくなることから、潜在的な利益の量を増やすことは、騙す気をくじきます。ちょっとした不正（あるいは盗み）の場合、不誠実だということを否定することができる場合には、道徳的に許されるという気持ちにさせます。

この説明の神髄には、自己欺瞞の影響があります。すなわち、最小化や正当化によって行動の本質を否定することです。私たちは、これが通常の不誠実な行為の大部分を占めるプロセスであることに同意します。そして、こうした類いの不誠実と不誠実を可能にしている自己欺瞞は、人々が思うほど無害なものでないという点で、アリエリーと意見が一致しています。

アルバート・バンデューラの研究は、こうした正当化の過程がどのように多面的に影響を及ぼすかを明らかにしてきました。[11] 合理化の方略には、行動を最小化し道徳的に広く正当化したり、行ったことの本質を偽装してあいまいにしたり、もっと悪い行動と比較したり、他者を非難したり、他人が悪いことをしたと責任転嫁をしたり、行為の結果を否定したり、被害者を人間ではないとみなしたりすることが含まれます。こうした方法はほかとの組み合わせによってさらに展開し、明らかに品格のある人たちを人間とは思えない行動をしでかすようにしむけます。すなわち、道徳的な責任感をもたらす内的なメカニズムを機能させず、これは違反ではないと否定させて道徳的信念を逸脱したのだという自己への責めを回避させてしまうのです。

こうした道徳的な逸脱は、しばしば状況の誘惑やプレッシャーに反応して生じます。こうしたプレッシャーは、これらを経験する大多数の行動を形成するのに十分な影響力を持ちます。これは、有名な刑務所の実験で、社会心理学者のフィリップ・ジンバルドーによって明らかとなった状況の圧力というものです。日常的な多様なプレッシャーもまた、強い影響力を持ちます。なぜなら、人は時に特定の状況で他人がどのような行動を受け入れてくれるかを推測するために、他人を見ているところがあります。そのため、真実やそのほかの倫理的な基準に関与することを手を抜きたいという誘惑や社会的圧力が、弱めてしまうことになります。特に、説得力のある明確な理想を示すモデルが存在しない時はそうです。確信的な道徳的逸脱が次第に多くなります。自己欺瞞のメカニズムがいったん起こると、たいてい持続することになります。その結果は累積し戻ることが難しくなり道徳性が低くなってきます。

しかし、バンデューラはまた、社会的な圧力による影響を受ける時に、人はその社会的圧力により生み出される側でもありますが、同様に生み出す側でもあると指摘しています。第三章で指摘されたように、思慮のある社会学者は個人や組織の互恵的な影響力に言及しています。人は、社会的状況を創造しそれを繰り返します。こうした循環は、強い信念を持つ人々が、抵抗する力を持っていること、また結果として、社会的状況を変化させる力をも持っていることを示唆しています。

バンデューラの視点は、私たちの視点と同様に、道徳的な逸脱、自己欺瞞への弱さや腐食する状況からの圧力への弱さ（傷つきやすさ）だけでなく、より道徳的であろうとするためにその圧力に耐えようとする潜在能力を認めています。多くの人々は、「ひどい状況でも、人間の原理のもとに行動する。」とバンデューラは書いています。このような状況では、「個人は道徳的な主体として勝利するのです[12]」とも書かれています。こうした不屈のものは、バンデューラが道徳的ヒロイズムと呼んでいますが、ミルグラムによる白衣の権威的な実験者に従わなかった被験者の行動に明白に示されています。無力な被害者へ電気ショックを与えるという命令に従わなかった行動です。センセーショナルなニュースを追いかけそして伝えるようにと、組織から圧力をかけられたことに耐えたジャーナリストの仕事に関する研究からも明らかです。この本でも述べた6人のモラル・リーダーからも明らかなことです。毅然と前向きに道徳的に関わろうとするための必要条件は、自分自身の中にある最高のものを探し求め、そうあり続けようとする誠実さと、不撓不屈の努力といえます。

6人の20世紀を代表するリーダーは、世界を変える道徳目標を成し遂げようとするために、いったい誠実さについてどれくらい重視していたのか

この章の後半では、私たちは誠実という美徳に焦点を当てます。誠実であることは、私たちが研究した6名の20世紀のリーダーの生活で顕著に見られたことだからです。各リーダーについて、膨大な資料を分析しました。それには、伝記や、自身によって出版された手紙、日記、スピーチ、書籍、さらに自伝的な報告などが含まれています。こうした偉大な6名の生活において、真実、恥、誓いが果たした役割を学ぶために、コーディングのスキームを開発しました[13]。このスキームは、研究しているこの三つの美徳のそれぞれについて表現されているテーマを把握するためでした。何人かの独立した評定者が、意味のコーディングについてのマニュアルを用いて、ケースの材料をコード化しました。三つの美徳のそれぞれについて、いくつかのテーマがリーダーたちの生活の中から特に明らかになりました。誠実という美徳については、私たちはこの章で六つの重要なテーマと最も一般的な五つのテーマを明確にし、この章の残りの部分で説

明します。これらの五つのテーマは、判断力、決心、公共の義務としての誠実さ、寛容、発展する誠実さです。

誠実さという価値は生活の中心にあり、6人のリーダーすべての仕事の中心に位置していました。誠実であることがどんなに重要であるか、に気づかされます。欺瞞を避けることが難しいこと、特に自己欺瞞にならないようにすることが難しいことに気づきます。

アブラハム・ヘッシェルは、理論や政治においていずれも大胆で慣例にとらわれないところがあります。そのために、しばしば厳しく批判され、彼の行動や動機は問題視されました。彼はユダヤ人の改宗についてのバチカンの立場に影響を与えようとしたことや、マーティン・ルーサー・キング・ジュニアと行進し、自己宣伝したことなどが非難されましたが、この批判が道徳的に適切なのかどうか考えなければなりませんでした。ここから、正当化しようとする人間の性について説明しようと深く自己検討することでした。彼は、「自分を騙すのは簡単だ。心がより精緻化すればするほど、自己欺瞞もうまくなる……誰が自分自身の動機を信頼することができるのか。誠実さか[14]」と書いています。

アブラハム・ヘッシェルの人生は、私的にも公的にも明らかに誠実でいようとしていたことが、彼の葬儀でもよく見られました。彼は突然亡くなり、しかも非常に若くしての死でした。彼の妻や娘は多くの友人と同様にうちのめされました。彼が生きた証にひたすら敬意を込めることが彼らの慰安でした。ヘッシェルの葬儀に集まり悲しみにくれた人々は、葬儀のための聖書のテキストの詩篇15「正しく歩み、心の中の真実を話すもの」こそが、友人について述べた表現であると悟りました。

6人のリーダーの公私にわたる書類を検討しましたが、それぞれのリーダーに類似した関心事が存在することが明らかになりました。彼らはみな、過ちに注意を向け経験から学ぼうとしていました。また、強い信頼を公から得ることによって公共の求めに応じて誠実であろうと努めていました。こうした信頼は、欺かれてひどく傷つくこともあるものでした。彼ら6名は、効率よく目標を遂行しようとしていましたが、この気高い目標を遂行するためには、つい不誠実な手段をとろうか、という誘惑に打ち勝とうとする自分を見出しています。彼らはこうした選択を道徳的にまた実践的に行いました。彼らの信じる、誠実さは、あらゆる点で必要な信念となったのです。

6名は、異なる文脈や文化で、さらに違う時代に別の場所で生活を送りました。また、違うイデオロギーを持ち、異なる宗教的な信念を持っていたわけですが、装いを含めてすべてに誠実であろうとしたところは共通しています。6名すべてが、自分の行動や動機に率直であるように努めながら徹底的に精査する過程を経て、自己内省という規則的な習慣について述べています。こうした習慣には、祈り、自己内省のための日記、友人や親密なパートナーとの話し合い、同僚やスタッフからの遠慮のないフィードバックの要求、敵からの辛辣な批判を受け取ろうとする意識的な努力、などが含まれます。6名はみな、他人への誠実さが自分への誠実さからはじまること、自分は他者なしでは実際存在できないのだ、という考えを持っていました。

かつてネルソン・マンデラが皮肉なコメントをしていましたが、牢獄で拘束されたことは、自己を注意深く内省する多くの機会をもたらしたということでした。ただし、多くの人は必ずしもこのようには考えられないとは思います。ロベン島でのマンデラは照りつける太陽で目がくらむ中、石灰石の採石場で薄層を掘り砕くことが日々の仕事でした。日陰はなく、囚人は容赦なく照りつける光から目を守るサングラスの使用は認められていませんでした。政治犯はラジオや新聞を読むことも禁止されており、6か月ごとに手紙だけが許されていました。手紙はおおかた読めなくなるほど検閲されました。マンデラが、怒り、恐れ、心配、惨めな気持ちにおしつぶされて、投獄を自己内省の機会として考えられなかったとしても誰が責めることができるでしょう。しかし、マンデラにとっては、誠実に内省することは特別なことではありませんでした。つまり、投獄が終わる確信がなくても、誠実であることは彼の中で生き続け、人生の軌道に彼をのせることに役立っていました。

私たちが注目してきたように、アルバート・バンデューラは自身を騙す誘惑を見通し、困難に直面しても誠実でいられる人のことを「道徳ヒーロー」と呼びました。あるものは、その称号の資格を得るものもいましたが、普通の人々でも自分の利益を優先してしまう人間の業について自覚しており、自分を有利にするバイアスについて考えてしまう自分をモニターすることができます。人々がどのように状況を解釈するかに関する研究で、ジャネット・ウォーカーは自動車の部品工場[15]に働く様々な人種や民族の人たちにインタビューしました。彼女は労働者の多くが仕事の割り当てや給与が公平かどうかといった道徳的な状況の見方において、自分の利益を正当化したいという願望に突き動かされていることを自覚している、ことを明らかにしました。彼らは、特に他人に私欲があると帰属しようとしましたが、自分の解釈にもバイアスがかかっていることを悟っていたのです。

ウォーカーは、メキシコ系アメリカ人の女性を研究に引用しています。この女性は、「ヒスパニック人がひいきされていると黒人は考えるが、ヒスパニック人は黒人がひいきされていると考えるのよ[16]」と認めています。こうした理解は、白人の上司への度重なる自身の持つ怒りに対して疑問を投げかけます。彼女の怒りがいったい彼女の動機の解釈の誤りからくるのか、それとも課題の割り当てに対する公正さについての偏った考え方からくるのかに疑問を持たせるのです。ウォーカーはジョン・バーロンのいう専門用語を使ってませんが、この事例は、彼が偏見なく他の意見も積極的に受け入れる思考と呼ぶ例です（第一章を参照）。このようなことから、新しい科学が主張する、道徳的な内省に一見みえるものは、たいてい合理性ではなく正当化に近い、という考え方が間違いであることを示します。

この自分自身の解釈や動機について疑問に思う傾向は、ジャネット・ウォーカーのインタビューでもたびたびみられました。こうした分析に基づいて、ウォーカーは、誠実を追求していくと、私たちが道徳的基準を守って生きることが難しいとたびたび認識することを学ぶと指摘しています。また、自己理解や自己意識が高まることで、解釈の習慣を変化させることが伴うと結論づけました――「(より誠実になるために）こうした探求をはじめて、私たちは目指す道徳的自己に適する自身の現実をつくるために、生活の中の小さな機会を与えられた遭遇として有効活用し、次第に世の中の経験を形にしていくのです。誠実に活動することが、道徳的に満足できる時間や、他人に至福や幸福をたくさんもたらす時間を与えてくれるものです」[17]。公の有識者の形骸化にかかわらず、普通の人たちは誠実に振る舞い、生活を通して多くの場合に道徳的な満足にあふれた時を多くの場合経験します（そして、私たち二人の著者は、まさに普通の人間であるので「私たちの生活」というべきでしょう）。

私たちは、検討してきた6名のモラル・リーダーの生活から、偉大な人でも普通の人でも道徳的な目的を持ち困難ながらも対応していることに、誠実さがどのように役立っているかをみてきました。すなわちこうした偉大な人の生活から誠実さのもたらすものを例として引っ張りだしてきました。こうした例が、私たちすべてに価値のある教訓を与えてくれると確信します。このことは、その逆が真実ということは意味しません。たとえば、天才は普通の知能に準拠しては十分説明できないかもしれません。有名な芸術史家のエドガー・ウィントはかつて同じ観察をしています――すなわち、「ありふれたことは、特別なことの縮図として理解されるかもしれないが、特別なことはありふれたことの増幅とは考えられないのです」[18]。私たちは、あらゆるタイプを過度に単純化したいわけではありませんが、偉大な人たちの生き様がすべての人に有益ではないかと考えています。ここで、私たちは6名すべてが目標や方略を追求する時に誠実さの美徳を大切にしていた、様々な様子を述べようと思います。

優れた判断力

誠実さを最優先することは、個人が深く抱く価値観があることによって、外圧があろうともしっかり立っていられることを意味します。しかし、まず何が正しい道かがわからない難しい時でも何を行動すればよいかを理解する必要があります。しばしば正しい道がわかりやすく、内面的に苦しむ必要のないこともあります。しかし、自身の道徳的な真実について判断力するには、他人からのアドバイスが必要なものです。また、ほかの選択肢と葛藤したり、自己内省を深めようとしたり、時に指針を求めて祈ることもあるでしょう。

ディートリッヒ・ボンヘッファーの真実を求める悩みは、特に大きいものでした。彼はヒトラーが1933年に首相に指名される以前から、ドイツ国内で権力を得ようとする彼の企てが危険なものであることをすでに悟っていました。彼は早くに反対の声をあげ、1934年には告白教会を設立する働きをしていました。ドイツのプロテスタント教会をヒトラーが侵害することに反対した教会がすべて連合してつくられたのが、この教会でした。彼は、ハンサムで魅力的な若者であり、まだ28歳でしたが、同士の勇気を元気づけるようたびたび頼まれました。これは危険な仕事でした。

ボンヘッファーのこの年齢での、驚くべき勇気を説明するのは難しいことです。彼は世界に自分の進む道を見出していました。まだ結婚もしておらず、彼の牧師としての経験を落ち着かせようとしている矢先のことでした。多くの点を考えても、彼にとってはリスクをおかすにはよい機会ではありませんでした。ディートリッヒはかなり裕福な暮らしをしていましたし、両親やきょうだいと本や音楽にあふれた美しい家に住んでいました。土曜の夜にはたいてい家族のためにピアノを演奏していました。大学時代はローマやボローニャを旅し、社交クラブでは多くの友だちに恵まれたスター学生だったのです。カリスマ性の高い牧師として、彼は博識で結束の固いグループの中心にのぼりつめましたが、向こう見ず、あるいは衝動性の高い人では決してなかったのです。

しかし、ヒトラーの権勢が強まる初期のころ、ボンヘッファーは、危険が高いことがわかっていましたが、大胆な行動を起こそうと他者を誘いました。１９３４年に名を連ねていた告白教会（Confessing Church）のほかのリーダーに宛てた手紙には、教会にとってはリスクがあるが、歴史的に重要なミッションに向き合うよう彼らを促しています。ミッションは「今こそ、私たちはあらゆる点において革命的にならなければならない時である（ナチスに対抗して）。もし私たちがこの時点でいかなる点においても自身に不誠実なところがあるなら、このような闘争全体の信用を失墜させることになるだろう[19]」。これは、彼が薦めるだけでなく従うための規範でした。

ヒトラーのドイツにおける権力と戦争に向かう世界の動きが高まる中で、ボンヘッファーは、当時の政権のもとで軍の支援を求めようとしていました。ヒトラーの軍に参加することを拒むことが拘禁や刑の執行になり得ることもわかっていましたが、参加することは、恐ろしいほどもっと悪いことだとわかっていたのです。「戦争に向かい、すべての神の戒律を破る政府に従うことを拒ないことがあるのだろうか[20]」。彼は誠実に意義を唱えるか、あるいは国を去ろうと思っていました。彼は、いったん徴兵がはじまったら避けられず、またドイツを去ることさえもできなくなるとわかっていました。彼は、信頼をよせる賢明な仲間たちと相談し、１９３９年の春に、ニューヨークの神学生の組合（the Union Theological Seminary）の招待を受け、そこに住むことを決めたのです。6月2日、ニューヨークに向かったのでした。

彼がニューヨークに着いた時、見識が高く温かい仲間たちの集団に迎え入れられました。彼のそこでの仕事は、神学の学問を深めるとともに魅力にあふれた異国の文化を知る機会となりました。彼にとっては全く新奇な文化でした。しかし、こうした豊かな経験をしているのとは裏腹に、すぐにボンヘッファーはドイツを去った自分の決断を疑問視し始めました。彼の日記から、彼の旅立ちは逃げたということではないだろうかという考えに苦しめられていた状況がわかります。[21]ニューヨークでまだ二日目のこと、組合のトップである、ヘンリー・スローン・コフィンの家でお祈りを捧げたそのすぐ後に、次のことが書かれていました。「短い祈とうで打ち勝つことができた。私は、ドイツの自分の兄弟姉妹たちのことを考えていた。ドイツについて考えることをやめてはいけない。間違った決断によって自分の良心の呵責が重くなり、何度も押し寄せてきた。[22]ドイツからの情報は全くないが、私はそこで何が起きるかを知りたい。それがすべてよいことであれ悪いことであれ、私が必要とされようとされまいと知りたいのだ[23]」。

すぐに、彼はドイツに帰国し、ヒトラーに抵抗する告白教会での戦いを再開しようと決意しました。ボンヘッファーのアメリカでのホストは、彼が計画していた仕事をやめることに落胆し、心配しました。ボンヘッファーは日記の決意について内省しました。「私の決意を支える動機が何なのか明らかでないのには驚きだ。これが葛藤というものなのか、内面が不誠実なことの表れなのだろうか。私たちは知識がなくただ導かれているだけなのか。あるいは、そのいずれにも当てはまるのだろうか[24]」。決心は覆りませんでした。ボンヘッファーは神にゆだねました。アメリカに到着して1か月もしない間に、アメリカのホストの嘆願を受け入れることもなく、ボンヘッファーは、アメリカからドイツに向かう最後の船に乗船して祖国に戻ったのです。そして戦争は起こりました。

決心

真実の道を厳しく探求していくことはたやすいことではありません。より簡単な選択を間違って正当化してしまう自己欺瞞に陥らないようにしなければならないのです。批判、人格攻撃、身体的な危険、そして、時には投獄や死に直面しても、道を切り開き、しっかりとふんばることはきわめて難しいことです。しかし、この固い決心こそ、道徳的なものに関与することが持つ明らかな特徴です。こうしたリスクをとり犠牲に耐えることに6名のリーダーは意欲的であり、こうした意欲こそ、誠実な関わりを説得力のあるものにし、彼らの話を感動的なものにしているのです。

多かれ少なかれコストのある方法をとって、このモラル・リーダーすべてが道徳的誠実を掲げた理想に自分を結びつけています。彼らは、それを理解し、どんなにコストがかかろうとも、真実をきわめる決意を揺るがないものとしました。この理想は、主要な行動の選択や、人生の方向を定めることに人を動かさずにはいられないものであったのです。リーダーたちは、こうした理想から離れてしまう誘惑にたびたび立ち向かわねばならなかったのです。

ユダヤ人の神学校（Theological Seminary）でのアブラハム・ヘッシェルの立場は、彼にとってきわめて重要なものでした。彼はアメリカのシンシナティにあるヘブライ・ユニオンカレッジの改革派ユダヤ教の神学校で、教職をスタートさせていました。保守派ユダヤ教徒の指導者として、彼は場違いな気がして途方にくれていました。なぜなら、ユダヤ人の生活の一日や週のルーティンが二つの伝統においてとても異なっていたからでした。ヘッシェルは、保守派の神学校への移動を望んでいました。ユダヤ人の神学校で教えるチャンスは、幸運だったことから、当然、ヘッシェルは大学から高い評価を得たいと思っていました。しかし、実際には厳しいもので、大学の同僚から過小に評価されていました。彼のユダヤ人の考えに対する型破りな手法が、同僚たちにはあまりにも「詩のような」もので不十分な分析とみなされていたのです。人種差別やベトナム戦争に対する彼の公の立場が、彼の職業的な立場を脅かすものであり、その時代の反ユダヤ主義に貢献した同僚の多くは、彼の政治的な関与に抵抗を示しました。彼の書物が彼の名を世界に広く知らしめた後も、ヘッシェルの神学校でのオフィスは小さく、仕事に必要な本やファイルを置くスペースさえもない状況でした。彼がもっと広くて息苦しくないオフィスを求めても、ホールにある本箱と近くのコロンビア大学の図書館の小個室が与えられただけでした。ヘッシェルにとっても、こうした待遇は彼に対して敬意がないことの表れであり恥ずかしいこととしてとらえていました。しかし、ヘッシェルは、健康をおかし同僚には認められなくても、極限まで自分を追い込んで社会的公正を貫き書くことに集中しました。彼を知る多くの人たちは、この執拗さが65歳の時に襲った心臓発作を招いたと考えました。

エレノア・ルーズベルトが、市民権、男女平等、働く人のために、絶え間なく活動したことは広く尊敬されています。しかし、普遍的なものにはならなかったのです。ファーストレディとしてのその期間は、公からのあざけりに耐えなければならないものでした。政治的にＦＢＩに追及されたり、死への怯えもありました。フランクリン・ルーズベルト（ＦＤＲ）が大統領時代のホワイトハウスでは、精力的なグループがカクテルを手にして笑いに興じ、きらめくような会話を求めて夜な夜な集まっていました。こうしたことは、プレッシャーの中、安堵をもたらすものにはなったかもしれませんが、エレノアはほとんど参加しませんでした。彼女はものを書いたり別のことをしていました。夜の機知や魅惑よりは、むしろ彼女は彼女の求めていたことの成果や、仲間意識に突き動かされていたのです。

ダグ・ハマーショルドには公の役割がありましたが、孤独な生活を送っていました。学者の推測によれば、ダグは仕事と、個人として十分に満たされた生活とが相容れない、と感じていたということでした。彼は世の中の平和を願い、時間がたつのも忘れ内乱やほかの戦争で危険なゾーンに足を運びました。そして、彼はこうした戦いの一つであるコンゴの内乱の危険な戦いに向かう途中、小さな飛行機の事故で亡くなったのです。

強い信念から逃げてしまおうというプレッシャーは、ジェーン・アダムズの長いキャリア全般でみられました。このプレッシャーは、第一次世界大戦で反対を表明した時に最強に高まっていました。アダムズはすでに多くの年数を勤め上げていました。すべての階級や人種の人たちとの間のコミュニティ、コラボレーション、仲間意識に基づいて、民主主義のビジョンを生み出し実行するために捧げて来ていたのです。

彼女は民主主義における市民権や制度について深く考え、社会の善のために貢献していました。彼女にとって不必要な戦争はすべて民主主義の本質へのアンチテーゼであり、第一次世界大戦は無意味な間違いでした。注目すべきは、歴史は、アダムズのこの信念のもとに多くの仲間を集めたことです。

アダムズは、戦争を終わらせ落ち着かせようと、またアメリカに中立を維持させることを説得するために、平和を唱導することに努めました。早くから、彼女は停戦を考えるためウィルソン大統領に中立国による会議を招集するように促していました。もちろん、最終的にはアメリカは戦争にふみきりました。アダムズはすでに戦争反対に対する非難や問責に直面していました。アメリカはいったん戦争を宣言すると、こうした批判は悪意にまみれて高まり、彼女は敵対するものから攻撃を受け、それまでサポートしてくれた人たちも彼女を見捨てたのです。アダムズは、国内で最も尊敬された女性の一人から、最も罵倒される一人になってしまったのでした。

戦争の間、彼女は孤独で寂しい生活を送りました。彼女は、精神的に疎外感、疑い、絶望に苛まれて生活しました。しかし、彼女は慰めや支援を見出すようになり批判に耐えました。後に、彼女は戦争中の平和主義者について書いています。「私たちは次のような確信を持った……人間における、道徳的な変化は……変人、風変わりな人として考えられてきた人から始まることを」(25)。ルイーズ・ナイトが着目したように、「彼女は、西洋社会がヒーローを崇めた理由を知っていました。ただ一人で立ち向かうからではなく、結果にかかわらず、真実のために立ち上がっているからであると」(26)。

ネルソン・マンデラにとって、アパルトヘイトについて世界に向けて真実を得ることは自分の人生をかけるに値するものでした。この考え方はリヨニア（Riyonia）の裁判の間は明確にはなりませんでした。彼と同じ被告になった者たちが、南アフリカの政府に対する組織的なレジスタンスと連携して妨害したり、そのほかの犯罪に関与したと疑われたことで訴えられた裁判でした。この騒動となった裁判に向けて、被告は有罪となり死刑を宣告されたのです。しかし、マンデラは、釈放や寛大な処置を望むよりもこの裁判を利用してアパルトヘイトの邪悪さをあらわにしようと決意していました。これを心に留めて、彼は南アフリカの政治の不公平さに、世界が着目するだろうという自信を封印して彼の演説を行ったのでした。マンデラはかなりドラマティックに演説しました。彼は、彼や彼と同じ被告人のとってきた道徳的立場を台無しにしてしまうと思っていたとしたら、こうしたスピーチはしなかったでしょう。結論として、国際的な抗議や、国際連合による介入、さらには、優れたアフリカーナ（Afrikaners 権力の上で優勢にたっていた白人の集団）の寛大な証言のおかげで、裁判官はマンデラと被告人に死ではなく終身刑を宣告したのでした。

確信したことを決行するマンデラの勇気は、彼の長い投獄生活の最初から終わりまで一貫していました。マーティン・メレデスは、マンデラについて書かれた、これまでの伝記の中でも秀逸な伝記作者の一人ですが、長い投獄生活が始まった時のある出来事について書いています。

> マンデラがロベン島（南アフリカでも最も残忍としられる刑務所）に着き、走るように命じられた時、彼はそれを拒み、ゆっくりとしたペースで歩いた。看守は、「おいお前、殺っちまうぞ！　俺たちは遊んでんじゃないんだ。お前のかみさんや子どもや親たちは、これからお前がどんな目にあうかはわからないだろうよ。これが最後の通告だぞ。」とわめきちらした。マンデラは穏やかに答えた。「君たちは君たちのやらなきゃならないことがある、そして、私たちにも同じようにあるんだよ」と。[27]

公共の義務としての真実

この章全体で、私たちは真実や誠実を人の本質にある人格の価値の一つとして検討してきました。内面の真実を常に探求し遵守することは6名のモラル・リーダーすべての明らかな本性でした。加えて、彼ら6名はみな誠実であることは本質的に個人の重要な価値であるだけでなく、同様に公共にとっても重要な義務であると考えました。そのことによって、彼らは、個人だけではなく、組織、国家、市民として活動するその国家の大衆をも、誠実であることが義務となるよう意図したのです。この6名が強く意識したのは、この公の信頼こそが、民主主義や公の組織が適切に機能する命であるということでした。彼らは、政府や組織から真実を引き出すことを個人が主張していくことの大切さを強調したのです。

アブラハム・ヘッシェルは特に公の誠実さの大きな価値について考えました。ヘッシェルが力を注いだ役割の一つは、社会的な批判についてでした。彼は、彼が目にした世界の真実を公に話すことの重要性を信じました。ヘッシェルは国の消費主義について批判をしていましたが、高齢者への思いやりのない対応や公の無神経さをあらゆる点から非難しました。さらに公になるよう、黒人の市民権やベトナムの平和について不公平だと公然と非難することに努力したのです。のちに、彼は、「南アジアで我々の軍隊の行った残酷なことは、前例のないキャンペーンによってアメリカ国民を騙すことで可能にしてしまった……時間があれば嘘や欺瞞は邪悪の根底にあるということを悟らせたかもしれないのに[28]」と書いています。

ヘッシェルは、批判をアメリカだけに留めませんでした。彼は少なくとも、ユダヤ人の崇拝や移民の権利を制限するソビエト連邦の政策まで批判しました。キリストの迫害や磔についてユダヤ人の立場を間違って伝えていると思い、彼が目にしたものを変えようと、ローマのカトリック教会に長期にわたって強く懇願したのです。ヘッシェルの伝記をまとめたことで有名なエドワード・カプランは、「真実と慈悲のために、ヘッシェルは健康をおかし、彼の書物や教えは妥協したものになり、ユダヤ人のコミュニティでの彼の名声は弱まることになった[29]」と書きました。

ヘッシェルの社会批判や活動家としての役割において、彼は国家（アメリカ合衆国とソビエト連邦）と組織（カトリック教会とアメリカの大衆メディア）を道徳的に誠実に説明する責任のあるものとして期待しました。ダグ・ハマーショルドは、世界で最も力のある組織のリーダーとして、組織の説明責任や高潔さの重要性を等しく意識した人物でした。

国家間の平和を目標に掲げて、彼は公平と高潔としての真実の理想をリーダーシップの礎としました。彼の見解においては、内なる真実と誠実な自己内省が個人にも組織にとっても大切であったのです――「健全な自己批判を持った運営は、誤った忠誠やうぬぼれによって自身の内省を鈍らせない。その精神のもとに自己改善することが、政府や公共の尊敬と自信を求められるのだ[30]」と考えました。

ハマーショルドは、ヘッシェルと同様に、出版の責任のなさや客観性のなさ、また、グローバルな視点による意識の高さから深く悩むこととなりました。当時、1950年代の初期でしたが、子ども時代にはテレビが全世界に普及しており急速に広まっていました。彼は、世界の出来事が視覚的にわかるようになることの善悪双方について理解していました。――「実際に、世界中のトラブルがあらゆる家に素早くそして十分に与えられる時がやってきているのだろう。迅速で十分な情報だ、しかし、客観性の精神はかなり欠けているのではないだろうか！　普通の人が基本的な考えに照らして世界の事柄を見た時に、何が適切な反応かについて知るにはどうすればよいのだろうか[31]」。

ハマーショルドの見方からすると、国際連合の成功は、真の理由を求めることへ公の意欲が高まるだけではなく、組織自体が完璧な公平性のもとになりたつことだとしました。1953年の国際連合のスタッフデー（Staff Day）のメッセージで、彼は次のように尋ねました――「事務局の独立性（国際連合の）と基準はなぜ非常に大切なのか？　国際連合の仕事で多くのものを見るにつけ、この重要性を確信する。国は力の視点から交渉することを可能にしようと軍事化を進める。事務局はまた自己の利益からではなく、世界の平和の発展のために交渉しなければならない。しかし、私たちの価値は、物理的な力や、選挙区の人の数によるのではない。公平、経験、知識、判断の成熟についての信頼によるものなのです」[32]。

ハマーショルドは、世界の現状がどんなに混乱し残酷となろうとも、現実の協力や協調の目標とかけ離れていても、国際連合の成功は世界を誠実に見ようとする意志と、そこからはじめようという意志によるものだと確信していました。真実をとらえることは始まりになくてはならないものなのです。１９５３年の国際連合の国連記者協会（Correspondents Association）のスピーチで、彼は次のように述べました――「私は、ポール・ヴァレリーの一節（溺れるのではなく泳ごうとする人は、水の状態に関心を持つべきだと訳される）を繰り返し引用してきました。これは、自分たちの世界を変えようとする時に、私たちがそれについてありのままに対峙しなければならないという、単純明快な真実のことを表現しています」[33]。

ジェーン・アダムズは、アメリカのプラグマティズムの創始者の一人ですが、これと同じ考えを示しました。歴史家のルイーズ・ナイトは、アダムズは世界に行動をはじめる前に現実を明確に理解することを主張したと多くの例をあげて記述しています。ナイトは、アダムズが「私たちが望んでいることと、可能なこととの間の橋を創造するためには、人生をそのまま見つめながら、新しい可能性を想像することだ」とコメントしていました[34]。

こうした誠実さを公の義務だとする考えは、文化と個人の関係についての初期の議論に引き戻します。文化とは、参加者によって解釈や評価や統制のきかない、動かぬ現実ではないのです。実際には、道徳的リーダーシップとはある文化的な伝統に埋め込まれた破壊的な規範を顕在化させ、文化の変容のために働く人を結びつけたりすることなのです。

ここで、南アフリカでの真実和解委員会を創立する上で、ネルソン・マンデラやデズモンド・ツツの成し得た驚くべき偉業の理解の仕方を述べましょう。第二章で述べましたが、マンデラが、牢獄から開放された時、南アフリカはいくつかの対立する集団が存在し、強い憎しみや恐れの中にありました。恐ろしいほどの暴力や目にある人権侵害を目にするひどさでした。道は焼けたタイヤ、銃声、死体で埋めつくされていました。国を癒すためには思い切った行動が求められていました。TRCは多くの人々に、復讐心やアパルトヘイトの痛みをこえる方法を見つけ出させることを支援しました。マンデラは、公共の価値として誠実に努めることを肯定し、誠実を実現することによって成し遂げられると考えたのです。マンデラの見解では、誠実さは、和解のための礎をつくるただ一つの価値でした。世界中の傍観者を驚かせ新しい基準をつくり上げたことは驚くべき偉業でした。それ以来、むごい人権侵害を自覚させることによって、社会的に和解が広く成し遂げられていったのです。

南アフリカでのアパルトヘイトについての劇的な事件が過ぎ去ると、少し静かな時代や場所では、社会や重要な組織の再構成を求められることが多くなりました。類似した道徳的リーダーシップが、色々な場合に求められたのです。誠実であることを公共の義務とするリーダーシップが求められました。グッドワーク（Good Work）や専門的な誠実さについての私たちの研究では、ジャーナリズム、法、医療といった分野でのモラル・リーダーについて書いてきました。この本で書いた6名の20世紀を代表するリーダーのように、現代に生きる男性や女性は、効率と誠実さのトレードオフを避けているところがあります。誠実さが長期の目標を成し遂げる上で必要不可欠であると理解はしています。近年ジャーナリズムの世界では、捏造されたニュース記事に関する不祥事が多発しており、真実がなければこの分野の使命は信頼を失うでしょう。公共の義務として、誠実さは公の信頼を促し、そして守ることになるのです。これなしでは、民主主義は繁栄できないのです。

心を開くこと

これより以前に出した書籍、『サム・ドゥ・ケア』[35]では、私たちは23名のアメリカ人の生活を――道徳のモデルになる人々を、分析しました。ほかの点では彼らは全く普通の人でした。ところが、誰もが一見すると両立しがたいように思われる資質が特別に組み合わさったような人物像が明らかになりました。彼らはみな私たちが確信と呼ぶもの――道徳的原理についての揺るぎない自信と行動責任についての明確な意識――そしてまた開かれた心――によって特徴づけられることがわかりました。狂信者と彼らを区別する主要な資質の一つは、異なるそして多くの視点に対して心が開かれていることだと結論づけることができました。

心が開かれている人々は、自分とは異なる意見を求め、それに耳を注意深く傾け、そして真摯に受け入れます。市民や選ばれた役人たちの開かれた心は、社会レベルでも組織レベルでも真実に直接貢献します。様々な広い視点からの意見や異なるビジョンを持つ人々が、他人の見解に敬意を払えないならば、いったいどのように合意に達することができるでしょう。ただし、議論中の問題は、しばしば感情的にもつれ、決裂のリスクがあるので、政治的に対立するものへの寛容さと敬意は、重要ですが危ういものです。近年、政治的に自分とは異なる意見に真に開いた心で傾聴しようとする意志がなくなるとともに、公の話し合いにおける真実への思いも薄れているように思えます。おそらく、こうしたことは驚くほどのことではないかもしれません。なぜなら、公の話し合いにおける誠実さや開かれた心は関係しており、互いに影響を及ぼしあっているからです。開かれた心は、家庭、学校、近隣、職場で、信頼と尊敬の共同体をつくるためにも重要です。同時に、意思決定においてよりよい結果を導きます。リーダーが注意深く多くの視点について考え調べ、さらに、自分の立場に細心の注意を払っているように、それぞれの立場に埋め込まれている真実をまとめる方法を探す時、より深くまた創造的な賢智を生み出すことになるのです。

こうした心が開かれるという資質は、『サム・ドゥ・ケア』で述べたモラル・リーダーたちと同様にこの本の研究で紹介しているリーダーの中にも見出される大切なものです。

6名のリーダーたちの、他人に傾聴する意志や、欲求といえるものは、第五章でも語られる謙虚さと同様に真実を見つけようとする誠実な考えを裏付けるものです。彼らが強い心を持つほど、彼ら6名は答えがあることに疑いを向けます。直面する課題について他人から学ぼうとすることに心底関心があるのです。

エレノア・ルーズベルトは、労働者や労働組合に長期にわたって関係を保っていました。というのも、彼女は対立した時に公正、公平で開かれた心を持っている人物として知られており、しばしば対立の仲介を頼まれる存在でした。ブリジッド・オッファレルは、労働組合での彼女の役割に関する本において、「労働者の内部問題が激化するなかで、エレノア・ルーズベルトは、対立する側がいうことに耳を傾けることによって、これを常に心がけて対応していました」[36]。第七章で、このように心を開いて傾聴する力がどのように彼女の偉業に決定的な役割として働いたのかを述べます。彼女の偉業とは、普遍的な権利について国際機関で宣言するところまで至ったことです。

ジェーン・アダムズもまた、あらゆる重要なことについてのすべての視点を理解したいという、心の広い人物としてよく知られています。第一次世界大戦の間、彼女の支援者の多くは、彼女を見捨てました。アダムズはこれに傷心しましたが、意見を同じにしないという権利について敬意を払っていました。この態度は、彼女のキャリアにわたって、多くの点から主張した言論の自由についてのあふれるばかりの信念が反映されています。

アダムズの言論の自由への関与は、自分とは異なる見解を真剣に考え、公平さが重要であるという信念と一貫しています。1893年の鉄道の閉鎖をした有名なプルマン（Pullman）で働く労働者たちのストライキにおいて、アダムズは、労働者の権利や福祉を長きにわたって考えていた事実にもかかわらず、対立する双方において、敵意と独善性があることを痛感していました。彼女は力よりも対立の和解に向けてよりよい方法として、共通する基盤を探し、互いの理解を見出しました。彼女は、互いに正しいと確信することが、二極化を生むと非難しました。プルマンのストライキに続いて、アダムズは、対立を仲裁するために国家や連邦のために仲間と働く道を推し進めたのです。

真実は進化する

ややこしい状況で真実を理解するために心を開こうとする姿勢は、ここで研究した6名のリーダーの特徴です。彼らは、一つの、絶対的な、変わることのない真実に直接アクセスすることができるとは考えていませんでした。逆に、真実を求めるということは、終わりのない現在進行形の進化過程であると理解していました。いついかなる時でも、人は真実に部分的にでもアクセスしようとします。市民化の向上はこうした真実を発見し続け、より明確にしていく能力の中に概して存在しているのです。

ジェーン・アダムズは、道徳的な誠実さを社会の過程で発展するものとして詳しく説明しました。このプロセスでは、開かれた心と謙虚さが重要な役割を果たしています。アダムズが明らかにしたのは、彼女にとって真実は動かぬものではなく、十分知ることのできるものであるということでした……「直面する新しい環境や、また意欲を高める希望に応えて、各世代は自身の〔道徳的真実〕を形にすることが必要だ[37]」と考えました。アダムズは、目に入った真実に何かを発見しつつ生活することに全力を注ぎました。彼女にとって真実を発見する過程は、反射的であり同様に社会的であり、また経験でした。彼女の理想は、共通の人道的価値観に基づく共同体の構築に向けて、他の人々と協力し、その共同体構築の主要な教訓をアメリカの民主主義全体にもたらした経験の反省から生まれました。真実についての新しい視点を求めるアダムズの探求は、多くの視点に対して開かれたからこそ生まれたのです。一つにのみ関心を持つ集団の見方は、次第に狭くなりがちになると考えました。彼女にとって、真実を求めるためには多くの異なる視点を統合させる必要がありました。こうした多くの視点は時間をかけて互いに情報を交流しあって展開するものだからです。

書籍や伝記の中に、アダムズの考え方がどのように変わっていったかを記述するものがたくさんあります。彼女がハルハウス（Hull House）を設立した時、彼女の目標は、素朴な博愛でした。階級をこえて、芸術、文学、ほかの仕事のアイデアに結びつく資源、民主主義、貧しい移民にとっての家族との生活など、の博愛だったのです。彼女は彼女自身の言葉や感情の豊かさから多くの資源を使って、自身より恵まれない人たちを助けようとしました。博愛の目標は、彼女が育った家族の中にありました。しかし、経験とともに、アダムズは、博愛について貧しい人を見下すような尊敬できないものとして見るようになりました。上流階級の優れたところを暗にまた見せないようにして具体的で直接的な方法を行うようになったのです。こうした考えから、ハルハウスの貢献について認知されるようになり、そこから相互依存でかつ平等主義に基づいた民主主義の概念が生まれたのです。

平凡と非凡な生活の中での真実

6名のリーダーは、個人としても公にも本当に驚くほど真実にコミットしていましたが、彼らの思いは普通の人々にとっては高遠なものでした。彼らの戦いは、明らかに大きなグローバルなステージにあったのです。たいていのものには想像が難しいステージです。戦いのスケールが重要なのは、関心の本質が重要な点で異なるからです。ディートリッヒ・ボンヘッファーは、次のことを牢獄で書いています。「重要なのは、弱さの罪ではなく、強さの罪です」[38][39]。彼が問いかけているのは、ドイツにおける教会がナチスによる比類のない邪悪な国家政治に直面している時に、教区民の小さな個人的な罪、たとえば、親孝行しないとか近所の奥さんに恋心があるといった罪にどのように向き合えるのかということでした。6名のモラル・リーダーは罪、美徳、強さについて考えましたが、普通の人たちが気にする毎日の小さい逸脱からは、かけ離れているように思われます。彼らはまた自己欺瞞を推奨し小さな不誠実は許容してしまうジャーナリストについては考えていません。確かに、私たちは、それらがすべて罪というならば、弱さという罪の逸脱を考えていることになります。

しかし、おそらく、罪の強さや弱さの区別は、そう簡単にできないものです。内なる誠実、異なる見方へ敬意を示すこと、公の生活での真実の文化といったものは、大なり小なり数えきれないかたちで成功したりまた失敗しているのです。誠実である習慣や文化が蓄積されることによる影響は大きくて重要です。学校、政治、会社、職業、公共の組織を他人と同様に信じるならば、誠実さを公共の組織の価値として促していく必要があります。ジャーナリスト、弁護士、保険会社の基本に、真実や誠実さを信じたいと思うことは、別世界にある理想主義ではありません。すなわち、そのことは、文明化した安全な存在を望む状況なのです。自身に誠実でありたい、家族、近隣、同僚と信頼できる関係にいたい、という個人的な意欲は、必ずしもうぶで非現実な夢ではありません。

たいていの人は多くの場合に、小さいスケールで嘘をつき、騙し、盗むのだ、という強いエビデンスがあります。しかし、こうした行動の理由はまだよくわかってはいません。こうした小さい規模の違反についてもっともらしく説明するとしたら、罪が小さいので、よい人として維持できるからかもしれません。さらに、人は違反の罰が小さい、あるいは捕まるほどではないと思いがちです。しかし、犯罪の小ささは別の疑問をもたらします。誰が困るのだろうかと。なぜ、ちょっとした恥ずかしさ、心地悪さといった自己欺瞞の習慣のリスクをかけて、小さい利得が見合うのでしょうか。無料の鉛筆やポストイットは、それだけの値打ちがあるとは到底思えません。

私たちは、人々が騙したい一つの理由として、あいまいでわからない方法で騙す行為が実際の満足をもたらすことが往々にしてあるからではないかと思います。なぜそうなのでしょう。可能性として、ある種の不誠実さは満足をもたらすという考えです。なぜなら、人々は、会社や働いている人、政府の事務所を実際には信頼し尊敬していないからかもしれません。

おそらくある程度のレベルで、広く存在する違反者の多くを正当化できると感じています。おそらく多くの騙しは、少なくとも部分的に公を信頼していないことが原因であり結果なのです。たぶん、人間の福祉や思いやりを犠牲にして、利己的な目標を追求している公あるいは私的な組織に対して信頼できなくなると、仕返しや反逆の行為をしたくなるのです。こうした解釈は、アリエリーの研究の参加者が、研究の最中に携帯で個人的な会話をするといった無礼な振る舞いをする実験者にイライラすると、騙す行為が増えるという知見を示唆しています。こうした反抗に気づかないことが、つまり不誠実のそれぞれが私的にも公的にも誠実さの価値を無視することが、さらに不誠実を刺激し正当化する文化を生み出すことという悪循環に陥るということです。こうした悪循環の威力や破壊力は、騙すことが蔓延する理由としてもっとも説得力があり、同時に、不正に反対する最良の論拠であるかもしれません。

このことから、普通の人々の小さな罪は人々が持つ高潔さや道徳的な関与のことだけではなく、同様に大きなそして長期の示唆を持つことがわかります。6名のモラル・リーダーによって表現され生み出された多様な考えは、大規模になればより一般的な考えとなります。この章の最初の方に、ボクの古典的な書物である、『嘘』を誠実さを論議するために紹介しました。人間の基本を扱った『幸せを求めて（*Exploring Happiness*）』という別の本で、ボクは以下のことを書いています。[40] 心理学者の多くは、自己欺瞞を満足のルートとして楽観視しすぎているのではないかということです。私たちは、意図的に無視して楽観視していることについて、ボクが懐疑性を持っていることに共感する心理学者の二人です。自己欺瞞は、どこからしても不道徳な領域にあり人を傷つける実践です。これはいうまでもないことですが、人は過ちについて、容姿、才能、道徳的な人格がどうであれ、自身を非難するべきです。すなわち、自己による懐疑的な態度や冷静な自己批判は、単なる別の選択肢と考えるのは間違いなのです。

　おそらく、牧師であるリック・ウォレンは、『目的に導かれた人生（*The Purpose Driven Life*）』の記憶に残る最初の文章で「それはあなたについてではない」[41]と表現しています。自己欺瞞の利益についての一般的な説明は、かっこよく、頭がよく、たくさん才能のある人になろうとする、または少なくとも、あらゆる価値の次元で平均よりよくなりたいための競争を仮定していると思われます。人々は業績のポートフォリオをつくるよりも、むしろ、達成しようとすることについてよく考えたらどうでしょう。そうすれば、自己欺瞞の効用を排除してくれるでしょう。しかし、これは、誠実を補完するために別の美徳を必要とすることになります。それは、たびたび誤解されがちな美徳ですが、謙虚さです。次の章でこれについてみていきましょう。

第五章 謙虚さ

謙虚さという道徳的美点は、世界のすべての主な宗教の中心に位置しています。神（または概念の枠を越えた実在）との関係における人の営みの、その有限で移ろいやすく、そして根本的には頼りない性質の認識こそが、霊的な教えにおいて共有される中心的なメッセージの一つなのです。

ユダヤ教聖典にも、また新約聖書にも、謙遜に言及する多くの記述が見られます。「人など息のようなもの、その日々は去りゆく影のようだ」、「柔和な人々は幸いである。その人たちは地を受け継ぐ」などです。ヒンドゥー教の経典『バガヴァッド・ギーター（*Bhagavad Gita*）』は信奉者に「謙虚であれ、無害な存在であれ。主張をせず……あなたの教師に真の従順さで仕えなさい」と熱心に勧めます。ヒンドゥー教の教師ラマナ・マハルシは彼の信奉者たちに「エゴとその働きを気に留めてはいけない。その背後の光にのみ目を留めなさい」と教えています。スー族の伝承は、求道者たちが謙虚になり、部族主神の前で無にすぎない自分を思い出す様子を描いています(1)。イスラム教徒はしばしば、自分たちの意図や予言に「Insha'Allah（アッラーの思し召しならば）」という言葉を添えることで、物事の道理においてもっともな理由を自認します。ダライ・ラマは仏教の核となる考えを以下のように表現しています。「あらゆる宗教的教えの共通の敵は、自己本位な心――なぜなら、これこそが無知、怒り、憎しみの原因で、世界のすべての問題の根底にあるものだから」。

宗教教育においてほぼ普遍的に取り扱われているにもかかわらず、謙虚さは不明確で、論争の的となる徳の一つです。哲学者たちは謙虚さが持つ本来的に自己矛盾した性質を指摘し、「『謙虚さ』はそれ自体をなし崩しにする危険性を孕んだ徳である」(2) ことを示唆しています。つまり、一つには謙虚さは教化を必要とする徳でありながら、獲得したと同時に消えてしまうように思われるものなのです。

ベンジャミン・フランクリンは「実際、おそらく自然な感情の中で自尊心ほど抑えるのが困難なものはないだろう。隠し、それと闘い、必死に抑え、もみ消しても、衰えない……。仮に自尊心を完全に克服したと感じることができたとしても、私は自分の謙虚さを誇っていることになるだろう」(3) と記しています。フランクリンが暗に意味するように、謙遜であると主張すること（または、少なくとも自分の謙虚さに自己満足し過ぎること）は、実際に謙遜で**あること**と矛盾するように感じられるのです。

謙虚さについて研究を試みている心理学者たちも、その矛盾する性質の扱いで同様の問題に直面しています。正確な評価を下す自己報告基準を考案しようとする時などは特に問題となっています。本当に謙遜な人々は自分のことを謙遜だと評するのでしょうか。そして謙虚さは、才能も教養もある人々に、その能力を否定させるものなのでしょうか。才能ある人々の謙虚さは、正直な自己評価とは一致しないように思えます。教養のある人々が、謙虚さと正確な自己評価の両方を備えることは可能なのでしょうか。

すべての徳は懐疑的な態度の標的となりがちですが、中でも謙遜は特に偽善的行為との非難を受けやすいのかもしれません(4)。政治哲学者マーク・バトンは、謙虚さにとって不利な点として「虚偽表示や人間特有の偽装の傾向が著しいように思われること」をあげ、「政治的、社会的エリートによって修辞的になされた場合、謙虚さはしばしば利己的な優位のための見え透いた権力遊戯にすぎないといった懸念が生じてくる」(5) には、外見上の謙虚さは特に疑わしいと述べています。

このような非難は、多くの事例において確かに真実です。謙虚さに表裏があるかどうかを見分けるのは困難で、わざとらしく自己の利益を図っているように見えることもよくあります。謙虚さの真偽を見分けるという挑戦が、徳としての重要性を取り巻く懐疑的な態度に寄与するのも当然なのです。

そのようなことは疑わしいうちにも入らないかのように、ある方面の人々は、表裏のない謙虚さでさえ、実際に徳と呼べるものなのかとの疑問を抱いています。事実、謙虚さを重大ではない不道徳であると考える哲学者もいます。スピノザは、謙虚さは卑下への願望であって、徳というよりむしろ不道徳で、抑制されないほかの願望と酷似しているとして批判しています。[6] 16世紀の哲学者デビッド・ヒュームもまた、謙虚さに対して厳しい見解を示しています。彼は謙虚さを、隠遁状況にある修道院の外にいる人々には何の役にも立たない「坊主臭い徳」と呼んでいます。[7] フリードリッヒ・ニーチェはさらに踏み込んでいます。彼にとって謙虚さは、優秀な人々がその強さや活力を主張するのを妨げるために、弱い人々が用いる考案物でした。

おそらくこれらの意見を受けて、英国の小説家であり哲学者であるアイリス・マードックは「謙虚さとは稀有な徳で、時流から外れ、しばしば見分けることが困難。ごく稀に、謙虚さが明確に輝き出ている人に会い、その人が自身の切なる貪欲の影響を受けていないことを驚きとともに認めることがある……」[8]と書いています。彼女の見解では、謙虚さは控えめな態度の習慣ではなく、むしろ「現実に対する無私無欲の敬意で、徳とされるものの中で最も困難で中心的な美徳の一つ」でした。[9]

上記の、またほかの多くの人による弁明にもかかわらず、謙遜は評判のよくない徳としての立場を保っているようです。少しばかり和らげられたニーチェの懐疑的な態度が依然として、現代文化における大きなテーマで、多くの著名人や公人たちの自慢げなアピールはマスメディアや彼らにおもねる人々にもてはやされています。

第四章では、必要ならば自己欺瞞によってなされる肯定的な自己評価の魅力と、肯定的な自己評価のための競争による優位性への現代の依存について述べました。「アメリカンアイドル（American Idol）」といったテレビでのコンテストの人気の高さや、Facebook や Twitter などのオンラインのソーシャル・メディアの急速な広がりは、人々がエゴを築き上げる自己表現が公にできるフォーラムの魅力を反映しています。近年、個人的な業績や名声を表に出したいという欲求が、自己満悦や尊大に対する嫌悪よりも強くなっているようです。

今日の自己啓発と自己表現への圧力のみならず、近年、会社などの階層が存在する環境においては、栄達のためには活発に自分を売り込むことが当然だとする考えが増えてきています。実際、革新やビジネスにおける成功で称賛されているビジネス・リーダーの中には、著しく謙虚さに欠けている人がいます。たとえば、先のアップル社の最高経営責任者であったスティーブ・ジョブス氏は、エゴを克服する必要を強調する東洋の宗教に長年関心を示していたにもかかわらず、傲慢な姿勢の持ち主として知られていました。[10] 頻繁にニュースに出るようなほかの現代のビジネス・リーダーたちもまた、並外れたエゴにもかかわらず、あるいはそれゆえに、力強い成功を収めて人々から崇められています。

奇妙なことに、私たちの文化では、自分を売り込むことへの報いは人々からの偶発的な称賛とともにあります。謙虚さへの一般的な受け止め方は、両面感情で特徴づけられています。称賛されるビジネス・リーダーの明らかなエゴは、ロバート・K・グリーンリーフの大きな感化力を持つエッセイ「リーダーとしての奉仕者（*The Servant as Leader*）」[11] によって紹介され、大いに歓迎された「サーバント・リーダーシップ」という発想とは際立った対照をなしています。1970年に発表されたこのエッセイと、それに続いて発表されて大きな影響力を示した『サーバントリーダーシップ（*Servant Leadership*）』を含む彼の著作は、非常に大きな運動を生みだす創造的刺激となりました。その思想の中心は、最も効力を生じる――そして最も道徳的な――リーダーは、自分がリーダーを務める組織において自分を世話役だと考え、その役割は、その組織で働く人々とその組織が奉仕する人々――地域共同体や社会――の幸福に貢献するために他者と協力的に働くというものです。人々に多くの影響を与えたグリーンリーフの見解によると、サーバント・リーダーとは、まずは奉仕者であることで、指導者であるのはその次なのです。サーバント・リーダーは組織と組織内で関わりのある人々に奉仕するためにリーダーシップを発揮し、それを権力や金、称賛よりも重要な目的と考えます。彼らは従業員の成長を促し、上意下達式のコミュニケーションよりも相互的なコミュニケーションや決断を実践し、組織内にコミュニティを形成します。

このような理想主義的な経営哲学は、競争心が増し続けるビジネスの風潮の中でも、短期利益の追求がサービスや長期的な経営への考慮に勝るかのような風潮の現代でも、有効なのでしょうか。ビジネスにおける成功は今日でも、サーバント・リーダーシップに示されるような謙虚さと両立できるのでしょうか。それとも、エゴが主導権を握る個人の才能とカリスマ性だけが求められているのでしょうか。

いずれにせよ、ビジネス・リーダーの謙虚さへの関心が時代遅れではないことは、経営に関して影響力のあるいくつかの研究が示しています。象徴的な重要性に至ったジム・コリンズと彼の同僚たちによる研究では、大企業が「よい状態から素晴らしい状態」へと変化することを可能にする決定的な要素に、企業の最高経営責任者の謙虚さがあることを確認しました。[12] 5年という期間をかけ、コリンズはフォーチュン500社の中の1435社を調べ、トップ企業が傑出する要因を突き止めようと試みました。素晴らしい状態の持続を「重大な過渡期の後15年間、得た株は最低でも市場のものの三倍の利益を生む」とする定義により、1423社の中でわずか11社のみがよい状態から素晴らしい状態への変化を成し遂げました。この11の企業はいずれも、いくつかの同様の特性を備えていました。それは、「秩序の文化」であり、焦点の明確さ、技術の効果的使用、そして適材適所の戦略でした。

さらに、一流企業の各人が、コリンズの唱えるリーダーシップの力量を示す段階の最上段であるレベル5の資質を備えていました。レベル5のリーダーシップは「個人的な謙虚さと職業人としての意志とが矛盾する結合体」です。優良であっても一流ではない企業との比較において対照的だったのは、レベル5のリーダーたちは会社が収めた成功について称賛されることには消極的でしたが、そこまでの過程において問題の責任を負うことには敏捷でした。彼らはともに働く人々の世話を注意深く行い、その人々の現状の最も過酷な事実に対して誠実に取り組み――その一方では、会社が最終的に成功するであろうことへの確信を失うことがありませんでした。彼らは自分自身の見地を守ることよりも、従業員の心の広さや好奇心を尊重しました。自分のエゴから目を背け、自分自身より規模が大きく永続的なものの大望に注意を向けました。彼らにとって仕事は、個人的な野心や栄光のためというよりむしろ、他者とともに働くことにより何を創造し、築き、そして貢献することができるかということだったのです。[13]

コリンズの研究と、それに続く「よい状態から素晴らしい状態」へと企業が移行していく要因についての調査は、民間に伝承されている共通の文化の中で広く受け入れられていた知恵の性質を超越するものであったとしても、重要な役割を果たしました。コリンズは、一流企業がごく稀な存在である理由の一つとして、レベル4の人々が最もしばしば最高経営責任者に抜擢されることであろうと推測しています。謙虚さは修道院の塀をこえても有用であるという事実にもかかわらず、企業におけるリーダーシップにおいてそれは時代遅れの徳であると広く認識されたままの状態なのです。

少なくとも、謙虚さに対する一般の、そして専門家の意見は疑いなく種々雑多です。宗教によって普遍的に称賛され、哲学者たちによって熱く議論され、また人々によって軽蔑され、同時に大切にされているような人の資質は、ほとんどありません。

なぜ謙虚さについて学ぶのか

このような謙虚さの有用性についての両面価値と、それに関連する道徳的価値の浮動性を考えると、私たちはなぜ6人の20世紀のリーダーについての研究でこれほどの注意を謙虚さに向けるのでしょうか。

先の著作である『サム・ドゥ・ケア』(14)の中で紹介しました道徳的責任についての研究を通して、私たちの注意はまず謙虚さの重要性へと向けられました。そのプロジェクトは、基準を開発することと、私たちの人物調査の参加者となる可能性のある、並外れて道徳的にコミットしている――私たちが「道徳的模範」と呼ぶ人々のリストをまとめることを意図した推薦プロセスから始まりました。初期の推薦段階で、私たちは幅広い経歴と信念を持つ22人の道徳的な哲学者、歴史学者、社会科学者、倫理学者、神学者のインタビューを行いました。この長い推薦段階において、以下の点を備えた参加者を選ぶという一連の基準が生じました。(1)人間性に対する一般的な敬意、(2)道徳的に正当と認められる方法と目的の使用、(3)理想のために進んで利己心を放棄する意志、(4)他者を奮い立たせる能力。これら4点に加え、5点目と最後6点目の基準は人間性に関わるもので、世界全体との比較における自分自身の重要性に対する実際的な謙虚さの意識、自分自身のエゴに対する相対的な関心の薄さを意味するものでした。

私たちの先の研究で推薦者の任を果たした卓越した思索家たちが、多くの辞書の定義が示唆するように、謙虚さを屈辱的なものとも自己非難の傾向とも考えなかったことは注目に値します。それどころか、より包括的な状況と、わずかなエゴはあるかもしれないが自己権力の強化や自尊に「**最も**」関心があるわけではない動機において、自身について冷静な見方をすることと、その重要性に彼らは注意を向けました。

謙虚さの判断基準の最も重要な目的は、推薦者たちによって明確に表された通り、道徳の模範となる人と狂信的な人とを識別することでした。それは、説得力があり、情熱的で、理想主義的な人が深刻な害を行うことから、どのような資質によって防ぐことができるかを特定するための試みでした。一般的な感覚での人権や幸福（あるグループの権利や幸福を、他のグループのために進んで犠牲にしようとする思いに対立するものとして）と手段と目的の道徳的評価の一貫性とに配慮するという理想へのコミットメントと同時に、推薦者たちは、建て前としては道徳的に、根本では露骨な利己心を促進するためや自分のエゴを満足させるために目的を追求する人々を除外しようと試みました。

これを念頭に置き、私たちは初期の道徳的模範の研究において、推薦された人々の中で尊大さでも知られる人を不適格とみなす一つの方法として、謙虚さの基準を用いました。これは、謙虚さが主な際立った特徴であると知られている人々を研究のために模範として探し出したということではありません。むしろ、私たちの研究に含めるためには、模範となる人は謙虚さにおいて著しく「**欠けている**」わけにはいかなかったのです。謙虚さの基準により、研究に参加する可能性のあった何人かは、社会的大義の仕事が道徳的な目標を犠牲にするエゴに駆られたもののように思われ、ふるい落とされました。しかし、先の研究のための選択の事例が謙遜に果たした役割は別として、私たちは模範となる人々の人生における謙虚さの役割を直接確かめるためにその研究を用いることはしませんでした。また、その研究では、グループ内での謙虚さの差異や、研究に参加した人々によって示された謙虚さそのものの特質を調べる機会もありませんでした。

現在取り組んでいる20世紀の6人のモラル・リーダーたちの研究においては、先の研究で二義的であった、謙虚さの特質を含むいくつかの問題をより詳しく探求することに着手しました。本研究の対象である6人のリーダーはみな、強く、影響力もあり、圧力や対抗者に対して勇敢に立ち上がり、高く称賛されました。そのため、謙虚さがこれらの人々に果たした役割が、もしあるのなら、どのようなものかを確かめるのは特に啓発的であると私たちは信じるに至りました。なぜなら、私たちは「リーダー」を注視していて、精神力、勇気、使命感、影響力、勝利を得る志といった、有能なリーダーにより広く認識されている特徴と謙虚さとの関係について知ることに特に興味を持っているからです。

私たちが調査した6人のモラル・リーダーは、精神力や勇気の持ち主として有名ですが、彼らの生き方は、彼らが同時に著しく発展的な類いの謙虚さの持ち主であることも明らかにしています。哲学と心理学の専門家が揃って記しているように、神学的本質から独立した徳として謙虚さを再び主張するには、定義をし直す必要があります。私たちの研究の一つの目的は、リーダーたちが明らかにする特性を分析することによって、再定義に貢献することでした。

当然のことながら、謙虚さがどのような徳なのか（もし徳であるなら）についての評価は、謙虚さがどのように定義されるかによって変わってきます。本章では、自分を高く評価するあらゆる客観的な理由を持つ人々の生活の中に実際に明らかであるように、謙虚さの概念の輪郭をはっきりさせました。謙虚さとは何だろうという、ごく一般的な感覚から私たちはこの研究を始め、このテーマを展開するために、20世紀のリーダーたちの人生において重要であった謙虚さの様々な様相を表す実例を用いました。

謙虚さの概念、矛盾と一致

懐疑論者の関心は、謙虚さを表す二つの一般的概念に集中しています。一点目は、謙虚さを辞書の定義に見られるような、柔和、慎み深さ、卑下、服従、と考えるものです。しかし、このような謙虚さの概念は、由々しい問題へと至る可能性があります。ヒュームやスピノザ、ニーチェらが示唆するように、柔和や服従が徳ではないことは自明です。卑下が徳であると考えられるべき理由は、何でしょうか。卑下としての謙虚さは、才能のある成功者が自分の長所や功績を打ち消すことを要求するようなもので、彼らを不誠実や不正直な人間にしてしまいます。あまり恵まれない人々が不正や屈辱的待遇さえ受け入れて屈従することを表面上要求する服従は、いっそう望ましくないものです。もし平等や公平に価値をおいたら、謙虚さを徳とみなすことは、この定義では難しくなります。最後になりますが、辞書では、謙虚さは自尊心の反対であると定義されています。しかし、自尊心が高潔さや他者への丁寧なもてなしにおいて明らかに強調されるなら、それはその人の長所となり得るのです。

C．S．ルイスはこれらの定義を再定義することで、謙虚さを擁護しています。彼は「謙虚さとは自分を過小評価することではなく、自分を劣っていると考えることだ[15]」と述べています。この点において、謙虚さを「落ち着きなく貪欲に自らの手を伸ばすことをしない」とするマードックの上述した見解に、ルイスは近づいています。

トマス・アクィナスによると（メアリー・キーズが論じている通り）、「自尊心（またはエゴ）を調べると、謙虚さは横暴な行為へと導く強力な誘因を抑制し……巧みに不正を防御するもの[16]」です。仏教指導者であるケイト・フィーラーは「謙虚さとは、人は全能ではないことへの気づき、そして、人の行動は因果関係によって取り囲まれていることへの気づきを意味している[17]」と述べています。哲学の分野において徳への関心が復活したにもかかわらず、徳としての謙虚さが哲学者から見向きもされない状態が続くことにバトンは意気阻喪し、受け入れやすさの根拠として、また教条主義との批判に対する防御手段として、謙虚さを「活動的な市民の徳」と新たに表現することで、再び謙虚さに注目を集める試みを行っています。バトンは「限界に対する培われた感受性、不完全さ、個人的な道徳的な力とコミットメントの偶然性……[18]」と説明される「民主的な謙虚さ」の現代の生活における有用性について論じています。

謙虚さをめぐる哲学的議論を概観したことにより、以下のことが明らかになりました。謙虚さを退ける哲学者たちと謙虚さを擁護する人々では、全く一致する部分を持たないほど異なる言葉の定義を念頭に行動しているのです。一般の人々はいったいどこから謙虚さの理解や経験に至っているのでしょうか。過去十年ほどの間に、心理学者たちはそれ以前には研究されていなかったこの特性に注意を払うようになり、人々にとって謙虚さとは何か、それをどのように考え、感じるか、そして、それは幸福や達成といったほかの心理学的結論にどのような関連を持つかを解明しようとしています。

謙虚さに関する心理学的文献と哲学的文献について再考をした後、心理学者ジューン・タングニー[19]はそれらの文献の中に見られる重要な要素を統合する新たな定義を提案しています。タングニーが提案する謙虚さの概念は以下の六つの特性を含みます。（1）人の能力や業績に対する正確な評価、（2）人の過ちや不完全さ、知識の差や限界を認識する能力、（3）新たな思想に対する心の広さ（4）人の能力や業績――人が属するところ――を大局観の中に保てること（たとえば、自分を大きな物事の相関性の中の一個人とみなすこと）、（5）自分自身にあまり目を向けず、「利他的」であること、（6）人々が世の中に尽くすために用いる様々な異なる方法への理解です。

エリック・ランドラム[20]はタングニーによって輪郭を描かれた謙虚さの要素（と同時に、従順、内気、利己心の低さなどの伝統的な定義）を参考に、これらの要素や謙虚さの逆か無関係に思えるような特性を表す事項を観察し、いつ人々がそれぞれの項目を評価するのかをまとめました。回答者は「〜な人が好き」という文で終わる69項目のそれぞれを1（全く意見が異なる）から5（全く同感である）までのどれにあたるかを評価するよう求められました。項目は多様で、「〜な人が好き」がどんな人かには以下のようなものも含まれました。勤勉、思いやりがある、自分の間違いを認められる、いつも心が広い、何かを成し遂げることに誇りを持つ、才気はあるが全知ではないことを自覚している、従順または内気、自尊心が感じられない、自らが森羅万象の中心であるように振る舞う、自分の不完全さがわかっていない、などです。

項目がどのようにまとまる傾向があるかを要因分析の手順を用いて観察し、ランドラムは69項目が重要性を示す六つの要素を示していることに気が付きました。そのうちの一つは、タングニーが謙虚さの定義を構成するとした要素のリストに含まれていました。これらの項目は、自分の誤りや落ち度をいとわずに認めること、新しい考えや助言への開放性、自分の知識が不完全であることの認識、他者への理解と共感に関係しています。第一のものと深く関わる第二の要素は、自身の能力と業績を大局観の内に保つ能力、自身の限界の自覚、自身の能力に対する正確な評価といった能力を示す項目を一つにまとめています。これらの要素はどれも、人々を従順で、内気で、自己軽視、そして自尊心に欠けるとする第三のグループとは相関関係にありません。

この調査の別のセクションでランドラムは、回答者たちに18の項目が謙虚さにおいて卓越した人物の特徴を表しているかどうかを答えるよう求めました。謙虚さの描写として確実にみなされそうな項目は「賢いのだが、全知ではない」、「自身の誤りや限界を認める能力がある」、「自身の才能や業績を大局的にとらえる」、「開放的で受容力のある精神の持ち主である」、「自己受容ができる」といったものでした。謙虚な人の特徴としてはまず選ばれそうになかったのは「従順で内気」、「自尊心がほとんどない」でした。もっともなことですが、謙虚さの描写とはみなされないだろうとされた項目は「自身の不完全さに無理解」、「自身の業績の重要性を強調する傾向がある」、「自身が森羅万象の中心であるかのように振る舞う」、「偏狭で浅薄」でした。「自己評価が低い」、「身分や地位が低い」、「ほとんど価値がない」などの項目が、自己中心性や尊大を示す項目と同様に、謙虚さと結びついているとは思われなかったのは意義深いことです。

おそらく驚かれることでしょうが、謙遜には程遠いように見えるセレブに向けられた世間の人々からの称賛を背景に、謙虚さに関する心理学研究が示したことは、一般の人々は多くの哲学者が記した謙虚さの特性よりもポジティブな見解を持っているということです。心理学調査の回答者のほとんどが、謙虚さとは弱点、自己卑下、卑屈であること等とする定義よりは、謙虚さの概念は徳とする考えに相当する見解であったことを考慮すると、それも不思議ではないかもしれません。さらに、一般の人々の徳を評価することを試みる研究において、謙虚さは一般的にポジティブと考えられるほかの特性と関わりがあることが示されました。これらの研究では、謙虚な人であればあるほど、自己評価、内省的な吟味（「密かな自覚」とも呼ばれています）、達成志向、[21]（思春期の）目的意識、[22]難しい顧客の対応をしながらの職務遂行、[23]感謝の念、許し、精神性、総体的な健康においても高い値を示していることが明らかにされました。[24]

別の研究[25]では、謙虚さを感じた状況を思い出すよう求められた時、人々はポジティブな感情を伴う経験を報告しています。彼らの謙虚さに対する姿勢は全体的にポジティブで、謙虚さを優れた心理的適応と結びつけました。さらに、謙虚さの好ましさにおいては、宗教的に忠実な人々にはより優位に、リーダーやエンターテイナーの資質としてはより劣位に考えました。信心深い人々とナルシシズム的傾向の非常に低い人々は、ほかの調査参加者よりも、謙虚さを高く評価しました。

6人の20世紀モラル・リーダーに見る謙虚さ

私たちの研究では20世紀のリーダー6人を選びましたが、一つには道徳的なリーダーシップにおいて信仰心が果たす役割に興味があったという理由によるものです。そのため、第六章で述べるように、信仰心は——変化や外観の幅がある中で——これらのリーダーたちの生涯において重要なものでした。したがって、6人のリーダーの中の何人かにとって謙虚さは、神もしくは実在の超越的な様相との関わりの姿勢という部分を持つことは、驚くにあたりません。

この強調点はとりわけ、聖職者であるディートリッヒ・ボンヘッファーとアブラハム・ヘッシェルに特徴的です。ヘッシェルは多くの無神論者を含むグループへの語りかけにおいて、知性は神秘に直面して圧倒されること、謙虚さとはその神秘を完全に理解することが人にはできないとの適切な認識であると語りました。[26]しかし、超越的な実在との関係における謙虚さの感覚は、聖職者に限ったものではありません。ダグ・ハマーショルドもまた、超越的なものとの関係における謙虚さの感覚の経験と、言葉では表現できない、人の言葉では十分に理解できない霊的な意味について、個人的見解を述べています。

徳としての謙虚さの霊的な根源が歴史的にも哲学的にも重要性であるにもかかわらず、6人のリーダーの実生活への言及では、人間関係が問題となっています。これらの事例で明らかになったテーマの多くが、リーダーや特権的な地位にある人々には謙虚な気持ちで決断や行動を加減する必要性があることに焦点を当てています。

まとめると、謙虚さという大きなカテゴリーの中に私たちが見出した多くのテーマは、タングニーとランドラムの心理学研究が提出したその徳の多角的で明確な表現とかなり一致しています。私たちの事例のデータから浮かび上がったテーマは、タングニーとランドラムの研究が展開したテーマを含んでいます。それらは、自分自身と自身の能力や達成について冷静な見方をする力、誤りや限界を受け入れるのをいとわない気持ち、心の広さと新しい考えへの開放性、あらゆる異なる背景を持つ人々が世の中のために行う多くの異なる類いの貢献への理解、そして、激しい動機となる身勝手さの相対的な欠如です。

さらに、私たちの研究で明らかになった謙虚さは、ジム・コリンズのレベル5のビジネス・リーダーの記述と一致します。私たちの研究のリーダーたちは、自らの過ちに際して、成功するために信用を得ようとするより、むしろ責任を取ったでしょう。彼らは現実に真っ向から向き合う重要性を強調し、問題を覆い隠そうとはしませんでした。その心の広さから彼らは学び続け、独断的態度のリスクを最小限に抑えました。彼らは大望の的を自分たちの理想と平和、正義、真実への使命であるとし、個人的な栄達とはしませんでした。

より慣習的な謙虚さの概念では、このリーダーたちは従順で卑屈でしかなかったでしょう。彼自身とほかのロベン島の収容者に対して敬意を持って扱うようにとの、マンデラの勇気ある、冒険的で強い主張は、自尊心は不道徳ではなく、徳であることを明らかにしています。何年もの間、マンデラとほかの政治犯たちは成人であることを意味する長ズボンではなく、短パンをはかされていました。マンデラは長ズボンをはかせるようにと粘り強く訴えましたが、ついに彼に長ズボンが差し出された時、それを拒絶しました。ほかの収容者たちも長ズボンをはけるようにしなければならないと訴えたのです。敬意を表す扱いを求めたこの事例は、一個人の自尊心の問題ではなく、すべての人々の人間としての尊厳に対する要求だったのです。

6人のリーダーの中には、自身の人生の中のある時期について厳しい自己批判を行った人もいました。たとえばダグ・ハマーショルドは、生涯を通して正義とエゴからの自由を切望していました。しかし、スウェーデンの公職で出世をするにつれ、ハマーショルドはその際立って優れたキャリアを実現させた動機に、究極的な意義と純粋さが欠けていたのではないかと疑問を抱き始めました。相手の非難に対する難詰はそれ自体が彼の嫌う自己陶酔の現れであるという的確な認識によって、彼の自己非難はますます厳しいものとなりました。

ジェーン・アダムズもまた、自己批判によって行動の自由を拘束されてしまいました。彼女は成人としての歩みを始めた時、少女のころから育んでいた功名心に燃えた夢への忠誠と、彼女を守り、傍においておきたいと願う家族の間で、非常に苦しみました。彼女が自身の弱さや恐れよりも、自分やほかの人々が成し遂げようとしていることに集中し始めたのは、人生を一変させたある目的を見出した後のことでした。

これらとほかの事例から、リーダーたち自身も彼らの伝記作家たちも、徳というよりはむしろ、克服すべき性格的な短所として自己批判を過度に扱っていたことが明らかになっています。ハマーショルドの有名な日記『道しるべ（*Markings*）』[27]の序文の中でW. H. オーデンは、ハマーショルドの活躍した時代に絶え間なく続いた自己批判は「自己陶酔的な魅力だった」と表現しています。[28]モラル・リーダーにとっては、衰弱するような自己非難は弱点であり、道徳心ではないのは明らかです。その理由から、私たちはこのテーマとの関連を示す材料を「**謙虚さの逆を示すもの**」と考えます。つまり、このテーマは、個人が発展的に冷静な見方をする力や謙虚さにおける限界を示すものとして扱われているのです。

モラル・リーダーの謙虚さ

6人のモラル・リーダーの人生と彼らの言葉に明示された謙虚さの数々の側面を可能な限りすべて明確に記述するために、私たちはこの徳と関連のある多くのテーマを確認しました。同じデータをコード化している独立した審査員が謙虚さの様々な側面を表す八つのテーマで合意し、また、三つの謙虚さの逆を示すものにも同じ意見を持ちました。これらのテーマはすべて、もしくは、ほぼすべての事例で明らかでした。ほかは数例においてのみ顕著だった事例ですが、それらに関してはその個人に対する完全な理解がきわめて重要でした。

当然、私たちが研究した三つの徳は、人の実生活の中で互いに独立して実践され、明らかにされたのではありません。それらは深い相関関係にあり、いくつかのテーマが二つまたは三つすべての徳の重要な共通部分を表しています。他者の見解に対する心の広さや超越的な存在との関係の中で起こる畏敬の念といった謙虚さの特徴は、謙虚さだけでなく真実や信仰とも大いに関連があります。八つの謙虚さのテーマに加え、私たちが研究した徳が重複する地点にある異質の要素の結合からなるテーマも確認しました。6人の偉大なリーダーの生涯を象徴する謙虚さについて、11の明確なテーマに即した議論を合理化するために、私たちはそれらを以下の六つの大きなテーマもしくはグループにまとめました。それは、（1）道徳的理想、（2）冷静な見方をする力、（3）人間としての連帯感、（4）物質的な質素、（5）限界や過ちの認識、（6）心の広さです。

道徳的理想としての謙虚さ　私たちが注意深く観察した6人のリーダーはその働きで広く一般に評価さ

れていました。何百万もの人々に愛され、多くの賞や栄誉を与えられました。賞や称賛が本来の動機ではないことは明らかでしたが、リーダーたちは世間の反応を自分の働きの重要性に対する確認と評価として感謝をしていました。平等、人権、平和の行きつく先こそが彼らにとっては真に重要で、成果に対する評価は、目的とするところに到達するための助けであり、一個人の喜びの源となるものでした。世間の評価が援助の源となる部分もありました——熱心な広報努力が社会運動やキャンペーンの持続に役立ち——仕事がとりわけ過酷な時には、励ましや活力の源となることもよくありました。全員ではありませんが多くのリーダーがもともと社交的で、彼らにとって好意的な世間の反応は、無条件に素直に楽しめて活力を取り戻す道となるものでした。しかし、最終的には、リーダーたちの主眼はまっすぐに目標とそこに至るまでの戦略に置かれ、そこに至った結果得られるであろう個人的な報いではありませんでした。リーダーたちは根本的に自己本位な人たちではありませんでした。事実、彼らは到達した道徳的目的のためにすべてを捧げる準備ができていて、何らかの形で道徳的目的に人生のすべてを捧げた人々でした。

報いや評価がリーダーたちの道徳的目標の主な動機として扱われたのと同様に、自身への注目というのも大きな動機でした。第三章では、理想に向かってよりよく尽くせるよう特徴的行動や情緒反応をつくり変えるため、6人のリーダーが用いた自己認識の方法について述べました。マンデラの向こう見ずな過信は、彼の弱まることのない根気と勇気の土台となりました。エレノア・ルーズベルトの自信のなさは、常に役に立ちたいという情熱と願いへと彼女を導きました。ジェーン・アダムズの時に絶望的な若者らしい理想主義は、民主主義社会の創造的再考に輝きを与えました。

6人のリーダーが自身にあまり関心を集中させなかったことや、タングニーのいう「他者の利益優先」を実践していたことは、人の幸福、平和、正義の実現のために彼らがどれほど没頭していたかを見ると明らかです。しかし彼らの情熱は、心の奥の真に霊的な部分において内省を伴うものでした。自分自身と自らの理想がより正しい位置関係に並ぶようにと、彼らは自らの弱点を調べ、それを抑制する努力を行いました。逆説的に言えば、彼らの内省は諸事の中でも、他者の利益を優先する、エゴを放棄するといった目的において役に立ちました。なぜなら、謙虚さこそが彼らの追い求めた理想の中心だったからです。このように、彼らの内省は自分自身と他者、組織、そして国に対する理解と感情を方向づけたのです。

6人の中の多数が、道徳的リスクについて述べたり、記述したりしています。それは、エゴ、「**ノブレス・オブリージュ（高い身分に伴う義務）**」を主張する考えに基づく社会的行為の限界、謙虚さの欠如から生じる人間の問題によって引き起こされるものです。先の章では、慈悲の態度は根本的には、それを受ける人に対して利己的で、尊大で、恩着せがましくなり得るという、ジェーン・アダムズが大変な努力をして獲得した理解について書きました。彼女は真の民主主義と共同生活体には、謙虚さをもとにした平等が必要だと信じていました。ダグ・ハマーショルドとアブラハム・ヘッシェルもまた、エゴ主導の人生の危険について力強い表現で論述しています。ヘッシェルは「自由とは、自己本位のエゴという暴虐からの解放で……自己の超越（を必要とするもの）[29]」と述べています。ディートリッヒ・ボンヘッファーは、ドイツに謙虚さが欠けていたことが第一次世界大戦の原因であり、敗戦に対する破壊的な感情の原因だったと理解していました。「私はドイツの（第一次世界大戦における）最も重要な過失の責任を、クリスチャンとして全く異なる観点から理解している。ドイツは全能であるとの信念から生じた自己満足と、謙虚さ、神への信仰、神への畏れの欠如が原因だったと考える[30]」。

驚くべきことに、6人のリーダー全員が謙虚さの理想を達成したのです。彼らは自分の利益や自己権力の拡大に専ら駆られることなく、自分をごく普通の人間と考え、達成への称賛を他者と共有し、自身の誤りや限界を迅速に認め、あらゆる人々から学ぶことに熱心でした。しかし、常にそのようにいられたわけではありません。ディートリッヒ・ボンヘッファーとダグ・ハマーショルドは若き日には、真面目で高い教養を身につけた青年で、同輩たちの軽々しい言動に対して性急になりがちでした。マンデラの青年特有の自信は、尊大さと境界線をなすものでした。ジェーン・アダムズとダグ・ハマーショルドは自分自身への否定的な注目を克服しなければなりませんでした。

第二章で述べましたように、目的意識と理想へのコミットメントは、リーダーたちが初期の傾向から方向転換をし、自己を越えて集中することができる基盤を提供しました。彼らの人生に時に訪れた劇的な変化にもかかわらず、彼らのほとんどがエゴに対する弱みを持ち続けていました。ベン・フランクリンが指摘するように、自尊心（またはエゴ）に関していえば、「隠し、それと闘い、必死に抑え、もみ消すことはできる……、（しかし）衰えない」[31]のです。ほとんどの普通の人々がそうであるように、6人のリーダーのうち、数人は生涯、自尊心と闘い続けました。

自身を冷静に見る謙虚さ　すでに述べました通り、先に行った生きる道徳の模範研究のための協力者を選ぶにあたり、過度に自身に注目していない、権力を用いることにおいて尊大ではない――物事の大きな相関性の中で、自分自身と自分の重要性を冷静に見る目を持つ人々を私たちは探しました。歴史上実在したモラル・リーダーの研究においても、同じテーマで異なるタイプを認識しました。ほとんどの人が、大局的見地を人生に引き寄せ、自分は大きな物語の一部にすぎないとの考えを述べました。彼らは多くの異なる枠組みを用いて、自分はきわめて重要な人物などではなく、自分の貢献は自己を越える大きな力の脈絡で理解される必要があるとの見解を示しました。

6人のリーダーの中で複数が注意を払った大局観には、歴史的感覚が含まれていました。それは彼らが、自分の意志と合致する方向へと歴史的出来事を向かわせる偉大なる英雄であるかのように感じていた、ということではなく、むしろ、自分の時間と経験は長期にわたって次々と展開する出来事の一部であると理解していたということです。ダグ・ハマーショルドはしばしば、自分の仕事と国連での仕事は歴史的大局観の中にあることを明確に心に描いていました。彼はある談話の中で、紀元前350年に中国にいた哲人の平和と人権のためという、報われそうもない努力について述べています。彼と彼の聴衆がその哲人の心構えからどれほど学ぶことができたかを強調しながら、彼はその哲人の「自分の時間を歴史という長期的視点の中で見る人物の優れたバランス感覚」(32)について語りました。この哲人と同様のバランス感覚がハマーショルド自身の大局観にもはっきりと確認できる事例が多く見られます。

アブラハム・ヘッシェルもまた、このような大局観は懸命に目指すべき理想であると記しています。「一個人の一生や一国の始終といった長さをこえた視野から物事を見るのは常に重要だ」(33)。歴史家のルイーズ・ナイトはジェーン・アダムズについて「自分はより大きな総体の一部であるという意識が、人生の終わりに向かう彼女の内省に表れている。彼女の人生は長い書物の一章に過ぎず……この先まだ何章も書かれていくのだ」と描写している(34)。

自分自身に向ける謙虚で冷静な視点を魅力的なユーモアのセンスに表したリーダーたちもいます。ボンヘッファーの友人たちは時にふざけて、彼の大げさな言葉遣いの癖を真似したのですが、彼はそれを聞いて楽しそうにくすくす笑っていました。エレノア・ルーズベルトは、至る所にある自分の顔の風刺漫画を見て笑うようになりました。しかし、6人の中で最も際立ったおどけ者は間違いなくネルソン・マンデラです。彼の伝記は、自嘲気味のユーモアへの言及に満ちています。マンデラはスピーチではたびたび、最近経験したエゴをくじくような出来事について話しました。伝記作家マーティン・メレディスによると、マンデラは1994年に大統領に当選する直前にプライベートな旅行でバハマに行った時のことについて聴衆に語るのが大好きでした。「道で、彼に気づいたような様子の男性とその妻が近づいて来ました。『ネルソン・マンデラさんじゃないですか？』と男性が尋ねました。『よくその男と間違えられるんですよ』とマンデラはふざけて答えました。それを聞いた男性は納得せず、この不意に出会った人物について妻にささやきます。『その男の人は何で有名なの?』と妻は声を潜めて夫に聞きます。もぐもぐ言っている夫の答えに満足しない妻は、マンデラの方を向くと無遠慮に尋ねたのです。『あなたは何で有名なの?』』[35]。後に、南アフリカの大統領であった時期に、マンデラは彼の政敵たちは「ミッキーマウス機構」を運営していると非難しています。しかし、その組織のリーダーの一人が病気で入院していた時にマンデラは見舞いに訪れ、「やあ、ミッキーマウス。グーフィーだ。入ってもいいかな?」とドアの外から大声で呼びかけて、自分が来たことを知らせたのです。[36] マンデラは80歳の誕生日にグラサ・マシェル(モザンビークの元教育文化大臣で、元大統領夫人)との内輪の結婚式を自宅であげました。二人が結婚を公表した時、独立心で知られるマンデラの妻は、自分は苗字を変えるつもりはないと断言しました。マンデラはにこやかな笑みを浮かべて、「私も苗字を変えるつもりはないです」と同じレポーターに応じたのです。[37]

連帯意識という謙虚さ　6人は広く一般に認められ、崇められてさえいて、指導的地位から命令も下しますが、自らを特別だとか、名誉や権力に恵まれていない人々とは別の存在だとは考えていないことで知られていました。彼らの行動は終始一貫していて、あらゆる社会階層の人々から学んだ事柄への偽りのない連帯意識と感謝を明らかにしていました。概してリーダーたちは、あらゆる背景を持つ人々と心からの、深い尊敬の念に満ちた結びつきを持っていたこと、そして人々の最も重要な本質は社会的地位とはほぼ無関係との考えから、誰でも重要な貢献をすることができるという彼らの信念において知られています。

エレノア・ルーズベルトは、名家の出身で豊かな富を有し、アメリカ合衆国大統領夫人という立場にあったにもかかわらず、一般の労働者への共感や連帯意識を持っていたことで有名です。ルーズベルト家の一員としての、一家としての歴史感覚は、自分のように際立った経歴を持たない人々に対して優越感を抱くより、むしろ社会的地位がもろく表面的であることを彼女に教えていました。ルーズベルト家の何世代にもわたる金銭面での浮き沈みについて熟考をし、彼女は以下のように記しています。「ある人々の集団が一世代か二世代の間特権を与えられていることで、どうにか食べて生きていくために働いている男性や女性と自分たちは多少なりとも切り離されていることを当然のように受け止める時、私はいつもおもしろいと感じます。それは単なる幸運、一時的に水面に浮かんだ小さな薄板で、そう遠くないうちに運命の輪は回り、すべての人が持っているであろう基本的な『資質』に頼らなければならなくなるのです」[38]。

ルーズベルトの労働者との連帯意識は感情的な言葉だけではありませんでした。それは、労働組合活動の有効性向上と労働状況を変えることに貢献する、数々の強力な介入へと導きました。ブリジット・オファレルは自身の著作の中の労働運動におけるエレノア・ルーズベルトの果たした役割に関する箇所で、彼女と労働者たちとの結びつきの深さを明らかにする多くの出来事を詳述しています。ルーズベルトが福祉に関する最初の南部会議の基調演説者だった時のことです。織物労働者組合委員会の代表団が会議に出席していて、契約交渉が行き詰まる中での社宅からの追い立てといった問題を含む織物工場の経営者との苦闘について、ルーズベルトに直接語っていました。その会議の傍聴者が以下のように回想しています。「あの情景を私は決して忘れることはないでしょう。長身で美しく、上品なルーズベルト夫人が、仕事で鍛えられた手を持つ一人ひとりと握手をしながら、男たちが言わんとしていることを聞き取るために頭を低く下げていました」[39]。エレノアがこの状況を何とかするように夫を説得したことで、FDR（フランクリン・デラノ・ルーズベルト）は全国労働関係委員会に調査員たちを送るように求め、ついには社宅からの追い立ては中止となり、人々は胸をなでおろし、最終的に労働者たちは会社と契約を結ぶことができました。

同様に、ネルソン・マンデラは、すべての人の手の届くところにあり、究極的には、真に重要な唯一の特性であると彼が信じる、個人の道徳的資質を重視していました。「個人の進歩を判断する時、私たちは社会的地位や影響力、人望、富や教育水準などの外的要因に注意を集中させる傾向がある。しかし、人間としての成長を評価するには内的要因の方がきわめて重要なのかもしれない。正直、誠実、実直、謙虚、純粋な寛容、虚栄心のなさ、進んで他者に仕える気持ち――誰でもすぐに手の届く特性――が人の精神生活の基盤なのだ」[40]。一人の人間の価値を尊重するこのような考えは、マンデラの個々の人々に対する振舞いにはっきりと表れていました。彼の伝記記者の一人が「マンデラはすべての個人に対して、その身分にかかわらず、礼儀正しく親切だった。パーティーでは、彼はほとんどの時間をメイドや庭師、召使いたちと話して過ごした。公式な行事では、彼はいつも職員たちと握手をしていた」[41]。

マンデラもまた、自分がどれほど多くのことを活動家仲間から学んだかを強調していました。彼らの多くは正規の教育をほとんど受けていませんでした。「私は実にきわめて不安になっていました……ご存じのように、政治的立場がわかっていませんでした。私は政治的に遅れていたのに、政治に精通していて南アフリカの内外で何が起こっているのかを議論できる男たちを相手にしていたのです。中にはほとんど教育を受けていない、学問に関してはとるに足りない資格しか持たない人もいましたが、彼らは私より**遥かに**物知りでした」[42]。

物質的簡素という謙虚さ　概念上、物質的に簡素であることは謙虚さの本質的特徴とはみなされません。高級車に乗り、豪邸に住み、召使いたちに世話をさせる謙虚な人々は間違いなく大勢います。物質的な豊かさに関心がないか、縁がない人々の中に、尊大で利己的な人が多くいるのも確かでしょう。それでもなお、生活様式、環境、儀礼において、簡素であることがどれほど6人のリーダーの中で一般的となっていたかという点は際立っています。彼らはみな、富裕の身となる機会が、少なくとも高い地位を表す装飾に囲まれ、儀式に参加する機会がある人々でした。しかし、権力や影響力のある地位ゆえに与えられる特権を彼らはしばしば退けたのです。

たとえば、エレノア・ルーズベルトは服装や流儀が簡素だったことで有名です。非常に質素でありきたりの食事を出して夫やホワイトハウスを訪れるゲストたちを苛立たせ、大統領夫人のための特別待遇を拒み、訪問客のために自らがドアを開け、エレベーターの操作方法を覚え、たいていの時はシークレットサービスによる警護を断りました。マンデラも同様でした。南アフリカ共和国の大統領として、彼は国が所有する豪奢な大邸宅を2か所利用することができましたが、自分のあまり大きくない家に暮らすことを好み、給料や賞金の多くを慈善事業に寄付しました。ボンヘッファーは刑務所で彼に与えられた特権を拒み、他の囚人たちと同じように生きることを選びました。そして、ジェーン・アダムズは相続財産のすべてを福祉施設ハルハウスに費やし、その先の人生をシカゴのスラムの真ん中で暮らしました。彼女は文化と美の価値を信じていて、ハルハウスは低所得者の住む環境の中で美しくあるようにとデザインされました。それはすべての人に解放された環境芸術作品でした。

簡素な生活環境と生活様式に加え、高い地位に任命されることは彼らを特別な存在にするわけではないこと、任命される前と同じ人物であるという事実を変えるものではないとリーダーたちは信じていました。マンデラは引退後に自らの経歴を振り返って「私は救世主ではなく、普通ではない状況のもとでリーダーになった普通の男だった」と語っています。(43) 国連事務総長に任命されて間もないころ、ダグ・ハマーショルドはレポーターたちに意見を述べる中で、地位が彼を別人にしてはいないことを強調した上で「私の個人的見解は皆さんにとって以前より興味深いものではないし、そうあってはならないと思う……二週間前に比べて(44)」と述べました。

このような飾り気のない特質と自分は普通であるという意識は、一つには、一般の人々との深いつながりを保つことは、権力がもたらす付帯的な恩恵による注意散漫を避けて、目標の本質に集中し続ける助けとなるという、リーダーたちの信念に由来するものでした。彼らはまた、任務の成功は、その任務を特徴づける価値観に積極的に和して生きること――各個人に対する無条件の敬意と、比較的周辺的な目標よりも平和と正義を優先すること――によって得られるだろうと信じていました。

社会的境遇の大きく異なる人々の傍らに住み、密接に連携して働くことによって、ジェーン・アダムズは自分の使命と人生観の核心を形づくりました。エレノア・ルーズベルトにとって意識的な簡素さは、アメリカの大衆との間の対等と親近感を象徴していました。それは、「もしアメリカの高官とその家族にごく普通のアメリカ人の生活をさせないならば、いったいどれほどの間、アメリカを代表するような人を官僚の中に抱えていられるでしょうか[45]」と彼女が記した通りです。マンデラの比較的簡素な生活様式は、何年もの間アフリカ人の生活を腐敗させていた「特権に浴する金持ち」といったものの見方に対する、意識的な拒絶という部分もあったのです。ディートリッヒ・ボンヘッファーは、簡素はキリスト教の価値観の中に本来備わっているものと理解していました。ハマーショルドとヘッシェルは物質的な簡素を意識的に求めようとはしなかったかもしれませんが、富や安楽を手に入れることにはほとんど興味を示さず、重要な目的を達成することに集中していました。

自分の限界を認識する謙虚さ　リーダーたちは自己の限界について、とりわけ、謙虚さに対する能力の限界については十分認識をしていました。彼らは、その地位における職業上の危険となり得る慢心の類いには警戒をしていたようで、ユーモア、大局観、友人たちからの率直な反応など、エゴを抑制する対策として私たちが概説した要点をつかんでいました。謙虚さに仕える内面的な誠実さと説明できるこのような方法は、正確な自己認識を求めますが、自己陶酔までには至りません。エゴをコントロールするためにリーダーたちが積んだ修養は、自分以外に彼らの集中を保ち、気力をくじくよりむしろ支えました。アブラハム・ヘッシェルは「絶え間のない質問と自己批判という厳しい修養は、ありふれたいつもの経験の特徴にのみ目を向ける型にはまったやり方から人を開放する行動で、唯一のものや超越的なものに対して心を開かせる[46]」と述べています。

自己の限界を認識し、他者の弱さに親近感を抱いたことでリーダーたちは他者に判断を下すこと、特に簡単に割り切った観点や道徳的な観点から判断を下すことに慎重になりました。エレノア・ルーズベルトは「私の一日（*My Day*）」というコラムの中で、協力の重要性について以下のように述べています。たとえ相手が対抗者であったとしても、の話です。「貪欲や自己本位が人類から離れ去ったとは私は思いません。協力をしていく過程で、何度も相当に落胆させられる覚悟はできています。おそらく私は他者に対してと同じくらい、自分自身に落胆するでしょうが、平和な世界の実現に挑戦したいのです」[47]。ジェーン・アダムズもまた、彼女自身の道徳的判断に関わる謙虚さについて思うことを述べつつ、善と悪の複雑な混合について指摘しています。「人生そのものが教えてくれるのは、善と悪が非常に乱雑に混じりあった状態ほど不可避なものはないということです……極悪な何かが私たちの傍や私たちの目的の中にあり、正しさは忍耐と識別力と公平さが発揮されることによって見出されなければならないのです」[48]。

ダグ・ハマーショルドは国連のリーダーとして、国々や人々の集団に判断を下す危険性については鋭い認識がありました。彼の以下の言葉は、個人を裁くことについてのアダムズの警告と類似しています。「善人と悪人、理想主義と実利主義、自由と奴隷の境遇といった境界線が、国境と一致するなどという考えに囚われないようにしましょう。正しい人はどこにでもいて、それは、悪事を働く人がどこにでもいるのと同様……」[49]。

6人のリーダーたちの自身の知識、権力、知恵の限界についての明晰さは、彼らのリーダーシップに対する見解だけでなく個人的な自己意識をも特徴づけています。彼らにとって謙虚さは、組織の理想であり、個人の理想だったのです。ロバート・グリーンリーフの『サーバントリーダーシップ』が出版されたのは1970年代の末でしたが、ダグ・ハマーショルドは国連での在任期間を通じて、リーダーは奉仕者なのであるという概念を明確に表現していました。この論点に関する彼の多くの言説の中には、以下のものがあります。「社会のための奉仕者は、歴史をつくる決心をする人々を助けるためにいるのです。リーダーとは動機となる人であり、促進の働きをする人であり、激励する人でもあるでしょう――奉仕するのです」[50]。

ハマーショルドおよび彼以外のリーダーたちが考えたサーバント・リーダーシップの一つの重要な特徴は、率直なフィードバックや批判を熱心に求めることです。ハマーショルドは彼のスタッフによく、「私は皆さんに仕えるためにここにいます……。もし私がしくじったなら、それを正すのは皆さんの役割です」[51]といったことを話していました。マンデラも協力者やスタッフ、一般の人々に同様のメッセージを伝えました。二人の長きにわたる親しい友人について言及し、彼らの誠実さに謝意を示し、「ウォルター（シスル）とキャシー（アーメッド・カトラダ）とは、私たちの友情にとって重要な部分をなす、私がとても尊重しているある特徴を共にしています――彼らは決して躊躇することなく私の間違いを批判し、私の政治活動の全体にわたって、私が自分自身を見ることのできる鏡としての役割を務めてくれました」[52]。

自分はチームの一員として働いているという認識をリーダーが持つことも、謙虚さに基礎を置くリーダーシップにとって欠くことのできない要素です。ダグ・ハマーショルドにとってチームとは、国連のスタッフのみならず、ボランティアの人々をも含むものでした。事務局勤務の初期、彼はボランティアグループに国連の機会と課題への対応において、「皆さんと私は同じ船にともに乗り組んでいます」と述べています[53]。エレノア・ルーズベルトは集団行動こそが大恐慌の中で彼女の国が直面した非常に困難な社会問題に対する唯一の効果的なアプローチであると考えました――「誰でも短期間で世界を変えられるなどという幻想を私は抱いてはいません……ですが、わずか数人でも、理解し、助け、多くの人のために正しいことをしたいと望む人は、数人のためにそうしたいと望む人よりも役に立つのだと私は信じています」[54]。マンデラの場合は、強く結びついたチームの一員であるという事実が、前進し続けるための持久力と活力を彼に与えていました。「最も厳しい瞬間にさえ私を支えてくれたものは、私は多くの試練に耐えた家族（と呼べる協力者仲間）の一員で、幾多の難事にも勝利してきたという認識でした。このような大きく寛容な家族にはほぼすべての事柄に関して多様な意見がありますが、それにもかかわらず、私たちはいつも共に解決し、前進することに成功してきました。この事実が私の心に強靭な翼を授けてくれるのです」[55]。

心の広さとしての謙虚さ　リーダーたちの自らの限界に対する認識は、謙虚さの別の要素と密接に関わっています――謙虚さや真実の尊重と重複する特性、心の広さです。謙虚さの重要な特徴としての心の広さは、別の研究分野で注目され、哲学に関する著書でも強調されてきました。バトンが市民としての謙虚さについての発言で示唆したように、一人の人の信念や見解についての謙虚な感覚は、多様な社会や世界の中で、宗教、文化、人種、国家、そのほかの差異をこえてコミュニケーションを図るのにきわめて重要です。『サム・ドゥ・ケア』で述べましたように当時の研究では、心の広さは道徳的模範となる人々の重要な特徴で、興味深いことでした。なぜなら、模範とされた人々もまた、自分自身の道徳的理想と目的について、個人的責任について、そして目的達成に至るための積極的関与に対する個人的責任について、強く確信していたからです。現在の研究で対象としている6人のリーダーも、心の広さと確信という興味をそそる組み合わせを示しています。ジェーン・アダムズの人生における多くの出来事もまた、謙虚さと確信の際立った並置を例証しています。第一次世界大戦に対するアダムズの信念に基づいた抵抗と、彼女の地位が引き金となった彼女の特性に対する非難についてはすでに述べてきました。名声と満足できる生活状態を手にしていた彼女にとって、戦争に対する抵抗は非常に犠牲の大きいものでしたが、彼女は進んでその犠牲を払いました。その信念の確かさにもかかわらず、アダムズはハルハウスのほかの居住者たちに彼女の戦争観を強いることができるとは思いませんでした。居住者たちの大半が愛国の精神から、ハルハウスを徴兵登録所とすることに票を投じました。ナイトが述べるように「アダムズは彼女の影響力を用いて、その決断を思いとどまらせることをしようと思えばできたのです。彼女は（徴兵）委員会が業務を始める直前に、それを許可したことが正しかったのかに思い巡らせながら『内部討議の惨めな夜』を過ごしました。それでも彼女は、ハルハウスは彼女自身の延長であるという考えを退けたのです。コミュニティにともに暮らす人々や近隣の人々に、自分の信念を押しつけることを正当化できなかったのです[56]」。

統合的な再定義

モラル・リーダーの謙虚さに関する私たちの所見の妥当性を小規模で特殊化した実例をこえて広げるため、謙虚さに関する哲学的・社会科学的文献を用いてこれまで述べてきたテーマを一つにまとめる簡潔な定義を生み出しました。そのためにテーマを取捨選択し、6人のモラル・リーダーだけでなく社会科学研究において一般的と説明される人々にも共通する要素を確認し、すべてではないけれどもいくつかの資料によって明らかになり、特筆された強調点を象徴するテーマをこれらの中心的な要素に含めました。その結果生じた定義は、以下の主要な4点からなり、その内2点に「付随する」要素を複数含みます。

(1) 自己本位や自己に注目する程度の低さ

(2) 自分自身を冷静に見る力――いくつかのサブテーマを含むが、どの場合においてもあるとは限らない。(a)ユーモアを交えて自己を表現する。(b)いかなる本質的な感覚においても、自分を特別であるとか、他者よりも優れているとはみなさない。(c)他者の貢献や潜在的能力、生来の価値を高く評価し、(d)権力、富、社会的地位といった物質的または象徴的装飾を用いて特別な身分を誇示しない。

(3) 自己の限界に対する認識――サブテーマとして以下を含む。(a)才能、業績、知識、徳を過大評価、または誇張して述べることを避ける。(ましで、すべての人の知的能力に対して徹底的に正確な評価を行うことが不可欠だとは思われない。)(b)発展的な批判を歓迎し、進んで真剣に受け止め、(c)他者を批判することを好まない。

⑷　心の広さ

この定義の土台は、意欲と考慮の中心を自分以外に置く謙虚さであるとしています。この点においてはC．S．ルイスの言葉が想起されます――自己評価を下げるのではなく、自分について考える度合いを低める謙虚さ――リック・ウォレンも同様に「あなたに関することではないのです」[57]と述べています。このように、謙虚さの重要な要素は、焦点とエネルギーを目前にある仕事や他者と他者の幸福に向ける習慣であり、すべての出来事の意味を自分自身のために絶えず評価することではないのです。このような観点から考えると、少なくともこの言葉の定義では、謙虚さの反対は自尊心ではなく、過度の自己本位、自我関与、自画自賛などであり、自己陶酔的に自分に焦点を当てることとも言えるでしょう。

これらの、また、ほかの研究から明らかになったと考えられるのは、利己主義や自己中心のある程度の欠如は、心の内の誠実と道徳的成長の助けとなっている適度の内省と似ているということです。事実、定義の第三番目にある自己の限界の認識は、ある程度の内省を必要としています。そして、もし実際に謙虚であるという段階に到達した人々がいるのなら、一貫性があるかないかはそれを否定するものではありません。ベン・フランクリンが記したように、謙虚さに求められるのは、節度のない満足感や称賛をそこに持ち込まないことなのです。

しかしながら、私たちの研究は、多くの謙虚な人々が無私無欲の基準を非常に高く設定し、実にしばしば自らの明らかな謙虚さを否定していることを示唆しています。これは虚偽でも誤伝でもなく、理想への切望であって、まだ手が届かないと感じるものなのです。この謙虚さの定義には矛盾しているように見えるものが依然としてありますが、概念そのものを自己矛盾に陥らせることはありません。謙虚さに内在する矛盾しているように見えるものは、道徳的本質とそこを進もうとする人間の努力との錯綜を反映しているのです。

従順さや卑屈を意味する謙虚さは、ここで述べている定義には表されていません。それどころか、それらの特性は、研究文献の中に認めた謙虚さの様相とも、私たちが取り組んできたモラル・リーダーの分析とも大きく異なり、密接な関わりはありません。私たちのリーダーの話は、謙虚さと道徳心の両立性を鮮烈に示しています。

私たちにとっての謙虚さ

この研究において道徳的模範とされる人々の推薦者たちが注意を促すように、強い道徳的信念に駆られた人、自身の信念に強い確信を持つ人、目的に到達する強い意志を身をもって示す人は、広範囲に及ぶ真の徳と同程度の多大な害を及ぼす可能性を秘めています。この警告は、リーダーが世論の支持と幅広い影響力を持つ人物であれば、さらに重要となります。どのような予防手段がそのような危険性を減少させることができるでしょうか。民主主義においては市民は注目しており、明瞭に思考していると仮定する民主的なプロセスによって、リーダーとして公の地位にある人々はかなりの程度まで抑制されています。

しかし、民主的な予防手段がもろい、リーダーが民主的システムの外側で行動するなどの多くの状況では、リーダーの徳性と推進的な価値観が決定的な要因となります。モラル・リーダーと圧制者や狂信者とを区別するのに重要なのは徳の中でも主要な謙虚さと正直さです。これは、真実に対して誠実な評価をすること、利己的な動機ではなく他者の力になることを主な推進力とすること、自分を冷静に見る目を持つこと、批判を真摯に受け止めること、そして他者の考えに対する心の広さを持つことがモラル・リーダーには必須であることを意味しています。

リーダーはほとんどの人よりも謙虚さに欠ける理由が多くあります。古い格言に「権力は腐敗する」とありますが、リーダーは正道を踏み外すきっかけとなるようなものに直面し続けます。エゴからある程度解放されるための努力は、徳の高いリーダーにとっても困難で継続的なプロセスです。その努力の成果はそこそこであっても、それは人としての成長、生活、仕事において、好ましい軌道上に留まる強い力となり得るものです。

しかし、多大な害も徳も及ぼす可能性の低い普通の人にとっても、謙虚さは同様に重要でしょうか。強力なリーダーたちと私たちでは、謙虚さの周辺にある難題も好機も異なります。私たちのほとんどが、大統領宮殿か郊外の自宅のどちらを主な住居にすべきか、自分自身で訪問客のためにドアを開けるべきかなどを決断する必要がありません。サーバント・リーダーシップの問題は、私たちより私たちの上司に当てはまるように感じられるかもしれません。私たちの限界はあまりにも明白で、無視をしたり、否定をしたりできないでしょう。

それでも、私たちはみな、自己を冷静に見る目を保ち続けることで、試みにおいても成功においても、恩恵を得ることができます。自分を過度に重要視したり、自分の影響力や重要性を増大させて世界のリーダーにならなくてもいいのです。私たちはみな、仲間に連帯感を抱いて近寄るか、熾烈な競争心を持って近寄るかを選択できます。自身の間違いを認めることはたいていの人には困難ですが、リーダーにとっても普通の人にとってもそれは同様に重要で、長い結婚生活や親交を経験している人なら誰でもわかることでしょう。私たちはみな、自らの貪欲な触手を放棄することが切望できます。その手から逃れるのがどれほど不完全であったとしてもです。

自己を冷静に見る能力や発展的な謙虚さを持つようになることで、人は多くを得ることができます。自己を大きな総体の中に認め、物事を正しい相関関係に保つことは、人生において避けられない苦悩を軽減する助けとなり、意義や目的の基盤となります。謙虚な仲間意識は他者と強く結束するための基盤となり、それが健康、回復力、幸福の源であることはよく知られています。心の広さと自分に対する正直な認識は、継続的な成長のために欠くことのできないものなのです。

当然ながら、私たちの欠点や限界への関心が過度であったり的はずれならば、妨げになります。仮に謙虚さが極端な卑下を要求するものであったならば、ヒュームがいうように、それは修道士じみた徳、もしくは全く徳ではないということになるでしょう。発展的な謙虚さのためには、自分自身に向ける偽りのない洞察と過ちに対する率直な義務遂行能力が必要で、これらには成熟と知恵が不可欠です。真実とバランスとある程度の無私に基づく謙虚さは、当然、モラル・リーダーであれ、一般の人であれ、ごくわずかな人物にしか見出されません。徳を養うということは生涯にわたるプロセスで、それには自分に正直なだけでなく、他者との深く誠実な交流が必要です。

私たちが述べる徳の概念と第一章で概説した還元主義的見解の主な違いの一つは、徳という特性は実態のないものではなく現実に存在し、学校や大学で行われる公教育と家庭を含む幾多の社会的機関などによる非公式教育の両面から養うことができると私たちは確信しています。家族内でのコミュニケーションは、自己認識を深め、道徳的理想として謙虚さを尊重する気持ちを養い、常に自分を中心とせずに他者に対する思いやりを実践する一助となり得ます。公私にわたる教育は、若者たちが世の中のためにどのような貢献ができるかだけでなく、彼らの努力がどのように大いなる歴史や世界の方向に適合するのかといった理解を助け、彼らに能力と同時に謙虚さを与える、非常に有益な組み合わせなのです。

6人のリーダーによって示された実例は、謙虚さと道徳心の結びつきには矛盾がないことを明らかにしました。彼らの人生は、道徳的・社会的理想としての謙虚さがもたらす個人的・社会的利益を例証しています。個人の栄達のみ追求すればそれは果てしなく、ついには自滅的な企てとなることをリーダーの一人ひとりが理解していました。これは、時代を越える世界の英知の中心的で一貫した特徴です。満足感と心の平安は、可能な限り魅力的な自己をつくり出そうとしても得られず、自分自身から焦点をそらすことによって実現します。自己を軽んじるのではなく、自分について考える度合いを低めるのです。

第六章　信じる心

著名な精神科医であり作家でもあるジョージ・ヴァイラントは近年、信仰の不在は虚無的態度であって、無神論的態度ではないと記しています[1]。信仰とは、**何か**を信じているということなのです。何かを信じる心なしに、人生における意味や方向や目的の意識を持つのは不可能です。信じる心がないのに、責任を期待する（または、果たす）というのは理にかなわないことでしょう。信じる心なくしては、科学さえ不可能だという人もいます[2]。なぜなら、科学は「物事は単なる恣意性を全く許さない調和の中にともに存在している」という基本的な信仰に依存しているからです[3]。

第五章では、謙虚さとは関心の中心を自分以外に置く習慣で、エゴや自己陶酔の軽減であると表現しました。関心の中心に据えるのに最適な対象が自分自身でないならば、どこにあるのでしょうか。自分のためにこの疑問に答えようとするなら、一人ひとりが最も洞察力があり、判断力を持ち、思慮深い時に、何が最も重要であると信じるかを認識することが必要となります。それがうまくいけば、人は信仰に向かって前進しているのです。

包括的な意味で、私たちは信仰を持つ人のことを、何か信じるものを見つけた人と定義します。最も深く信じていることに習慣的に（それだけに限りませんが）焦点を当て続ける人、そして可能な限りその信じていることと調和する振る舞いをする人は、ある種の信仰に導かれていると言えるのかもしれません。

人生にとって何が本当に重要なのかとの問いに取り組む時、その人は神学者パウル・ティリッヒが**究極的な関心事**の問題と呼ぶものと関わっています。[4] ティリッヒの見解によると信仰は、意味と存在、目的と価値、何が正しく真実なのか、究極的実在の本質とは何なのか――「究極的な関心事」に関するあらゆる疑問に真剣に関与することです。このように理解すると、ありがちな事態に関する深刻な問題に少なくとも暫定的な解決を提供するものが信仰なのです。[5]

信仰とは究極的な関心事であるというティリッヒの見解を基とし、心理学者ロバート・エモンズは、意味と価値に関する疑問に対して自分が最も吟味し熟考して出した答えを踏まえて生きることが信仰であると定義しています。宗教的信仰とそれに相当する世間的な信仰は「人生において人は何を求めて努力すべきか……何が人生を意味のある、貴重な、目的のあるものにするかという究極的なビジョン[6]」を提供するのです。

エモンズは私たちと同様に、人間は活動的で、意図的で、目標指向であるという前提から始めています。この見地は、目的に関する彼の多くの研究を特徴づけています。人々が到達しようと努力し、自分が何者で、どう生きるかを形づくり、組み立てる役割を果たす目的です。人々が意味深く、貴重で、生きる価値のある人生を経験することを可能にするような目標に彼は特別な注意を払っています。エモンズはまた、人が個人的な目標に重要性を帯びさせる時に精神性が果たす役割についても注目しています。信仰の何が尊いのか、価値があるのかを確認する試みをエモンズは**精神的奮闘**と呼んでいます。彼の見解によると、精神的な関心は神またはそれに代わる神聖な何かを意味するであろう超越的な領域と関連しています。精神的な探求は　何が神聖で信仰に値するのかを見極める試みなのです。

このような言い回しは、エモンズが精神的奮闘とか究極的な関心などと呼ぶものは常に何らかの宗教性を帯びていることを示唆しているかのようですが、彼の見解はそれよりも適用範囲の広いものです。彼の学説における精神的奮闘と究極的な関心は、基本的な道徳的原則や道徳的価値（平等、正義、思いやりなど）はもちろん、大きな総体との一体感（秩序、人間性、または自然を含む）をも包含します。これらの奮闘や関心は、神や崇高な力、または実在の神々しい特質との結びつきなどの、神聖な存在や神性の認識をも含むのかもしれません。

人々が実際に日々の生活の中で実際に取り組んでいる個人的な目標の範囲に関する研究において、エモンズらは究極的な関心事はほかの種類の骨折りよりいっそう重要であると評価されていて、人々はより本質的な理由のために没頭していることに気づきました。さらに、ほかの奮闘の合計数と比較して精神的奮闘の割合が高いことを人々が述べる時、それは研究者たちが発見したどの指標よりもより適切に彼らの生活状態を言い当てます。結局のところ、「精神的な目標（究極的な関心を含む）達成の周囲に人生を方向づける時、人はやりがいのある、統合された、意味のあるものとして人生を経験する傾向があります」[7]。

エモンズの研究は、過去十年にわたって私たちが実施してきた**目標**に関する研究と矛盾がありません。青年期の若者と若年成人を対象にしたダモンの研究において、彼とその同僚たちは、目標とは何かを達成しようという持続性のある一般化した意図であると同時に、その人自身にとって、そして結果的には個人を越えた世界にとっても有意義なものであると定義しました[8]。ほとんどの若者が明確な目的意識に欠けていますが、いったん目的を抱くと、彼らは世の中に貢献するやりがいのある活動に夢中になり、難題に直面しても立ち直る力のみならず、人生における高いレベルでの幸福と意味を表わすのです。

人生における意味は、究極の関心と目的という双方の研究に思想を吹き込むものですが、心理学者にとっては比較的最近、関心の焦点となっています。過去数十年間、心理学的研究が明らかにしてきたことは、すでに文学と哲学において推測されてきたことでした。有意義な人生観における幸福は、快楽の喜びから得られる幸福とは全く異なり、結局のところ、生きる価値のある人生（または「よい人生」）の本質をなすと人々が感じるものは、快楽の悦びの浮沈よりも意義に基づいているのです[9]。

いわゆる主観的幸福に専ら関心を集中させる長きにわたる伝統から外れ、心理学者は現在、楽しいことや肯定的な感情を表す単純な**幸福**と、目的、つながり、成長を表す**意義**の識別を始めています。たとえばマーティン・セリグマンは、自身の枠をこえて何らかの奉仕をする中に人の知的能力や才能の開発に関わるパターンが存在することを確認し、**有意義な人生**[10]と呼んでいます。これは、幸福は楽しい経験のみに基づくとする**楽しい人生**と対照をなすものです。これらの表現と矛盾なく、個人が有意義な人生として経験することは目的と積極的関与によって形づくられ、現在の生活状況が困難で嫌悪すべきものであったとしても、揺らぐことのない重要性をもたらすことを研究は示しています。意義と楽しみの違いを説明するのに、子育ての経験は人生における意義を予言しますが、楽しい経験を主たる基とするタイプの幸福とは異なるものだという興味深い調査結果があります[11]。

有意義な「究極の関心事」を見つけ、人間存在の本質に関する疑問に生産的に関与するための知的能力は非常に重要で、多重知能の理論を提唱したハワード・ガードナーは、彼が**実存的知能**と呼ぶこの能力は、すでに示している7領域（論理的、言語的、空間的、身体運動感覚的、音楽的、対人関係の、個人内の）と同等の知能領域を形成するのではないかと考えました。彼は実在的知能にその地位を認める準備は完全にはできていませんでしたが、独特さと重要性は認めていました。ガードナーは実在的知能を「宇宙の最果てや……たとえば人生の意義や死の意味のような、人間の状態の実存的特徴……そして、他者を愛することや芸術作品への没頭などの深遠な経験……への敬意を抱きつつ、自らを位置づける」[12]能力であると定義しました。

世界の宗教はすべて、実在の問題を取り扱う入念な体系を練り上げていますが、人々もまた、自然の美しさや音楽への没頭といった世間的な経験を通してこれらの問題とつながることができます。芸術、自然への深い没頭などの感動的な体験は、これらの領域の奥深い真実との遭遇が痛いほど感じられた時、実存的なのです。このような関与は、「その遭遇により豊かにされた、気高くされた、謙虚にされた」[13]と人に感じさせることが可能で、より明確に宗教的または精神的であるとみなされる経験も同様です。

実存的知能についてのこのような説明は、知的見地からいえば過重要求で、観念的に響きますが、ガードナーの説明は、意義の特徴を示す多くの超越的な経験の情緒的な性質をも指摘しています。意義や信仰の感情的な側面は、まぎれもなく重要です。ジョージ・ヴァイラントは長期にわたる人生に関する研究をもとに、意義は愛、思いやり、希望、畏敬の念、創造的刺激、感謝の念といった肯定的な感情によって強く支えられていると結論づけています。彼は信仰の感情的側面、特に信頼感にも注意を向け、信頼という概念を通して信仰と意義を結びつけて考えました。彼の見解によると信仰は、ある重要な意味でこの世界には意義があり、神の慈愛または同様の善が存在すると信じることを含みます。信仰の不在は、意味がないということがありうる、という虚無主義者の感覚を伝えます。本著における6人のモラル・リーダーに関する研究を符号化する計画において、信仰の「反対方向を示すもの」（つまり、信仰の**欠如**の指標となるもの）として、「活動を妨げる虚無主義や目的のなさ、疎外や精神的絶望の形跡」を含めています。

信仰の感情的側面への関心は、信仰の道徳への関わりをも表しています。信仰の道徳との関係は、第二章で述べた通り、一つは理想における深い信念の指針となる重要性としての機能ですが、信仰と意義を特徴づける肯定的な道徳的感情の中にも見出せます。ジョナサン・ハイト[14]は、これらの感動的な感情を**精神を高めるもの**と表現し、彼とその同僚たちが研究したすべての文化に存在することを確認しました。ハイトの研究は精神の高まりを道徳的な美への応答として表現しています。それは、ある行動が道徳的に正しいか、よいかとの判断だけでなく、その行動に立ち会って感動した、または影響を受けたという感情的な応答を含み、道徳的に振る舞いたいという願いも伴うものです。ハイトは物理的に付随するものについても指摘し、人々は精神の高まりを身体上の温かさや「ひりひりする」といった感覚と関連づけることを特筆しています。

ヴァイラントやハイトやほかの研究者たちが指摘する信仰の感情的特質は明らかに重要であるのにも関わらず、インスピレーション、精神の高まり、信頼など（ハイトが文字通り温かい感情と同一視するもの）の感覚は、意義のある生活の十分な基礎ではありません。仮にそれらが基礎なら、YouTubeで子猫のビデオを一日中見て過ごすことが、意義のある人生を形成したでしょう。意義が要求するのは感覚だけではなく、それらの重要性の真価を認めることや、それらとつながる道徳的理由の意識や、私たちの内に呼び起こされる道徳的な可能性をも含みます。

精神の高まりやインスピレーションの経験に多く共通するのは、特定の道徳的行動や美の対象（息をのむような夕映えや荒海など）の真価を認めることを通して、超越的な真実との深い結びつきを、これらの真実は現実であるという感覚を覚えることができるということです。若者と家族の幸福のためのプログラムにおいて明確なビジョンを持つリーダーであるピーター・ベンソンが以前指摘したように、高い精神性とは、自分自身の人生と人生の**すべて**との間に、そして自分自身の特定の体験と超越的な実在との間に、つながりを生み出すことを意味するのです[15]。

多くの人が人生において最も重要な側面の一つとして、人間関係を経験するのはこのためかもしれません。たとえば、ナサニエル・ランバートと彼の同僚たち[16]は若者たちが家族との関係について、人生における意義に貢献してくれる最高で唯一の存在であると表現していることを確認しました。ほかの研究者たち（たとえば、マクアダムスの『人生の指針とすべき物語（*The Stories We Live By*）』[17]）は、生殖性、つまり次世代の若者を育て指導することへの関心と、実際的な遺産を残したいという欲求は、大人に共通する意義の源であると述べています。人と人との関係は卓越した情緒的重要性を保つだけでなく、最もよい状態で、時間を超越したモラル・センス——愛、思いやり、そして利他主義——との生命力のある個人的なつながりをもたらします。人はそれを味わうのみならず、人々との調和や文明の基礎として最高の状態で**信じる**のです。

心理学の観点から言いますと、信仰を持っていること、もしくは目的意識を持って生きていることは——明らかに——信念や人生の方向だけでなく、高い水準での幸福、快活さ、充足感、意義をもたらすということを理解するのは重要です。しかし究極的には、信仰の真価は有益な結果によって決まるものではありません。個人の幸福感は信仰の概念の中には内在しておらず、決定的な正当化する根拠としては役に立ちません。エモンズが指摘するように、クリスチャン作家であるC．S．ルイスはどの宗教が最も人を幸福にするかと問われた時に「私は幸せになりたいから宗教に走ったのではありません。ポートワイン一本で幸せになれることは以前からずっとわかっていました」[18]。信仰とはむしろ価値なのです。なぜなら（もしくは以下の限りにおいては）、人間の存在に関する最も深遠な疑問に人が答えようとする時に助けとなるもので、実際は、道徳上の問題であると同時に形而上学の問題でもあるのです。

意義を見出し、それに応じて生きることとされる信仰の定義は広範で、宗教的・世間的な信念や責任を十分に含むことができます。しかし、信仰は徳であるということを保証するものではありません。信仰とは、自分の最も重要な価値観や目的に焦点を当てた一貫性、あるいは、有害な誤った信仰への傾倒の可能性を持ち得るものなのです。

価値のない対象物を信仰の拠り所とすること、「偽の神々」を信仰すること、または道徳的に誤った価値でしかないものに意義を見出すことはすべて、宗教的な用語では偶像礼拝といわれています。偶像礼拝という表現は、比喩的な意味で、支配的価値が疑わしいのにもかかわらず究極的な関心事として扱われるどんなものをも示すことができます。今日、世界の多くの人々（または過去において、そのことについては「うわべだけは立派だった世代」）にとって、偶像礼拝は物質的・社会的な成功やそのほかのあからさまな栄達を優先することを意味しています。周囲に人生を体系づけられた、人を突き動かすような目標が、全く破壊的なものとなってしまう場合もあるのです。信仰を持ち、それに応じて生きるのがよいことなのかとの疑問への答えは、その信仰の究極的な関心がそれ自体価値があり、思いやりのあるものなのかによるのです。

このような信仰の価値の性質は、熟考と判断の重要性が避けて通れないことを示しています。もし誤った信仰や偽の偶像神を避けるべきなら、信仰と理性は対立する力として扱われてはなりません。信仰とは間違いなく、理性の範囲を越えるものです。すでに述べた通り、科学の有効性において外観上は偽りのない信仰であってもそうです。しかし、信仰は理性の**反対**ではない必要があるのです。時間や労力を費やす価値のある目標や理想や重要性に専心するため、人はそれらについて**考え**なければなりません――文化や模範となる人々から与えられるものを何でも受け入れるのでなく、信じる対象や理由について自主的に考えるのです。道徳的・精神的感情や直観は、それらが表現されている比喩や物語とともに、認知的とりながなく作用するように思われるかもしれません。しかし、仮にここで語られる感情や直観、理性を越えた経験や傾倒が、破壊的に軌道から外れることを防ぐべきであるなら、適切な判断や思案や知恵に基礎を置く必要があります。

誤った、破壊をもたらすような信仰の対極にある、真実で確かな信仰について考える一つの方向として、真の信仰は知恵に基礎が置かれていることがあげられます。知恵は、信仰や意義に応じて生きるのと同様に、広い観点から何が真に重要であるかを**理解すること**と、その理解によって導かれることを求めます。哲学者ロバート・ノージックは「知恵とは……最も深遠な話に精通し、生じることが何であれその最も深い重要性を見極めて真価を認めることができること。これは、単に直接的な利益だけでなく究極的なものを認識して理解し、それぞれの物事から派生的に起こる結果や現実の様々な様相の出来事に真価を認めることを含み、かつ世界をこの観点から見ること」[19]と表現しています。これは完全に認識能力ということではありませんが、思考を行う精神を主として関与させます。信仰と意義が、人間の存在に関わる大いなる疑問に対して答えを出すだけでなく、ある意味で、優れた真の解答を与えることを保証するのは、英知を欠いては困難です。

真の神と偽の神、真の道徳的価値と偽の道徳的価値、賢明な営みと愚かな営みとを識別することは、心理学者やほかの社会科学者の仕事ではありません。第二章で論じましたが、これらは**経験的**問題というより、むしろ**規範的・哲学的で神学的**です。私たちの目的のために成し得る最善は、哲学者や神学者によって整えられた基準――道徳的目標と手段との一貫性、一般化された人間愛の尊重を含む普遍化している道徳的規範に従っているように見える行動――を満たす道徳的模範となる人々とモラル・リーダーを選び出すこと、そして、彼らによって示される信仰や意義や知恵の特質を描写することです。私たちはまさに、このことに取り組んできました。そして、以下の疑問に関心を抱いています。私たちがこの研究と先の研究において道徳的模範としてきた人々とリーダーたちは、苦しみの中にある時にも信仰――彼らの人生を形づくり、彼らの存在に意義と目標を与える、指針となる価値への深い信頼――を表しているように見えるでしょうか。もしそうであるなら、宗教的または精神的であり世間的であって一致しないものの中で、彼らの信仰はどのように見えるのか、または何を必然的に伴うのか、といった疑問です。精神的であれ、世間的であれ、道徳的行動を導き、積極的関与や根気や焦点を維持させることにおいて、信仰はどのような役割を果たすでしょうか。

『サム・ドゥ・ケア』[20]で道徳的模範であった人々が示した予想外の重要性ゆえに、信仰は私たちにとって特に興味深いものとなりました。宗教的信仰は、研究の選択基準にはなかったのです。このことから、宗教的あるいは精神的な事柄が、模範となる人々の人生の中心となる頻度に驚かされました。ほぼ90％の人が、道徳的献身の中心は宗教的信仰にあると考えていたのです。このグループの人々は年齢、人種、社会階級、貢献する分野が多様なだけでなく、信じる宗教や教派も様々でした。ローマカトリックの信徒、主流派のプロテスタントの信徒、福音派キリスト教徒、クエーカー教徒、ユダヤ教徒、そして仏教徒がいました。

宗教に基礎を据えた道徳的模範であるこれらの人々に、信仰は正直、公平、慈善行為、人々との調和といった中心となる原動力となる価値についての確信を与えていました。宗教は個人的なリスクに直面した時の勇気と、長期にわたって彼らの献身を支えた積極性――楽しみ、現実的な楽観、希望――においても役割を果たしていました。宗教的信仰が重要だった道徳的模範の人々は、自分自身も他者も赦し、人生に感謝を表す傾向が強くありました。この研究で仕事の困難さに苦々しさをあらわにした人々（23人中３人）のみが、自身の信仰において厳密に非宗教的でした。加えて、彼らの信仰に対する洞察は面接の間に自然に明らかになったものでした。私たちは（後で考えてみると愚かなことですが）それが重要な問題となるとは予期していなかったため、面接の標準的な質問に宗教的な信仰について尋ねるものがなかったのです。

この明白で自然な特徴により、現在取り組んでいるモラル・リーダーに関する研究における信仰の役割について、私たちはより明示的に問うことになりました。この研究のため、二人の宗教的リーダーを選びました。どちらも聖職者――ルーテル派教会の牧師とユダヤ教指導者――です。そのほかの４人は、彼らの道徳的なリーダーシップのみに基づいて選ばれました。私たちはこの４人の宗教的もしくは精神的信念や、一般的な信仰に対する態度については、実例資料の分析を始めるまで考慮に入れませんでした。分析の過程で見出したのですが、４人の非宗教的なリーダーたち――アダムズ、ハマーショールド、マンデラ、ルーズベルト――の、道徳的価値観や目標や世間的な感覚での信仰は、程度においても、流儀においても、多様に宗教または精神性と関連していました。

宗教におけるリーダーと世俗のリーダーがともに研究に含まれていることは、モラル・リーダーの人生における信仰の位置づけを宗教関係に限らず、信仰という広範な概念から探求したいという私たちの願望を反映しています。道徳的に明確な態度を持った多くの人々にとって宗教は重要ですが、一般的には道徳的リーダーシップにも道徳的献身にも欠くことのできないものではありません。信仰を持たないきわめて道徳的な人を確認するのは難しいことではありません。私たちの関心は、深い道徳的確信が宗教的または精神的信仰と同様に、道徳的献身と行動を支え、導くことのできる道筋を理解することです。それでも、生きる道徳的規範の研究でもそうでしたが、現在の研究における非宗教的リーダーたちの中にさえ、宗教的信仰が重要な位置を占めていることに私たちは衝撃を受けました。これは、彼らが生きた時代や場所と、何らかの関係があることに疑問の余地はありません。

6人のリーダーにとって信仰とは何を意味するのかという分析的な検討において、宗教がたびたび6人全員の話題に上がりました。目を留めることは重要ですが、このような信仰の宗教的明示に注目することによって、道徳的献身を形成し、維持する信仰には、宗教が常に必要だと暗示するつもりはありません。やはり、厳密に世間的な信仰と道徳的リーダーシップにおけるその役割を最大限探求するには、本著で紹介するものとは異なる、特定の目標を念頭に実例を選び出す新たな研究が必要なのです。

6人のモラル・リーダーの信仰

第二章では、本著の6人のモラル・リーダーの人生の選択が、彼らの道徳的理想によってどのように系統立てられたかについて考察しました。心の奥に抱いている理想を踏まえて生きることは、私たちが信仰として意味するものの一部です。正義、真実、平和、人々との調和、そしてすべての人の価値と尊さは、何よりもまず6人のリーダー全員の意識にあり、たとえ現状が圧倒的にこれらの道徳的真実や価値を損なう時であっても、変わりませんでした。信仰を持つということは、正義や真実や平和の可能性を否定するかのように見える状況が悲観的な考えや絶望につながらず、むしろ世界をあるべき道徳的な方向へと近づける決心に導くことを意味しました。

信仰と誠実

『サム・ドゥ・ケア』で行った生きる道徳的規範に関する先の研究では、私たちが**確実性**と呼ぶ特性を全員が共有することを見出しました。それは、それぞれの人が核となる、いったん採用したなら再び疑問視はしないひとまとまりの道徳的信念または行動規範を発展させていることを意味していました。概して、これら模範となる人々は、ひとたび確立したその中心的な信念に対し、生涯にわたるコミットメントを維持しました。このコミットメントは、彼らが抱いていたほかの、それほど中心的ではない道徳的意見について再検討する開放性を排除するものではありませんでした。それどころか、彼らの望ましいコミットメントはそのような再検討を奨励するものでした。しかし、平等や公平といった道徳基準に対する彼らの信念は緩みませんでした。

重要なことに、これら道徳的概念体系の模範となる人々の信仰の確実性は、道徳的概念体系を世の中で実現させる働きのための強い個人的責任感を伴うものでした。彼らは特徴的に、その費用とリスクにもかかわらず、平和や人種的平等や富める人と貧しい人との間の機会均等のために労するかどうかの実質的な選択の自由はないと感じていました。これほどまでに関心を持ってきたこれらの問題にもし背を向けていたなら、自分らしく生きることができなかっただろうと述べたのです。

このように、道徳的模範となる人々は、私たちが「自分自身と道徳的目標との調和」と呼ぶ状態を示していました。より最近の研究では、調和――価値、献身、理想の自分、人生の目標、人生の物語の間にある互いの整合性と定義されているもの――は、人生における意義と目標を効果的に予測するものとして説明されています。[21] 信仰という言葉で表現されていますが、道徳的目標の周囲に組織化された内面的一貫性といったものを持った人々は、自身の究極的関心と正しい関係位置にある人生を歩んだのです。

目的のための意識的な追求を通じてであれ、展開する過程の中であれ、現在の研究が取り上げた6人のリーダーは、生きる価値のあるものは何か、究極的な重要性や究極的な関心事とは何か、骨折りがいのある目的の本質をなすものは何か、そして、善であり真であると期待できるものは何か、といった疑問に対し自らの回答を見出しました。このような信仰は、6人のモラル・リーダー全員に見られる典型的な特徴でした。

スピリチュアルな体験

信仰とは実在の本質、生と死の意味、善良さや神聖の本質に関する疑問への積極的な関与であると表現するなら、それは哲学者や神学者、崇高な知識人にのみ知見できるもののように思われるかもしれません。しかしながら、この外見上の含意は誤解を招きかねないものです。世界の主な宗教すべての枠内で究極的な実存への積極的な関与は、信仰の複雑な体系の観点から表現されるより、しばしば神の超越性の体験と呼ばれる、スピリチュアルな**体験**として表されます。超越的な体験については多くの神学者や宗教の教師たちによって何千年もの時を通じて説明されており、私たちはここではその仕事には挑戦せずに、多くは統合性の観念や輝く光や圧倒的な平和と愛を伴うものであると述べるに留めます。それらは**純粋知性**に基づく特質と呼ばれるもの――経験を通して実存の次元を**理解する**という感覚で、通常の命題のような真実ではない[22]――を持っています。

歴史を通じて、超越的な体験をした人々は自分が変えられたと報告をしています。それ以来、人々の理解や経験を世俗的、物質的世界に限定することは、最も重要な事柄を締め出しているように思われてきました。超越的な体験は、味わった人々にとっては有形物と同様にリアリティを有する神聖な次元なのです。多くの人にとってそのような体験は、善や真実や美は現実であるというインスピレーションおよび確信の土台を築く主要な源となります。この意味で、超越的な体験は彼らの信仰の根拠を形成しているのです。

超越的な存在への積極的な関与はしばしば、人格を備えた**神**とのつながりという観点から書き表されてきましたが、いつでも当てはまるわけではありませんでした。20世紀の最も影響力のあるキリスト教神学者の一人であったパウル・ティリッヒにとって、**神**を表す概念は究極的な実在の象徴ですが、その実在を適切に表現できるものでは決してなく、概念の形式において人間の理解をこえるものでした。なぜなら、究極的な実在は適切に表現しようとするあらゆる試みを超越するので、特質を指し示すシンボルや概念によってのみ表されますが、実のところその本質をとらえることはできないのです。仏教の教えが巧みに表現しているように、概念とはどちらかというと、月（または究極的な真理）そのものの正確な描写というよりも、月を指差している指のようなものです。ティリッヒの見解によると、中心となるスピリチュアルな疑問は、人が**神**の存在を信じるかどうかではなく、人は超越的な認識において究極的な実在の本質に関心があるかどうかということです[23]。私たちはここにティリッヒの信仰の概念への言及を含めましたが、彼独特の神学が私たちの調査したリーダーたちの見解を表しているからではなく、むしろ、人間の理解を超越した実在する神聖な特質への信仰が、人格を備えた神性への信仰を必ずしも伴うものではないことを説明するためなのです。

神の超越性の体験を含む信仰は、私たちが調査した6人のリーダーのうち3人――ボンヘッファー、ヘッシェル、ハマーショルド――にとって重要でした。この3人は神や神聖なものとつながることへと導く感覚について述べています。ほかの3人――アダムズ、マンデラ、ルーズベルト――はキリスト教、特にキリスト教倫理の影響を受けていますが、超越した実在についての強い意識は表現しませんでした。

ヘッシェルにとって神聖なるものの認識とその存在とのつながりは信仰の重大な要素で、彼の意見では、宗教教育と宗教経験において主要な関心事であるべきものでした。この点で彼は、学問や分析、そのほかの知的機能が傑出した一連の宗教的伝統に反していました。たとえば、ヘッシェルのユダヤ教神学校での学生監は「超自然性」を否定して、**神**を人間の必要と強い願望のために奉仕することを意図した抽象的な概念であるとみなし、ユダヤ教に関して文化的な見解を示していました。ヘッシェルが神秘的で喜びに満ちた精神性を特に好むのは、幼少期、バアル・シェム・トーブがハシディズム運動を始めた小さなポーランドの町で育ったことに端を発していました。ヘッシェルはその名の由来である祖父に非常に多くの影響を受けました。祖父アブラハムは傑出したユダヤ教指導者で、ハシディックの先祖への畏敬の念を強く抱き、死後はバアル・シェムの隣に埋葬されました。

生涯にわたってヘッシェルは、このようなユダヤ教へのアプローチによって伝えられた畏敬、美、光輝の感覚を失いませんでした。彼は「社会学的に」方向づけられた同時代のユダヤ人たちに、日々の生活の中で明らかにされているように、宗教的実践は個人と神聖なるものとをつなぐことを意図していると認めるように熱心に勧めました。「小さなことの中で気づくのは無限の意義の始まり……ありふれた、単純なものの中の究極のもの……、[24]不可解なものが壮大なものとありふれたものの両方に宿っている……礼拝行為はその存在のわい小化をうちけす」[25]。彼にとってこの種のスピリチュアルな体験は、信仰生活を活発にする畏敬と感嘆の姿勢を伴うものでした。「神秘的な遭遇――少なくとも、**神**に一身を捧げた人々の魂を通って流れる美、平和、力を垣間見た。畏敬の念を高めよ……すべての存在を前にしての驚異の念を。神秘に直面して思考力は圧倒される。ユダヤ教の教育は崇敬と畏敬を解き明かすべきだ。世界はスピリチュアルな光輝に満ち……（これを見過ごすことは）無関心によってすべての奇跡を霞ませる」[26]。ヘッシェルのこの主題についての詩的な著述は、ユダヤ人のみならず、多くのクリスチャンにもインスピレーションを与えるものでした[27]。

ダグ・ハマーショルドは大学では非常に優れた学生で、卒業後はすぐに出世をしました。31歳までに彼はスウェーデンの大蔵省の事務次官となり、36歳までにスウェーデン中央銀行の総裁に就任しました。彼の大望は社会的貢献へのコミットメントに基礎を置いていましたが、それは、影響力があり名門でもある彼の家では何世代も続いていることでした。しかし、特権的な教育と個人的な成功にもかかわらず、彼は一人の若者として、たびたび精神的な苦痛を感じていました。アルベルト・シュヴァイツァーはハマーショルドが尊敬する奉仕の理想の範例となっていましたが、シュヴァイツァーの倫理的コミットメントはハマーショルドの精神的空虚に答えを出すものではありませんでした。そのためハマーショルドは、ヒンドゥー教と仏教の教えに加え、キリスト教神秘主義に頼りました。この神秘主義的な精神性を通じて、ハマーショルドは広い現実性、超越の感覚、光輝、そして畏敬を経験しました、『道しるべ（*Markings*）』とタイトルがつけられた日記に彼は以下のように記しています。「……その日、不変の光輝、日々、新しく、不思議な、あらゆる理性をこえたものの源である光輝によって、命が照らされることが途絶えた時、私たちは死を迎える」[28]。この大局観を踏まえて、彼は自らが創案した国連の瞑想室について以下のように述べています。「静けさに囲まれた沈黙の中心、器の中にいる感覚はその殻の中にはなく、宇宙に存在する」[29]。

超越的実在と人間

これらの超越性に関する話には注目せずにはいられませんが、信仰を完全にこの種のスピリチュアルな体験に深く植えつけるのは、道徳的リスクを伴うかもしれません。遥かに大きな宇宙の瞑想の中では、現実の日常的な人間的水準は重要さを失いかねません。このように、神秘主義は時に、人間の諸事の世界からの離脱や隠遁を導くのです。

私たちが研究対象とした6人のリーダーはみな、活動的な人生を送りました。現実世界から退いて、修道院生活や義務や束縛から解放された超俗的な生活に入ることを考える人は一人もいませんでした。ディートリッヒ・ボンヘッファーは、究極点と究極点の一歩手前（神聖や神を究極点とし、この人間世界を究極点の一歩手前とする）の間にある場所に関する自身の探査に言及しながら、この点について明示的に記しています。牧師であり敬虔なクリスチャンである彼にとってのチャレンジは、超越的存在を見失わないことより、世の中とつながり続けていることでした。彼は自分自身と学生たちに「私たちはこの世俗性との接触を絶やさないようにしなければなりません。完全にこの世界の中で生きることによってのみ、人は信仰を持つことを学べるのです[30]」と念を押していう必要がありました。

ヘッシェルもまた「人間と究極点、自然と神聖[31]」の交差点に生きる必要性について関心がありました。宗教的実践の中心的目的は、これら二つの領域の間のつながりを強めることであると彼は信じていました。たとえばこのつながりについて最もインスピレーションを与える彼のイメージは「あわただしさの中で永遠の静寂の経過を感じること[32]」です。国籍、人生経験、宗教的伝統の違いにもかかわらず、類似する性質はダグ・ハマーショルドにも表れていました。彼の伝記作家は「(ハマーショルド）にとって永遠とは、この人生の真っただ中で経験によって知ることです[33]」と述べています。

ヘッシェルの政治的行動主義がユダヤ教信仰の本質的な部分だったのは、この人間と超越的存在との間のつながりという意識の中でのことでした。彼の伝記記者の一人が特筆しているように、ヘッシェルの人生は次のように特徴づけられました。「驚くほどの統合性……瞑想的な人で活動的な人……神秘論者で道徳家」[34]。ほぼ休みなく続く政治的活動と、堅い著述のために必要な孤独と精神の集中との両立は、時間管理においてはストレスの多い葛藤を生みましたが、抱負や自己認識における葛藤はヘッシェルにはありませんでした。完全に統合された行動と思案は、倫理と超越的なものの本質への究極的な関心との結びつきに対するヘッシェルの大局観に固有のものでした。彼の見解では「悪に対する答えは、善ではなく神聖さです。それは人間をより高い存在レベルへと引き上げる試みで、そこでは、悪に立ち向かわれても孤独ではありません。悪に打ち勝つ能力は、神から私たちに与えられる愛と聖性の力を通してやって来るのです。私たちの行いは、姿を変えた天与のものなのです」[35]。

道徳的指針としての宗教的テーマ

道徳的な行動の基盤として、私たちは宗教的な信仰と世間的な信仰の双方を指し示してきました。信仰とは、正義、平和、思いやりといった道徳的善が現実に存在することへの確信を意味するだけでなく、これらの善と自分の生活を提携させる努力をも意味します。しかし、これはどのように機能するでしょうか。信仰がもたらす糧はさておき、人の道徳的、精神的な歩みにおいて、信仰はどのような方法で**導き**を与えることができるでしょうか。

私たちが検討をした事例の中に、リーダーたちがそれぞれの宗教的信仰の伝統から得たモラル・ガイダンスを以下のように確認しました。

(1) 神からの導きを求めて祈った。
(2) 信仰の伝統にある道徳的ルールに頼った。
(3) 宗教を基礎にした道徳的イメージ、模範、物語を参照した。

(4) 人生の多くの領域において試金石として役立つ、十分に包括的な、信仰に関連した道徳的価値に頼った。

これらの方法のそれぞれが、善行にも悪行にも利用できることはよく承知しています。これは、先に私たちが示した論点を支持するものです。信仰は間違った方向に導かれることがあるため、破壊をもたらす可能性を含むか、回避するかの判断が必要です。ほかのいかなる道徳的実践と同様に宗教的伝統も、倫理的要求や非宗教的な特質の作用を評価する時に用いる基準や分析モデルを当てはめた倫理的精査の影響下にあります。この意味で宗教的なルールは、非宗教的で倫理的な考察とは完全に切り離された道徳的手本は備えていません。とはいえ、宗教的伝統は独特な文化的象徴、習慣、儀式を包含するものです。

難しい倫理的な疑問も常に理性によって解明できるということではありません。信仰の伝統の中で、また、信仰の伝統とその批判者の間で交わされる倫理的議論は、しばしば不明瞭な結果につながります。多くの倫理的な疑問には二つ以上の妥当と思われる、筋の通った答えがあります。普遍的に大事にされている道徳的価値はしばしば互いに矛盾していて、それらの矛盾を解決することは、道徳的正当性の基準を満たしつつ個人的な優先事項を決定すること、可能ないくつかの順序づけの中から選択をすることを含むでしょう。

私たちが研究した宗教的リーダーも非宗教的なリーダーも、選択のための導きをそれぞれの宗教的伝統から得ていました。彼らが受けた教えは、宗教的でない拠り所に由来する道徳的真実と矛盾がなく、宗教用語と同様に世間的な表現でも正当だと認めることのできるものでした。とはいえ、リーダーたちに道徳的な判断、感情、行動について教えた宗教的伝統は、新たな見識と永遠の真実の雄弁な表現法と同時に、それらの真実について説得力ある説明を提供しました。これらは、抽象的な倫理的行動規範への言及とは異なる種類の生活指標を与える、価値のある源泉として、リーダーたちの役に立ちました。

グレーゾーンに導きを求める一方で、モラル・リーダーたちの中には道徳的な明晰さを祈る必要性を感じたものもいました。ディートリッヒ・ボンヘッファーは困難で重大な道徳的選択に幾度も迫られました――ドラマティックな例を二つあげるなら、戦争が始まった時にニューヨークからドイツに戻るべきか、ヒトラーを暗殺する奮闘に参加すべきか、の選択です。これらのジレンマから進むべき道を見つけるボンヘッファーの苦闘は、信仰を通して道徳的導きを求めることが、内面の真実を保つという難題といかに深く絡み合っているかを示しています。

ボンヘッファーは、特にひとたびヒトラー暗殺計画における積極的な共謀者となり、生涯にわたって道徳的混乱、道徳的認識力、自己欺瞞に関する疑問に関心を持ち続けました。１９４２年のクリスマスにボンヘッファーは、それまでの10年間ナチスドイツに暮らした自身の経験に加え、政変に携わるという運命を決する決断とを回想しながら手紙を書きました。抵抗運動に共に参加していた友人たちに宛てた手紙の一通が、彼の両親の家の屋根板の中に隠されていて、後に発見されました。その手紙の中で彼が焦点を当てていた問題は、悪に対して断固たる態度で臨むのに必要なことは何かということで、この問題に対する彼の考えは、様々な種類の自己欺瞞を明らかにしていました。それは、圧倒的な悪に直面して、どのように行動できるかを見極めようともがいている善意ある人さえ落とし穴に陥れる自己欺瞞でした。「道理をわきまえた人」と道徳的狂信者をまず省き、続けて彼は良心的な人について論じています。

さて、道義心を持った人が決断の必要のある状況で、大敵を相手に独力で戦っている。しかし、その闘争のスケールは……彼をずたずたに引き裂いてしまう。悪は、彼の良心が臆病で優柔不断になるように、幾多の立派で魅惑的な偽装で近づいてきます。最後には、明確な良心ではなく、救われた良心でみたされ、絶望から逃れるために自分自身の良心を欺くようになる……。人々はあちこちで、人目にさらされた口論から逃げ出して個人的高潔の聖所へと避難する。このように振る舞う人は誰でも、周囲の不正に口と目を閉ざさなければならない。自己欺瞞という代償を払ってのみ、彼は責任ある行動の結果生じる汚染から自分自身を純粋に保てる。彼が遂行するすべてのことにもかかわらず、やり残したことは彼の心の平和を奪う。この不安ゆえに彼は自制心を失うか、ファリサイ人の中で最も偽善的な者となる。誰がしっかりと立ち得るのか。ただ……人生のすべてをかけて、神からの問いかけと召命に応えようと努力する者のみ。[36]

ナチズム規模の悪に立ち向かっている人々があの類いの戦いで要求される過酷な選択に責任を認めるべきであるなら、彼らには信仰が必要なことをボンヘッファーはついに確信しました。さもなければ、道筋は不明瞭となり、断固たる態度で臨もうとする個人の努力をあまたの巧妙な自己欺瞞が打ち負かしてしまうのです。

道徳的ルールの聖書的枠組みは、未解決の問題に解決を与えるというより、インスピレーション、コミュニケーション、正当化の理由、一貫性を与えることがあります。黄金律——人にしてもらいたいと思うことは、あなた方も人にしなさい——は、キリスト教とユダヤ教双方の中心にあり、あらゆる宗教的伝統に従う人々を鼓舞してきましたが、行動する前に他者の立場で考える人にインスピレーションを与えることはありませんでした。人々は、これが重要だと教えてくれるルールを必要としているわけではないのです。それより、正しいとすでにわかっていることを行うように常に思い出させてくれるものとして、黄金律は記憶しやすい明確な表現で心積もりを保ちやすくしているのです。

ジェーン・アダムズはこれとは別のキリスト教の通則を、生きる秘訣として受け取りました。侮辱を甘んじて受け入れなさいというイエスの命令を彼女は子どものころから知っていましたが、トルストイの『私の宗教』に書かれたこの道徳的ルールに関する解説を読んだ時、その理解は新たな力を帯びました。キリストは弟子たちに「悪に対する無抵抗のルールに従う」ことを強く願い求めたとトルストイは書いています。これは「愛の律法に反することは決してするな」という意味です。この見解はアダムズの想像力をとらえ、それ以降の彼女の人生と仕事を特徴づけたのです。[37]

イメージは、たとえば特にイエス・キリストやヘブライ人の預言者といった人々に対するものも含め、多少類似した機能を果たします。それは、認識するより維持することの方が難しいかもしれない道徳的選択を実現することに執着する心的イメージを提供するものです。それらは抽象的な倫理的道徳基準よりも、豊かに、より個人的に意味深く、道徳的価値と確信とを自己に組み入れる方法を提供します。

６人のリーダー全員が、キリストもしくはユダヤ教聖典の預言者を、正しく生きるための道徳上の指導者であり模範であると言及しました。ボンヘッファーは山上の垂訓（マタイによる福音書５〜７章）をキリストの信徒への手引きとして繰り返し引用し、彼自身、大小様々な決断において中心的なインスピレーションと考えていました。このコミットメントの重大な言外の意味は、イエスが最も重要な人間の価値として平和を強調したことに勇気づけられて、ボンヘッファーは兵役拒否の決断をしたという事実によって明らかに示されました。ナチス支配下のドイツ軍で任務を果たすことへの良心的兵役拒否にあたり、ボンヘッファーは宗教的な拠り所に加え、倫理的な拠り所をも持っていました。悲惨な結果を招くリスクはきわめて高かったものの、彼の純粋で個人的な義務感は、宗教的信仰とキリストの霊によって生きるという彼のコミットメントに深く植え付けられていたのです。

６人の中の非宗教的なリーダーたちもまた、聖書に書かれている言葉から、中でも顕著に山上の垂訓から教訓を得ていました。キリスト教の道徳教育の中心的教義を表していると一般的に理解され、愛、思いやり、謙虚さ、平和、他者を裁くことへの抵抗の価値についての教えを含むこの聖書箇所を何人ものリーダーが引用しました。ダグ・ハマーショルドは世界教会協議会での演説で、山上の垂訓は、時には驚くような方法で、国連でのリーダーシップにおいて頼ることのできた知恵の源であると言及しています。

山上の垂訓の中で、私たちは明日のことを心配すべきではないと語られています……何か計画立案や政治生活の長期的考察とかけ離れているように思われますか？　それなのに、これは平和と正義のための働きの中で、私たち全員が発揮することを学ばなければならない忍耐の類いにぴったりの表現ではありませんか？　私たちがこの仕事に傾注する時、日々、私たちの力の内にある提供すべきもので、日々、向けられた要求に全力を尽くして対処する、これは最終的に正義と善意がより際立った世界に通じているると信じることを学ばなければならないのではないでしょうか。たとえ成功する希望を、適切な方向へ前進しているという希望さえ、与えてくれるものが何もないように思われたとしても。[38]

アブラハム・ヘッシェルもまた、聖書の知識と分析に完全に頼るよりも、指針となる例に従うことの重要性を強調しています。ヘッシェルは学問とタルムード分析に没頭しましたが、神聖なるものとの個人的で感情的なつながりについても熱心に説きました。「神は単なる知識の対象ではなく、人が従うべき模範なのです[39]」。彼の伝記記者エドワード・カプランによると、「ヘッシェルにとって強固で首尾一貫した目標は『神の御前に生きること』でした[40]」。

モラル・リーダーたちが宗教的伝統によって導かれたもう一つの方法は、真実とインスピレーションによってははっきりと表れるような網羅的な道徳的善や価値を彼らの思考と道徳的熱意に組み入れることでした。ヘッシェルにとってこれは、何よりも重要な価値と預言者たちの模範とをつなぐ、正義への言及をしばしば伴うものでした。正義への強い関心は彼の生涯にわたる活動主義および神学を特徴づけ、活気づけ、共通する関心事はマーティン・ルーサー・キング・ジュニアやダニエル・ベリガンとフィリップ・ベリガン、そのほかの人々との親交の基礎となりました。

キリスト教の愛や思いやりは、指針と目的の試金石として6人の中のキリスト教徒に最もしばしば用いられた「欠くことのできない真実」でした。ジェーン・アダムズ、ダグ・ハマーショルド、エレノア・ルーズベルトの人生と仕事において、キリスト教の愛は顕著で、決定的でさえあるテーマでした。ハマーショルドは、人は「隣人を自分自身のように愛し、ともに平和に暮らし、万人に及ぶ兄弟愛を追い求める(41)」べきであるというキリスト教のメッセージを中心にして、自身の人生を築き上げました。ジェーン・アダムズにとっては、セツルメント・ハウス運動のすべてが、初期のキリスト教徒たちの喜びにあふれた愛と「すべての人の内に存在するキリストを見出す喜び(42)」の復活を象徴していました。エレノア・ルーズベルトは、彼女の生涯とまさに同じ時期にアメリカ合衆国に広がった宗教的多様性を認識しながらも、キリスト教の価値観は多文化の民主主義に当てはめても十分寛容さがあるのではないかと提唱し続けました。「私たちの国は多くの民族、多くの宗教が混在している国家ですが、キリストの生涯が私たちの民主主義的な生き方の原型であること、そしてキリストが愛せよ、決して憎むなと教えたことを、ほとんどの人が認めるでしょう(43)」。

静穏、希望、そして勇気

信仰は道徳的導きを、少なくとも、まとまりのない道徳的暗示を明確に表現する助けとなるイメージや物語を提供することができます。しかし導きは、動機や維持がなければ価値が限られます。現代の道徳的模範である人々と20世紀のモラル・リーダーである6人からの信仰に関する言及の中で、最も頻繁で鮮やかだったのは、信仰が人々に忍耐、力、静穏、希望、勇気を与える幾多の道筋の描写でした。

6人のリーダー全員が困難で苦しい経験に立ち向かいました。起こり得る最もドラマティックな状態での苦難に直面した人々もいました。しかし彼らは、ナチズムやアパルトヘイトといった現実の悪を前にしても、無力や絶望、虚無主義に屈しませんでした。エレノア・ルーズベルトとネルソン・マンデラは全く異なる視点から、苦しみを何か価値のあるものに一変させる道を彼らの信仰が示したと信じていました。ルーズベルトは、幼い時に両親を亡くした苦痛、夫が不義を働く過程での苦しみに耐えたことを通して、自分は他者の苦しみをより理解できるようになったと信じました。何十年もの間の投獄と虐待に耐えたマンデラは、次のように言っています。「実際、体をつなぐ鎖は、しばしば魂の翼。初めからずっとそうであったように、これからもいつもそうだろう。シェイクスピアは『お気に召すまま（*As You Like It*）』で同じアイデアをいくぶん異なるやり方で表現している。逆境のもたらすものこそ甘美。それはヒキガエルのように醜く、毒を持つ。けれどもその頭を貴重な宝石が飾る(44)」。

以前の研究で道徳的模範となった人々とほぼ同じく、6人のモラル・リーダーも極限状況、危険や死に直面して、静穏と勇気の源である信仰を経験しました。彼らは神または自分の信仰に自分自身をゆだねたこと、そして、そうすることによって見出した心の平安について語りました。それは強力な自己防衛の要求ではなく、自己防衛的な態度を「手放す」勇気ある姿です。

ダグ・ハマーショルドは、苦しみからの解放には執着しない態度が求められることを教えるヒンドゥー教のテキスト『バガヴァッド・ギーター』から引用した表現で「手放す」ことについて語っています。ハマーショルドの国連での仕事は絶えず神経を張りつめる、要求の厳しいもので、彼はいついかなる時にも様々ないちかばちかの世界危機にうまく対処することを求められていました。間違いのない行動方針が明瞭なのは稀で、成果は不確実でした。このような緊張に満ちた要求を処理する中で、自分の選択がもたらす結末を完全にコントロールすることは不可能だという鋭敏な認識はありましたが、執着しないことを基礎とするアプローチによって、決断をし、行動することができたことにハマーショルドは気づきました。「『バガヴァッド・ギーター』はあるあらゆる時代のあらゆる哲学者たちの経験を次の言葉のどこかで反響させています。『結果を心配しながらする仕事は、冷静な自己放棄の中で心配をせずにする仕事よりはるかに劣ります。（これらの言葉は）深い信仰を表現しています。全力を傾けてこの信仰を自分たちのものにできたなら幸福でしょう。』[45]」

ディートリッヒ・ボンヘッファーは今日、依然として、極限状況の中での静穏と勇気のアイコン的な模範です。彼は監獄の中で、最後の、そして大いに見込みがあると思われたヒトラーに対する政変の企てが失敗したことを聞きました。それは、自らに差し迫った死刑執行を確実にすることでもあったのですが、彼は落ち着きを失いませんでした。その自身の静かな反応についてボンヘッファーは、すでに「神の御腕に自らを完全に投じていた[46]」という事実に起因すると考えました。ヒトラー親衛隊による監禁状態に耐えるのに、信仰に頼ることができるというこの認識は「今や、人生において恐れるべきものなど何もない[47]」という感覚に彼を導きました。この恐れのなさは「究極点を経験したことから来る神秘家の平静[48]」によるものでした。「運命のあらゆる攻撃から自分たちを守れるように私たちは人生を築き上げることができるという人間の幻想[49]」を私たちが見破る時、信仰は平安を与えるのだという自身の認識を共有したいとボンヘッファーは願いました。言い伝えられていることの一部ですが、死刑執行が近づいた最期の時でさえ、ボンヘッファーは穏やかさを放ち、朗らかで、冗談にはすぐに応じ、屈託がないように見えたそうです。

恐ろしい混乱状態の真っただ中にあっても、信仰は勇気と、実に心の平安さえ与えるという自身の経験を伝えるため、マンデラはキリストの磔刑の物語を引用しました。彼は以下のように語りました。

この物語は、ローマ帝国の絶頂期にそうであったのと同様に、今日意義のあるものです。イエスの裁判の後、ピラトはローマにいる友人に手紙を書きました。その中で、彼は驚くべき告白をしたのです。つまり、これは彼によって語られた話なのですが、便宜上、一人称に直してあります。「私はローマの属州の総督として、あらゆるタイプの謀反人に関係する多くの事件の裁判を行ってきた。しかしこのキリストの裁判を私は決して忘れないだろう！　ある日、大勢の群集が、文字通り憤怒と興奮で身を震わせながら私の官邸のすぐ前に集まり、両手両足を鎖で重くつながれた一人の男を指差しながら、キリストを十字架にかけるようにと要求した。私がその囚人を見ると、私たちは目が合った。興奮と騒音のただ中にあって、彼は完璧に落ち着いていて、静かで、自信に満ちていた。何百万もの味方を従えているかのようだった[50]」。

ダグ・ハマーショルドは、信仰から来る心の平安と勇気をよく理解していました。彼の伝記記者の一人が以下のように述べています。「彼のコミットメントは最終的には彼の神へのコミットメントにかかっているのです……神と結ばれていること、その手の中にあること、つまり神の静けさの中で安らぐこと、力とインスピレーションとを神から受けること、神によって解放され、自由の中に生きること……（この）結びつきは、人が奉仕をする中で実現するものです[51]」。ハマーショルド自身は次のように言っています。「（世界平和を確立するために必要なのは）信頼をもって他者と会う勇気……神を恐れる者はもはや人を恐れない[52]」。同様にジェーン・アダムズは、「もし人が自らの道義心を信じたなら、平和、落ち着き、安らぎの中心にある感覚といったキリストの神秘を経験するだろう[53]」と信じていました。

平安と恐れのなさへの強い意識と同時に、感謝や希望といった前向きで励ましとなる感情の主な源として、モラル・リーダーたちは自身の信仰を必要としていました。これは、以前研究した現代の道徳的模範の中にあり、私たちが**積極性**と呼んだ特性とよく似ています。マンデラは絶望的と思われるような状況の中にいました――家族と引き離され、息子の葬儀に参列することもできず、嫌がらせや、心身の激しい苦痛や、いつかは生じる愛する妻との疎遠を阻止する力もなく、投獄と愛する人々からの引き離しに終わりがないかもしれないことを知っていました。しかしそれでも、彼はたびたび雄弁に、彼を支える希望の力について語りました。

今までに起こったすべてのことにもかかわらず、運命の波の干満を通して……私は希望と期待に生きてきた。時には、この感覚は私自身の本質的な部分であるとさえ信じられた。私自身に織り込まれているかのように。私の心臓は絶えず、希望を私の体の隅々にまで送り込み、私の血を温め、私の魂を元気づけているように感じる。洪水のように押し寄せる個人的災難が決然とした革命家を溺死させることも、悲劇と同時に起こる窮状の堆積が彼を窒息死させることも、決してあり得ないと私は確信している。自由を得るために戦う人にとっての希望とは、泳ぎ手にとっての救命具――水上に浮かび続け、危険がないことの保証なのだ。[54]

信仰の要求

精神性は逆境の中で意義と同時に慰めや力を与えることができるという信仰や希望は、普通の状況にある人々だけでなく、私たちが調査したモラル・リーダーたちが直面したような尋常ではない難題に直面した人々にはよく知られていることです。実際、プリンストン大学の社会学者ロバート・ウスナウは、現代のアメリカン・ライフにおいて、慰めの源として信仰を役立てたいという願いが、信仰のそのほかの役割すべてに勝っているのを驚きをもって観察しました。宗教的信仰を告白した人々のほとんどが、残念ながら、信仰を全く持たない人々とほぼ同じ生活を送っていることに彼は気づきました。[55] 実施してきた多くの経験主義の研究をもとに、ウスナウは以下のように結論づけています。「自分たちは信仰に影響されると、異なった方法でやろうと言うより、自分たちのすることをベターだと**感じる**と言いがちで、……私たちの精神性は多くの場合、治療に役立つ機器と大差なく……信仰は私たちの感覚をマッサージする一つの方法なのです。私たちは慰めを得るために祈りますが、能力を試される覚悟はしません」。[56] これより前に異なる国（英国）で、C．S．ルイスは同様の事象を指摘していました。ポート・ワインによって得られる幸福についての彼自身のコメントにつけ加えて、以下のような言葉で彼は信仰の要求を暗に示したのです。「あなたがもし、純粋に快適さを与えてくれる宗教を望むなら、私は間違いなくキリスト教は薦めません」。

源泉としての信仰への信頼にもかかわらず、6人のリーダーは宗教的なものであれ、非宗教的なものであれ、信仰の要求は少なくとも信仰の慰めと同様に現実的なものであると考えていました。ボンヘッファーが語った**楽に得られる恵み**の概念は、彼の遺産の中で最も影響力のあるものです。[57] その思想を明確に表現した『弟子の代価（*The Cost of Discipleship*）』は、キリスト教思想の権威ある書物です。一つには、ヒトラーに対抗するための犠牲の大きい一歩を踏み出すことを本位としない教会への不満もあり、ボンヘッファーは真の悔い改めやキリストの弟子としてのコミットメントがないのに赦しは与えられるという、ある種の安っぽい価値観を担った恵みの解釈を非難しました。「恵みが劣等品の叩き売りのようにマーケットで売られている……宗教の慰めが値引き価格で投げ売りされている」。[58] 彼の見解では真の恵みは大きな犠牲を伴います。「なぜなら、それは私たちを神に従うように召す」からです。[59]「あなたが天上の事柄のゆえにこの世に誠実であるなら……快適な人生へのあらゆる希望はくじかれます」との彼の発言は、自分自身についても語っていました。[60] ボンヘッファーにとってヒトラーとの闘いへの道徳的責務は、牧師としての快適な生活、愛する女性とともに生きる人生、結婚をして子どもを持って、普通の生活の中にある多くのありふれた喜びを味わうに十分な歳月を生きるという、そのすべての希望を打ち砕くものでした。

アブラハム・ヘッシェルも信仰の必要条件に関する自身の見解の中で、同様に厳しい要求をしています。彼の伝記作家は以下のように解説しています。「宗教の役割は、人々を楽にするものというより、人々に要求をし、奮起させるものだと彼は考えていました。宗教は体制に挑戦しなければなりません……（ヘッシェルの見解では）神が慰めであり、安心であった人々に対し、預言者たちは蔑視の念を抱いていました。彼らにとって神は挑戦であり、絶え間ない要求だったのです。静穏は、預言者の魂には計り知れないものです。世界の悲惨な有様が休息の時を与えないのです[61]」。

マンデラはより世間的な言葉を用いて、不正に直面していながらも撤退する人々の同じ性質の尊大さについて述べています。アパルトヘイトに対する闘いへの関与を促す彼の熱心な招きは、ナチスがドイツを支配した時に支持をした人々や団体へのボンヘッファーの不満を反映しています。マンデラは以下のように述べています。

一つには、魂も、民族の誇りの意識も、勝利への理想も持たない人々は、屈辱や敗北に苦しむことはないだろうが、国家遺産を生むことはできず、神聖な任務に奮い立たされることもなく、殉教者や国家の英雄を生むこともできない。新たな世界は、遠くで腕組みをしている人々ではなく、アリーナの中にいて、嵐によって引き裂かれた服を身につけ、戦いの中で体に障害を負った人々によって獲得されるだろう。栄光は、事態が暗く厳しく見える時でも決して真実を放棄しない人々に、何度も何度も挑む人々に、侮辱や屈辱や征服にさえ決して落胆させられることのない人々に、与えられる[62]。

しかしながら、これらの要求と道徳心についてのメッセージは、6人のリーダー全員に明白にあった赦しの心を伴っておらず、不完全です。南アフリカの大統領就任式においてロベン・アイランド監獄の元看守が貴賓席に座る礼遇を受けたことは、ネルソン・マンデラの寛大な心の表れなのです。ところが、彼とツツ大主教が真実和解委員会を設立した時、マンデラの赦しは個人的な範囲を遥かにこえました。民主主義は赦しと和解なしには前進できないことを彼は理解していて、自分の敵を赦しただけでなく、広範囲に及ぶ赦しを成し遂げる全国的な取り組みを始動させたのです。

信仰の実践

信仰を保つこと、信仰の要求に応えることは容易ではありません。自然に起こることではないのです。どの宗教的伝統においても、信仰はスピリチュアルな活動を通して成長し、保たれています。この点は、非宗教的な信仰に比べると強みなのかもしれません。非宗教的な信仰においては、信仰を新鮮で重要なものとして保つための規則的な実践はそれほど発達しておらず、ほとんど慣例化していないか、全体として追求されていないからです。6人の中の宗教的リーダーと非宗教的リーダーはいずれも、生活の中で祈ること、黙想すること、聖書を読むことやほかのスピリチュアルな活動の重要性について語りました。これらは、信仰がもたらす平穏に彼らが到達したメカニズムであり、信仰の要求を思い出させるものでもありました。6人のリーダーにとって祈りやほかのスピリチュアルな活動は、彼らの信仰の中心にある確信を表現し、確認し、そして共有する手段だったのです。

ボンヘッファーは最悪の状況の中で、日々、聖書の言葉について黙想することを通して、落ち着きを保ちました。エレノア・ルーズベルトは、時折「私の一日（*My Day*）」というコラムの中で彼女の国家への希望を表現した祈りを読者と共有しました。1942年の国旗制定記念日、第二次世界大戦のただ中で、彼女は以下のように書いています。

大統領がステファン・ヴィンセント・ベネ氏の驚くべき祈りを朗読しました。すべての人が切り抜いてとっておくことを願って、その一部を（ここに）掲載します。「自由を賜る神よ、我々は今日、この命と心とを、すべての自由な人間の理想のためにゆだねます。自由な人々と自由な国々を奴隷にする独裁者たちに対する、勝利を我々にお与えください。自由のために戦うすべての人々を自分の兄弟のように慈しむ信仰と理解をお与えください。希望と一致のための兄弟愛をお与えください、この激しい戦争の間だけでなく、この地に住むすべての子どもたちを結びつけるであろう、結びつけるに違いない、きたるべき日々のために。私たちの地球は大いなる宇宙の中の小さな星に過ぎません。しかし、もし私たちが選ぶなら、戦争で悩まされていない、飢餓や恐怖に心を乱されていない、人種や肌の色や意見の違いによって無意味に分割されていない惑星をつくることができるのです。その勇気と先見の明をお与えください、この課題に今日取り掛かることができるように、私たちの子どもたちが、そのまた子どもたちが、人間と呼ばれることを誇れるように……しかし何よりもまず、私たちに兄弟愛をお与えください、この日のためだけでなく、生きる限り――言葉ではなく行為と行動による兄弟愛を。私たちはみな、この地球の子ども――この単純な理解をお与えください。兄弟たちが虐げられたら、私たちも虐げられます。兄弟たちが飢えたら、私たちも飢えます。兄弟たちの自由が奪われたら、私たちの自由も保証されません。人は日ごとの糧と平和について知ることになるだろうという共通の信仰をお与えください――正義と公正、自由と安全、平等な機会、自分の国だけでなく世界のどこにいても最善を尽くすための平等な機会があることを、人は知ることになるだろうという共通の信仰をお与えください。そしてその信仰によって、私たちの手で築くことのできる清い世界へと前進させてくださいますよう祈ります。アーメン」[63]。

信仰生活を持続させる宗教的実践の力には、集合的性質によってもたらされる部分があります。これは、忠実な信者たちのコミュニティから与えられる力について語ったボンヘッファーにとっては、決定的に重要なもので、彼と同胞たちがともにナチスを阻止しようとした告白教会の集団性に当てはまるものだと彼は感じていました。ジェーン・アダムズとマンデラもそのコミュニティの特質を明らかにするために世間的な言葉を用いてはいましたが、忠実な信者たちのコミュニティの重要性について同様の確信を示しました。正義の実現のために協働するコミュニティがセツルメント・ハウス運動の中心にあり、アダムズに戦略と目標を与え、民主主義、思いやり、正義のための彼女の生涯にわたるコミットメントを支えました。自分は自由な戦士たちによる「多くの試練に耐えた家族」の一員であるというマンデラの認識は、彼に「力強い翼を持つ魂」を与えました。[64]

6人のリーダーは、社会的、個人的関係において宗教的な団体が果たす実際的な貢献の可能性についても理解していました。マンデラとキリスト教とのつながりは、アフリカ先住民に教育を提供するという教会の役割に由来し、彼自身、教会によって教育を受けました。国との関係において力を持つ立場にあった教会を、彼は概して実質的な勢力だと理解し、アフリカの子どもたちは教育を受けるべきだという主張にその力をある程度利用しました。彼の見解では、「この国の人々が成し遂げた発展は……すべてミッション・スクールの成果」でした。[65]彼はさらに、教会がアパルトヘイトに対する闘いにおいて積極的な役割を果たすよう熱心に勧めました――「(政治的権力を持つ個人)が自分の考えを伝えるために演壇を用いるように、私たちの聖職者たちも全く同じ様にするべきです」。[66]そして、彼のよき友であったデズモンド・ツツ大主教は、まさにそのように行いました。

ヘッシェルも同様に考え、聖職者には公人としての生活において果たすべき重要な役割があり、「社会変革のための、聖書から出た信頼できる声」[67]として奉仕することを主張しました。しかし、ヘッシェルは組織化された宗教の批判もたびたび行いました。彼の見解では現代のユダヤ教は（ほかの組織化された宗教と同様に）、気のぬけた的はずれなものとなっていました。彼は、宗教的実践は「先祖伝来の宝ではなく、水が絶えず湧き出る泉」[68]である必要があると主張し、心ない儀式の執行にはほとんど関心を示しませんでした。ヘッシェルは「宗教はそれ自体が目的となり、聖なるものを隔離し、偏狭・独善的・利己主義になる傾向にたびたび苦しめられてきた。まるで、果たすべき任務は人間性を高めることではなくて、その宗教団体の権力や美点を高めることか、教義の組織体を大きくすることであるかのように」と考えていました。[69]

ヘッシェルは宗教的儀式や宗教的訓練に新たな命を吹き込む可能性について希望を持っていました。ユダヤ教の精神的訓練は子どものころから彼の人生の中心でした。ユダヤ教の指導者として、これらの訓練についての彼の熟慮は、彼がなした貢献の中で最も重要なものでした。その著作『安息日（*The Sabbath*）』[70]は権威ある書物となっています。彼の見解では、休息と黙想の日として安息日を尊重するユダヤ教の慣行は、精神的な訓練の欠くことのできない次元として、空間よりも時間に人の関心を向けさせるものです。週の中で、そして一日の中で、一定の時間を祈りと聖なる存在とのつながりのために確保しておくことは、シナゴーグや（キリスト教徒には）教会といった聖なる場所に行くことよりも、ヘッシェルにとってはより重要でした。

謙虚さと真実によって和らげられた信仰

この章の至る所で、誤った方向へ導かれた信仰の破壊的な可能性について私たちは言及してきました。宗教的またはスピリチュアルな考え方によって特徴づけられた信仰はどれも、誤り導かれたものだという人もいるでしょう。新たな無神論者と呼ばれる人々（リチャード・ドーキンス、クリストファー・ヒッチェンズら）によって書かれた本は、いかなる種類の信心深さも――組織化された宗教の内部に限らず、スピリチュアルな信仰やその追求への個人的な傾倒でも――深慮に欠け、不合理で、危険なので、人目にさらされ、公の議論や政策によって好戦的に反対されるべきだと主張しています。とりわけ彼らの本は、組織化された宗教は信仰という名の下、遠い昔から多大な危害を加えてきているという打ち消しがたい事実を、苛烈な方法で明確に表現しています。

これらの著者の反宗教的メッセージのすべてに同意しようとしまいと――ほとんどの人々は、特にアメリカ合衆国では、同意しませんが――信仰のリスクについての彼らの警告を無視するのは困難です。宗教との関係を確認された大規模なテロ事件は、宗教的信仰は罪のない人々に対する恐ろしい暴力を引き起こしかねないという自明の理の最新の情報を伝えています。組織化された宗教の批評家によって提起される大きな問題はここで引き受けるべきではありませんが、狂信者の信仰に対する予防手段の緊急性についてコメントをせずに先に進むことはできません。

本著の主な論点は、分別のない道徳的直観と思慮のない道徳的教養の教え込みは、成熟して信頼できる道徳性のための適切な基礎とはならないということです。これは個人的な直観や民族的・国家的文化にはもちろん、スピリチュアルな直観や組織化された宗教の文化にも当てはまります。賢明な判断は演繹的な分析を必要としませんが、それは常に理解と思案の表現形式なのです。従って、知恵を通して表される道徳的理解は、人生の選択を無分別な信仰へと引きわたすことが及ぼす悪影響に対するきわめて重要な予防手段なのです。

宗教的なものであれ、観念的なものであれ、激しい信仰のよく知られた危険の一つに不寛容があります。信仰を持たない人々への軽蔑、差別、暴力でさえ、まぎれもない現実で、この現実が新たな無神論の人気に拍車をかける原因ともなっています。不寛容への唯一の対抗手段は、心の広さと差異への敬意（新たな無神論自体は常に尊重しているとは思えない性向）です。信仰の破壊力を避けるには、私たちが強調したほかの二つの徳である**誠実さ**と**謙虚さ**と信仰は密接に結びついていなければならないのです。

開かれた心は、真実と謙虚さの交わる地点に位置する、道徳的特性の中でも決定的に重要なものです。この特性は私たちが研究したリーダー全員の信仰に明瞭でした。６人全員が、異なる宗教間での働きや宗教的な信仰への非常に多元的なアプローチで知られていました。

ダグ・ハマーショルドの人生についての内省には、キリスト教だけでなくヒンドゥー教と仏教の影響も入り交じっていて、彼の人生の最後の活動の一つはマルティン・ブーバーの『自と他（*I and Thou*）』をスウェーデンで出版する準備をすることでした。ハマーショルドはそのプロジェクトについて話し合うため事前にブーバーとイスラエルで会っていて、彼にとって最後となったコンゴへの旅には、その本の複写を持って行っていました。エレノア・ルーズベルトは世界人権宣言を支持して、世界のあらゆる信仰の伝統を結びつけることに成功しました。アブラハム・ヘッシェルはプロテスタントの宗派の聖職者だけでなく、カトリック教会とも密接に連絡をとって仕事をしました。彼はイスラム教のリーダーたちにも接触し、トマス・マートン、ラインホルド・ニーバー、ダニエル・ベリガン、フィリップ・ベリガンを含む同時代のよく知られたキリスト教徒たちから愛されました。

宗教的信仰のもう一つの特徴的な弱点は、親しい関係にある独善と共謀し、偽善に力を貸すことができることです。自省、内面的な誠実さ、謙虚さを吟味するきちんとした習慣が、これらのよく知られた宗教上の悪に対する最も効果ある抑制なのは明らかです。私たちの見解では、信仰は単独では持ちこたえることはできず、真実と謙虚さとが結びつかなければなりません。さもなければ、信仰は最も悪い類いの暴君的リーダーシップを防ぐどころか、それを助長することになりかねないのです。

第七章　道徳的真実への普遍的な探求

真実性、思いやり、公正さ、名誉のような道徳的な理想は、広く称賛されているようです。しかし、実際に**どのくらい**広く称賛されているのでしょうか。そのような理想は特定の時代、場所の産物にすぎず、私たちがよく知っている社会的・文化的な文脈でのみ妥当なのではないでしょうか。あるいはある道徳的理想は人間的状況で普遍的で、よいことをしようとしている人々によってどこでも称賛されるのでしょうか。そして最も広くもたれている理想はどのくらい**人を動かさずにはおかない**のでしょうか。そのような理想は生き方によって異なるのでしょうか。それは私たちの行動を導いてくれるのでしょうか。あるいはそれは、利己的で非理性的で文化的に駆り立てられた衝動的な行動の後で、私たちが抱く高尚な幻想にすぎないのでしょうか。結局のところ道徳的理想は、自分自身や他者の目に有徳そうに見せるために用いる想像上のつくり事にすぎないのでしょうか。

影響力があろうとなかろうと、道徳的理想は真空では作用しません。あらゆる瞬間、私たちは身体的、情動的、社会的、観念的というように複合的なレベルで行動し、反応しています。「内臓」の反応――身体的および情動的――には、特別の力を与えられる確実性があります。ある社会科学者はこの特別な力について、情動的な騒ぎが高まると理想はその騒音をこえられないということを意味するとしています。そのために、情動が日常を支配するという主張が、今日の社会科学やマスメディアに大きくアピールするのです。この考えがアピールする一つの理由は、それが私たちを脅かす良心の留め金を外してくれるように思えるからなのです。理想が機能しない世界では、良心は無意味になり、無視することができます。

この著書では、理想は少なくとも重要な状況では人々の道徳的選択に影響すると論じてきました。決定的な時代には、良心の「小さな声」であっても、情動のやかましい騒音をこえて聞くことができます。私たちは内臓の反応が果たす役割は認めますが、人間のモラル・センス全体がそのような無意識的反応によっているという生物学的決定論の極端な考えは拒否します。

しかし決定論は、生物学的と同様文化的というように、多くの外観を持っています。たとえ理想が私たちの行動に重要であることを読者に確信させたとしても、理想がどこからくるのかの問題に取り組む必要があります。偶然にさらされた文化的な環境が何であれ、そこから理想を拾い上げるのか、あるいは理想を選び、自分のものにし、時に創造する上で私たち自身が決定的な役割をとるのか。自分で統制できない文化的な力が道徳的な理想を決定するのか、あるいは私たちは理想を選び形づくる時に個人として力を持つのかという問題です。

これらは何世代にもわたって哲学者やほかの学者の興味をひいてきた大きな問題であり、そして道徳性の本質に関するさらに大きな問題につながっています。人間のモラル・センスは、気まぐれで非理性的で、意識的な選択を受けつけない内的あるいは外的に固定された力を単に引き継いだものの反映にすぎないのでしょうか？　あるいはすべての個人の道徳的な理解の能力と徳によって導かれる道徳的真実への能動的探求、すべての場所の人々に共有され、多くの別個だけれど相互につながっている方向に導く探求の反映なのでしょうか？

私たちがそれらの問題にいかに答えるかが重要です。正しい道徳的な道を決めるためにともに考える努力、個人と社会のための道徳的な成果を増すための法を公式化し、自分自身の道徳的選択や目的を反映させ、若者が健全な道徳的判断をする能力を持つように教育する努力、そのすべては思想が重要で真剣に考えられねばならないことを想定しています。人々が大切にしそれに従って生きようとする理想について思索することなく、社会がいかに道徳的に進歩することができるのかを想像することは難しいのです。

マーティン・ルーサー・キング・ジュニアはかつて「道徳的宇宙の円弧は長いが、それは正義に向かって曲がっている」と感動的な主張をしました[1]。この前進する湾曲の鍵となる主張は、彼らの行動は自分が持つ理想にどのくらい合っているかの評価に従って、人々が彼らの現在の信念の有効性を常に再考するということです。そのような再考と評価は、理解と判断、学習の産物であり、それらはみな個人の統制下にあります。

今日の知的雰囲気においては、道徳的理想がきわめて重要だとする私たちの主張は論議を呼んでおり、説明と実証的なサポートが必要とされています。この著書の目的はその二つを提供することなのです。

私たちは問題の中心を**道徳的真実への普遍的な探求**としました。この領域での最近の論争は、この中心的なフレーズに内在している三つの対立を反映しています。第一の対立は**普遍性**の概念に関わっています。この概念は、文化的な文脈によって変わる**特殊な**信念を尊重することに対する反対の概念としてしばしば位置づけられています。第二の対立は**探求**に関わっていて、それは人々の選択は生物学的・社会的環境によって決められているという現在普及している考えとは反対の、**道徳的主体**である人々による**能動的な**探求を意味しています。第三の対立は**道徳的真実**に関わっていて、それは多元論や相対主義という見たところ寛容な視点の反対で、どのような道徳的問題にも一つの正しい答えがあるという考えであるとしばしば受け取られています。しかし道徳的真実の用語は、道徳的問題にはただ一つの正しい答えがあるということを必ずしも意味していません。唯一の絶対的な道徳的真実しかないと考えることなく、ある道徳的主張はほかのものより妥当であり、道徳的誤りや虚偽は道徳的世界で現実にあり得ると考えることは可能です。普遍主義と特殊主義、道徳的主体と決定論、道徳的真実に対する原則的アプローチと相対的アプローチの緊張は、重要な問題であり、正確で完全であろうとする道徳的な選択に関する様々な見解によって考察されるべきです。この著書で紹介したモラル・リーダーたちは、意識的に公然とまさにこれらの緊張と格闘し、健全な道徳的選択に助けられて緊張を解く有益な方法を見つけようとしました。この最終章では、この定義上の問題に関して特に参考になる例を一つ検討します。

文化的に多様なグローバルな時代における普遍的な規範の勝利

現在の社会的、政治的な時代という手に負えないプリズムを通してみると、世界のイデオロギー、宗教、人種、経済、文化的多様性をこえて同意を得ることができるような道徳的理想を心に描くことはほとんど不可能です。しかし第二次世界大戦終了後、世界中の国々が**世界人権宣言**に表現された道徳的理想に対して支持の投票をして、１９４８年の12月10日、パリで国際連合の国連総会で可決されてから、まだ70年経っていないのです。

そしてグローバルな舞台は対立に満ちています。冷戦の敵対行為はソ連の西ベルリン封鎖で切迫し、ユダヤ人とアラブ人はイスラエルでお互いに対して武装し、植民地化政策に対する武装した抵抗がすべての大陸で起こり、合衆国や英国を含めて色々な国の国内で宗教的、文化的な不一致はますますはっきりし敵対的になっています。にもかかわらず世界人権宣言は、これらのすべての異なった集団の中で共通の道徳的な同意をもって迎えられたのです。

世界人権宣言は「人類社会のすべての構成員の固有の尊厳と平等で奪うことのできない権利[2]」の宣言で始まっています。それに続いて権利を定義づける29の条項が書かれています。条項は「すべての人間は、生まれながらにして自由であり、かつ、尊厳と権利において平等」であり、すべての人々は「お互いに同胞の精神をもって行動しなければならない」と述べています。ほかの条項では、すべての人々の生命の権利、安全、所有権、移動と宗教の自由、法の下の平等、平和な集会、教育、雇用の選択、結婚、家族について宣言されています。奴隷制度、拷問、恣意的な逮捕は禁じられています。これらの権利に従って、共同体への義務と他者の権利を尊重し守る責任が生じます。29条のうち26条は、第1条も含めて満場一致であり、残りの3条も棄権が8票だけで反対なしの圧倒的多数で通過しました。

世界人権宣言は20世紀半ばの戦争で分裂し苦しめられていた世界において自由が前進した重要な勝利なのです。世界中の多数の人々、多くの場合その時代の全体主義的な体制の下でぞっとするような人権の侮辱に苦しめられている人々が目撃していました。おそらくそれらの侮辱の新しい記憶が、そのような非人間的な行為に抗する全世界的な証になる文書をつくろうとする国連の努力を助けたのでしょう。このドラマティックな背景においてさえ、どこにいる人にも恩義を施す原則を細かく述べた「普遍的な宣言」の幸運な一節は、人間の道徳性の歴史上、並外れた、ありそうもない達成なのです。

この驚くべき成功の背後でそれを推進したのがエレノア・ルーズベルトで、いくつもの異なった国々の有能で熱心な協力者のチームに助けられて行われました。メアリー・アン・グレンドンが『新しくつくられた世界：エレノア・ルーズベルトと世界人権宣言[3]（*A World New Made: Eleanor Roosevelt and the Universal Declaration of Human Rights*）』で輝かしく語っている話は、道徳的なリーダーシップの肖像の理解と、普遍主義と特殊主義の間の緊張をどのようにして解くかについての洞察の両方に役立ちます。その話の永続的な遺産は道徳的理想の力の証です。なぜならば世界人権宣言は全世界的に承認された後の世界の出来事に莫大な影響を与えているからです。宣言には法的規定や制裁、誘因といった執行力がないにもかかわらず、そのような莫大な影響が起こるということが、特にそして直接的に本書の命題と関係しているのです。

エレノア・ルーズベルトは文書を起草した国連の委員会でリーダーシップをとり、代表国の様々な文化、イデオロギーの視点から共通の声をつくり出しました。この業績は世界のリーダーたちや一般の人々がルーズベルトを非常に尊敬していたことによっています。彼女は自分自身の個人的な利益をこえた目標に生涯にわたってコミットしたこと、また彼女の態度にみられる著しい謙虚さによってこの尊敬を得たのです。

ルーズベルトの性格のこの側面は、人権宣言を構想している時の彼女を観察していたレポーターによって示されています。「国も個人も自己利益が顕著な時代にあって、彼女は高くそびえ立つ利他的な人物としてますます広く知られるようになった。ミセス・ルーズベルトはそれが自分にとってどうなのか決して気にしない。彼女は絶対に国の自慢をしたり、個人的な野心を持っていない。多くの人にとって彼女はアメリカの良心の化身である[4]」。

この人目をひく役割は彼女のところに簡単にきたわけではありません。長い間世界で最も力ある国になった国の大統領夫人であったにもかかわらず、彼女は注目の的になることを求めなかったし、受けることもありませんでした。生まれつき内気な彼女は、政治家の生活の派手さも騒ぎも嫌っていました。この議論を呼ぶ可能性のある国連の委員会のリーダーの役割を引き受けるように言われて、彼女は不確かさに悩まされました。まず彼女が有名で尊敬されているとしても、彼女は女性がリーダーの役割をとることはほとんどない時代の女性であり、彼女が先頭にたつ委員会は力のある男性社会のリーダーたちによって構成されていました。彼女は非常に優秀な男性たちと、イデオロギーと国家の政策に関する信じられないくらい複雑な問題を処理するのに、夜遅くまで確信のもてない時間を過ごしました。自分の役割に不安を感じさせたもう一つの理由は、彼女の教育的、職業的経験はそれらの男性の同僚と比べると弱いことでした。しかし彼女は働き続け、その賢く穏やかで力強いリーダーシップで委員会の永続的な尊敬を獲得しました。

以下に述べるように、彼女が書き、そして毎晩唱えた祈りに表現された信仰は、この情動的に苦しい時期に均衡を維持することに役立ちました。

何よりもルーズベルトは、人間の権利の文書に本質的だと考える原則を守ることにおいて動じませんでした。その原則のいくつかは奴隷制の禁止のように広く受け入れられていましたが、ほかの原則は他国の代表の連合と争うことになりました。たとえば経済的領域では、ルーズベルトはソ連の完全雇用の指令への要求に抵抗しなければなりませんでした。なぜならばそれは労働者の意志に反して仕事を割り当てることになり、自分の仕事を選ぶ自由をなくすことになると彼女は考えたからです。またルーズベルトは基本的自由に対する人々の権利は、他者の基本的自由を守るように行動する義務とつながっていると考えていました。社会がすべての人の権利を守る力を維持していれば、権利は責任によって均衡をとられねばなりません。人権宣言の最初から最後まで、権利と義務の結びつきは文書の中心的な原則であることは明白です。第1条は、すべての人に対してお互いに「同胞の精神を持って」行動することを命じ、最後の条項の第29条では「すべての人は、その人格の自由で完全な発展がそこでのみ可能である社会に対して義務を負う」[5]と主張しています。

この意味において人権宣言は、社会における自由は市民としての徳を持つことを市民に要求するという前提に基づいてつくられた共和主義的民主制の伝統を反映しています。偉大な20世紀のリーダーのジョン・ガードナーは、アメリカの民主主義の基礎について、「支配からの自由（liberty）と義務、市民としての自由（freedom）と責任。そういうことだ」[6]と書きました。世界中の異なった文化から来たリーダーたちは、どのようにして大部分が西欧の民主主義の共和主義的伝統に由来する道徳的原則や市民的徳についての言説を支持するように説得されたのでしょうか。洞察に満ちた論評でメアリー・アン・グレンドンは、エレノア・ルーズベルトに率いられた多元的な文化の立案者グループは、彼らを結束させる本質的な道徳原則を支持して、小さい違いは考慮しないことにしたと指摘しています。「彼らにとって決定的なことは、……すべての人間存在の**類似性**であった。彼らの出発点は、地球上のすべての男女、子どもに共有された共通の人間性というわかりやすい事実であり、彼らのために言語的、人種的、宗教的、そのほかの差異を適切な視点に分類する事実なのである」[7]。その「適切な視点」というのは、本質的な道徳原則と徳に伴う権利と義務は真に普遍的だという信念なのです。

画一性なき道徳的普遍主義は、文化人類学者のリチャード・シュヴェーダーが普遍主義と特殊主義間の緊張が構成主義的方法でいかに解き得るかを示すのにつくり出したフレーズです[8]。このフレーズはエレノア・ルーズベルトのアプローチを正確に表現しています。彼女の普遍的な人権への信念は、国家がその権利を守る合法的な方法は様々であるという認識によってバランスがとれていました。異なった文化的視点を持つ様々な国に一致の署名をさせたのは、このバランスのとれた見方でした。

たとえばルーズベルトの考えでは、家族の権利は親族関係やほかの組織まで広い範囲にまで認められるし、中心的な経済的権利は資本主義と共産主義のように異なった政治的システムで当てはめられました。教育の権利は公式の学校教育だけでなく、技術やわざ、知識の集まりを非公式に教えることにも当てはめられました。人間の尊厳を保証する規約体系の決定的な要因内で、社会は自分の特殊な文化的文脈に合った行動の規範をつくる余地を持たねばならないのです。

世界中の国の同意を可能にしたこの多元的な考え方は、ルーズベルトの個人的な宗教的信仰と一貫していました。ルーズベルトは、普遍主義、個人の権利の尊重、文化的多元論、神の計画についての彼女自身の理解との間のやむにやまれぬつながりについて、自分自身の言葉で次のように述べています。「私たちの知性や才能は神の計画の一部として、めぐり合わせで与えられているように私には思われる。神は子どもたちを憐れみを持って見守り、色々なやり方で彼に近づくのを許すのだと思う[9]」。

すべての文化の特殊性を尊重することを重視している文化人類学の共同体は、人権宣言に対して多様な反応を示しました。このことについてのアメリカ文化人類学学会の公式の声明は、普遍的な権利と文化相対主義の中間の立場に立つに留まっています。それは「国際的な原則と一致した人権へのコミットメント」を認め、そして人権宣言による進歩を「確立する」意図を書き留めました。[10] しかし声明の強調点は当然のことながら「西欧的な伝統である抽象的、法的画一性よりも、集団性と個人性の両方の具体的な差異の尊重」であり、彼らの文書はほかの権利よりも「文化を理解する力を実現化する権利」を上位に置いています。[11]

ほかの文化的な闘士は人権宣言の妥当性を疑うことにより執拗でした。たとえばグレンドンは、人権宣言の「傲慢な」主張を激しく非難するバッファロー大学の法学教授の1998年の次の言説を引用しています。「イスラム教徒、ヒンドゥー教徒、アフリカ人、ユダヤ教――キリスト教でない人々、フェミニスト、批判的な理論家、心の傾向を探求する学者は、人権宣言の偏りと排他性を暴露している」。[12] ほかの文化に関する学者は「異文化間、そして歴史的な多様性に関して同じように明らかな事実であるにもかかわらず、世界中の国が超越的な道徳的事実の基本的なセットとして認めなければならない原則」[13] と嘲っています。このような考え方は、今日の学会でまだ非常に盛んである文化的相対主義の極端なバージョンなのです。

しかしこのような相対主義の考え方が「人類社会のすべての構成員の固有の尊厳と平等と奪うことのできない権利」（人権宣言の主要な原則）をおかす文化的実践をいかにして除外することができるのかを考えることは難しいのです。歴史学や文化人類学の研究が示しているように、人権宣言の第1条の「すべての者は生まれながらにして自由であり、尊厳と権利において平等である」[14] ことを掲げない文化的信念はたくさんあります。確かに最近の独裁主義的な政府は、人権の軽視を正当化するために、人権宣言に同様な文化的批判を向けています。文化的視点全般に好意的な学者でさえ、純粋な相対主義は「専制政治に対する不変の支持者」として役に立つと指摘しています。[15]

シュヴェーダーが掲げた「画一性なき道徳的普遍主義」という役に立つフレームは、文化的なことは気に留めない普遍主義者と極端な相対主義者の中間の賢明な立場をとっています。シュヴェーダーは普遍主義者には「ほとんど知らない他者の習慣的な行動について道徳的判断をする時にはゆっくりすべき」、そして極端な相対主義者には「道徳的真実の存在を否定することで道徳的討論を滅ぼすな」と警告しています。[16]

シュヴェーダーが書いているポイントは「内部者も外部者も、少数派も多数派も（言い換えればすべての人は）、純粋な道徳的討論に関わり、彼らの社会そして同様にほかの社会で何が正しく何が間違っているか判断するための共通した参照枠を持つ」ということで、[17]エレノア・ルーズベルトと国連の委員会に従っている私たちはそれと全く同じ考えだと確信しています。

人権宣言の理想の言説はなんと人を動かさずにおかないものなのでしょうか。人権宣言は監視も違反に対する制裁もなく力による対策は持たないため、懐疑主義者はその努力を、何物も生み出さない宗教的な言説の集まりにすぎない理想主義の哲学的実践だと嘲笑っています。力による脅しなしでは人権宣言は無視されると懐疑主義者は考えています。もちろんこのような反対は、人間の行動を支配する道徳的理想の力に対する疑いを反映しています。本当の行動的選択をするためには、圧力と誘因が必要とされると想定しているのです。

しかし人権宣言後の歴史はこの想定に反しています。グレンドンは人権宣言の世界への衝撃についての報告書の中で次のように書いています。「人権宣言の道徳的権威はそれ自身で感じられるものである……南アフリカのアパルトヘイトの倒壊や東ヨーロッパの全体主義体制の崩壊というような人権の印象的な前進は、多くの契約書や条約文書によるのではなく、人権宣言の道徳的かがり火によっているのである」。[18]その上、100近くの国が人権宣言をモデルにして彼ら自身の人権の条項に採用しています。人権宣言以来、民主主義に向かった多くの国々の動きもこの文書の影響に負っています。１９４０年代の後半以前、世界の国の28％が民主主義だと主張していましたが、21世紀の初期の数年までにこの数字は62％に達しています。国の民主化による自由の進展は人権宣言のすべての条項で奨励されている目標なのです。

ルーズベルトは人権宣言のもう一つの重要な影響、教育的な影響を予期していました。「私は人権宣言が世界の人々の教育を大きく進めるだろうと思う」と彼女は書いています。[19] 教育はもちろん人々や世代をこえて思想を伝達することの中心です。もし思想が重要でなければ空虚な営みになります。人権宣言に含まれているような道徳的理想の場合は、それを支持する社会にとっても、それから恩恵を得る個人にとっても、そのような思想が重要であることを歴史が明らかにしてきました。

個人の主体、内省、そして能動的な道徳的選択

あらかじめ心のうちに決めて、あるいは外からの影響を受けて、ある対象を消極的に選んでしまうよりは、むしろ道徳的な主体として選択をコントロールして活動すべきではないのかという問いは、人の道徳的意識を特徴づけるあらゆる努力の中心にあらねばならないと思います。生物学的に定められたことや文化的な影響、そして素早く、まるで自動的と思われるような道徳的反応のおおかたは、道徳性についてこれまでにたくさん書かれてきている特徴といえます。しかし、これらはいずれも道徳的意識の究極の形を決めていくのに**能動的な内省**が果たしてきた役割を明示してきました――実際に、先にあげてきたことは、私たちの道徳的な選択にとって重要なものでした。

人々がある社会的なシグナルに直面した時に、共感や嫌悪といった感情で、つまり生理的レベルでの反応を選択する経験をします。しかし、こうした感情や行動結果が、より優れた道徳的理解を伴えば劇的な変化をもたらします。私たちは、日々の行動を導く信念や習慣という枠組みに人々を取り込んでいくたく

さんの方法が文化の中にあることを知っています。さらに、人々は自分自身の独自のやり方、たとえば、文化に様々な多様性を導いたり、すでに普及している文化規範に批判したり抵抗する、といった形で文化という文脈を解釈する能力を持っています。客観的に見える文化的な習慣を変えようとする個人や集団が存在することによって、文化自体がたびたび変わることは重要なことともいえます。判断というものが、文化という文脈やそのほかの変更できない要因によって完全に決定されるのだとしたら、いったいどのような基本に基づいて人々は変化を起こそうとするのでしょうか。

この本で取り上げられた6名のリーダーたちは、改善の必要性を信じて文化を変えようとした行動で高く評価されています。大きな名声と影響力を持つ有名なリーダーとして、この6名すべては文化や世界に消えない足跡を残しました。各々がすべて記録に残る方法で歴史を変えたのです。偉大な歴史上の人物たちについて、各人のなしてきたことを追跡することができますが、彼らはすべての人々が、社会運動に個人として参加して社会を変えることができることを示しました。事実、事例を引用すると、ある傑出したヨーロッパの社会心理学者は、歴史は社会を変える個人の物語の方が、個人を変える社会の物語よりも**多く**あることを指摘しています[20]。私たちはそこまではしないかもしれませんが、私たちは、特別な個人が文化的な文脈の中で能動的に解釈し、判断し、選択することによって周囲に大きな影響力を与えていることを認めています。もちろん、私たちの大半は、広い社会に特大の影響力を残す立場にはありません。しかし、私たち、普通の人々は、たとえ、社会の変化に影響を与える出来事から区別されるほど目立つことはしなくとも、社会的に重要な影響力を持っているのです。

もちろん、人が環境を解釈しそこに影響を与える能力は、他人と孤立しては機能しません。あるいは自分の考えや行動を完璧に絶えず制御しているということも意味しません。遺伝的コードのように生物的に受け継がれているものに加えて、人は、いったん学ぶと変化することが難しい習慣を獲得します。実際、こうした習慣は、私たちにとってかなりの部分を占め、時に第二のネイチャーとして言及される生得的な特徴に匹敵するほどの機能を持ちます。[21] 習慣が道徳的な行為に働く役割の顕著なものには、反応の多くから明らかに見られる自動性の性質です。学習した習慣はルーティンになり躊躇なく開始されます（道徳領域で、徳は、ためらうこともなく、ほぼ内省されずにルーティンとなった道徳的反応を保証しますが、これも習慣の中に存在しているからです）。そこで、重要な問題は、道徳的習慣と道徳的内省の関係です。

道徳性心理学や道徳教育の領域は長らく、習慣（あるいは美徳）を強調する人々と、内省（あるいは推論）を強調する人々の間でその食い違いによって二つの領域に引き裂かれてきました。こうした対立が強かった昔を振り返ると、アメリカの文部長官で『魔法の糸――こころが豊かになる世界の寓話・説話・逸話100選（*The Book of Virtues*）』[22] の著者、ウイリアム・ベネットは、心理学者ローレンス・コールバーグと対立し習慣の側から論争を求めました。コールバーグは、むしろ推論や判断の重要性を主張したのです。コールバーグは、精査に耐えない固定した概念である一般的な人格特性に基づくアプローチを、「浅い美徳の袋」と呼び公然と非難したのです。しかし、近年、キャラクター・エデュケーションの領域が、向社会的行動を教育しようという実際的な課題に言及し始め、双方の価値を見出しています。習慣と内省の双方を統合した見方がとられるようになったといえます。健全な道徳性心理学は、キャラクター・エデュケーションの中の近代的傾向である実践知に従うべきでしょう。また、習慣と内省の双方についての道徳的意識に貢献する努力をしていくべきです。

日々の道徳行動の多くが習慣によって導かれることは自明なことです。しかし、内省は習慣の最初の出発点でもあります。どのようにいつ習慣となるのか、どの習慣が促進され抑制されるのか、どの習慣が獲得されるのか、に影響を与えます（完全に決定しませんが）。そして、少なくとも場合によっては、習慣は変化します。人々は、うまくいかないと思う習慣をはじめたりやめたりとかなり多くのエネルギーを費やしています。

こうした習慣を変化する努力は、必ずしも、望ましい結果をもたらしませんが、多くの人々は、状況が許す程度に運命を変えようとすることがわかります。習慣がどの程度まで人生の目的に役立つかを考えて、習慣を調整したり、さらに再調整しようとします。人々が理想にそって習慣を検討し、変更し、行おうと努力する限り、自己決定の選択やある程度の自己決定は（現実の制限となるパラメーターの範囲内で）可能です。

道徳性心理学として統合された立場として暗示されるものはありますが、可視されることは、その領域の重要なメッセージです。「道徳性の新しい科学」の提案は、道徳機能が習慣と内省の両方を必要とするといった見方を（強く強調したわけではないが）とったことです。しかし、新しい科学に欠けているのは、その仮定にあります。内省を生み出す信念が文化によって完全に形づくられるという仮定です。そこでいう文化は、文化によって価値づけられたあるいは禁止された例を伝える物語を共有して獲得されます。

この学びの伝達について単純に考えられている物語モデルには、以下のような話があります。――ある若者がイソップ童話を聞きます。ひと夏踊っていたキリギリスと冬のためにせっせと食べ物をたくわえていたアリの話です。この話の結末は（キリギリスは冬に飢え、アリはしのいだ）、若者に勤勉と将来を考えないがためのリスクについての徳を教訓として与えます。若者はおそらく水を吸うスポンジのように文化的な話を学びます。そして、彼らの行動は、これらの物語を通して学んだモデルによって形成されていくのです。若者が、道徳的な信念や理想に関連して自分の行動を考える限り、文化による学びや生物的な衝動性に基づいた行動は合理化されます。この見解は、心理的な現実に根拠がないのはさておき、人間の道徳性について皮肉な視点をもたらします。

この見解についての科学的な課題は、あらゆる社会の文化的メッセージが、時には葛藤するほど多様であり、ほかの話よりもある話にどれくらい人々の注意が向けられるかその程度を十分認識していないことです。少なくとも人々は自分が注意を向ける文化的な話やそのほかのメッセージについて能動的に考えているという事実に気づいていません。こうした場合、人々は自分が知っている価値や道徳的な話について、自分で勝手に決断しその話を勝手に理解しているところがあります。人々の多くは、こうしたことを、当然のことながら行っています。見聞きした例から個人的な偽りのある独特の視点を持ってしまうわけです。私たちが検討した6人のリーダーは、彼らが崇拝した理想を創造的に選び、また、統合するといった正しい実践を行いました。彼らは意識してモデルに従いました。彼らは、物語やほかの文化的な伝統を自分たちの理想に含めましたが、能動的に悩んだ末、優れた判断力でやり遂げたのです。

概して、人々は文化的な経験に影響されますが、なすがままではありません。文化による社会化の影響力は大きく、個人の文化についての評価や非難は結果的に道徳的な選択を導きます。そして、時に、文化それ自体の将来の方向でさえ決めていくことになります。

共有され、変化し、終わりのない道徳的真実を求めて

科学的および歴史的真実を確立する可能性が疑問視されてきている時代に、**道徳的真実**という言葉が人々をなぜ不快にさせたのか、その理由を知ることは簡単です。ポストモダニストは、人間の思考領域で、真実を客観的に決定する方法があるのか、その疑問について口にしていました。また、ある文化理論家は、文化的文脈についての道徳的主張に真の価値が存在するのか疑いを投げかけていました。道徳的真実に関与することは、絶対主義的で、了見が狭く、帝国主義的でさえあるような印象を与えるリスクを伴います。ジョナサン・ハイトの言葉を使えば、道徳一元論の主張といえるかもしれません――すなわち、ただ一つの道徳性真実であり、あらゆる道徳的な問題につながる一つだけの正しいアプローチが存在するという主

張です。

私たちは、すべての人、時代、場所に、道徳性真実がただ一つだけ存在するとは主張していません。道徳的真実を探求していく意義は、**あらゆる道徳的疑問や社会的問題に道徳的に正しい答えや方法がただ一つだけ存在することを意味していません。**しかし、このことはまた、道徳的真実を探求するという理想を捨て去ったということも意味しません。たとえ身近な問題に妥当な回答が一つというよりはたくさん存在するとしても、あらゆる道徳的主張の真実について判断や正当化が可能であり、またなされなければならないのではないかと考えます。

極端な例をあげると、私たちはナチスのイデオロギーを、その民族的優位性と世界支配の綱領から、唯一無二の真に選択すべきものとしての独特のシステムやイデオロギーによる裏書きが何もない、道徳的な過ちであると判断することができます。優生人種や世界支配の教義として判断することができます。ドイツのナチズムに続く政治的システムは、システムのどれかがあらゆる人々、時、場所のための一つの真の道徳性を表すものだとは考えず、ナチズムよりも公正で道徳的だったと明言することは道理にかなっているのです。民主主義政治のイデオロギーがナチスのイデオロギーよりも道徳的合法性が高いという結論は、ナチスのイデオロギーがそれ以前あるいはそれ以降のあらゆる民主主義国家に比べて、不公平で、自由がなく、人間の権利を認めず、不誠実であり、思いやりがないものであったことを示す（それは簡単なことですが）ことで、勝手な理由に基づくものではないと言えます。アメリカにおいて同様な判断が下される例があります。奴隷制はいかなる場所においても道徳的に間違っています。奴隷制についての議論は現在および過去においても道徳的真実に欠けています。

道徳的真実が相対的なものでなく明白な基準を必要とし議論されることを必要とする道徳哲学の立場は、道徳性心理学にとっては**発達的な**アプローチと並ぶ重要な類似点があります。発達的な観点では、優れていることは機能や適応がより好ましい方向に進むことであり、人生行路がどのようであれ一つの終点が完璧である必要はないと考えられます。発達的アプローチの多くは、有機体が変化する状況に持続して適応する創造的な進化が存在する世界に、明白な成熟の終点を仮定することを有益だと考えてはいません。ただし、行動のある様式はほかの様式よりもより発達しており適応的であると考えたりします。子どもが甲高い声で泣きわめくよりも、言葉で必要なものを要求することを学ぶようなことです。子どもが人生を通して、新しい条件に直面した時、発達は新しくより適応的な機能を生み出していくのです。

第四章で述べたように、ジェーン・アダムズはこの視点をとりました。それは、彼女が次のことを書いた時のことです。あらゆる世代の人たちがその時代に生じる「新しい環境に、そして新しい期待に対応して」自分自身を理解しなければなりません。[23] アダムズが思ったのは、道徳的真実は決して十分には知り得るものではありませんが、私たちは、多くの見方に心開いて耳を傾ける過程を通して、改善していくことができると理解しています。彼女が独自の謙虚さから心配したのは、彼女自身の意見が情報を十分に与えられるものではなく偏っているのではないかということでした。それゆえ、彼女は、意識的に時間をかけて他人の意見を意識し、吸収し、統合する努力をしました。

実際、6人のリーダーの誰もが、人間はただ一つの究極で絶対的な変化のない真実を発見することができるとは信じていませんでした。逆に、彼らは、真実は進化し、真実を求めることは進行形であり、決して終わりのない過程であることを信じていました。

しかし、ポジティブな進化や発達は時間とともに広がる変化とは限りません。一般的に、人々は年齢とともに優れた可能性を展開するようになりますが、もちろん逆も起こり得るのです。怪我や病気、あるいはそのほかのトラウマになる出来事の後には、時には退行することもあります。

同様に、道徳的堕落のプロセスも時間とともに広がります。道徳的成長のように、堕落は人格と環境の特別な交絡から生じます。社会もまた発達的な意味で後退することがあります。たとえば、ナチスの後、ドイツ国家はナチスの時よりも道徳的真実をより求めていましたし、ナチス以前の国家も道徳的真実をより強く求めていました。20世紀の前半の時間経過は、ドイツ政府の道徳的な質に発展をもたらさなかったといえます。逆に後退でした。したがって、発達も道徳的真実も年表によって評価されるものではありません。絶えず望まれることは、人間は経験から学ぶことができることから、時間の経過が結果的に道徳的真実に発展をもたらすということです。しかし、個々人が経験を道徳を学ぶよい機会として利用しないなら、先のことを言い切るのはまた、決して確実なことではありません。

人はどのように学ぶ機会をうまく活用することができるのでしょうか。一般的には経験から学ぶ多くの部分は、特に他人の視点が自身の視点から分化する時です。特に、こうした視点が自身の視点から分化する時に他人の視点を真剣に意識することからできるようになります。これは、また道徳的真実を探求する本質的な部分と考えられます。この探求は、自身の信念を率直に検討し、他人の視点と照らし合わせた情報に基づき、バランスのとれた解決を導くために謙虚さを必要とします。この本の6人のリーダーは、広く多様な価値の指向性を持ち、全く異なる人々の視点から学ぼうと決断しているところが共通しています。彼らは、もともとは持っていなかったが、関心や洞察を学んだ後に道徳的真実のビジョンを改善させることがたびたびありました。

ダグ・ハマーショルドの国際連合でのリーダーシップは、当時、国家のメンバー間の深い溝を背景にして、共通点を相談しあおうとすることでした。この文脈で、世界の異なる場所の人々が、違った意味で道徳的真実を見ていました。彼は、道徳的真実が、多くの視点が交差するプロセス、すなわち、課題に関連するすべての視野から真剣に考えるプロセスから生じると考えていました。別の様々な見方からの情報を理解し、信念や仮定を立てるところからはじめ、経験に基づいて自分の見解を再考し改正したりします。

彼はこのプロセスを次のように述べています。

国際的な支援、(個人的な信念は必ずしも強い必要はないが)、つまり、国家間の結びつきを得るような支援はどうすればよいのかを考えると、世界に存在するあまたの意見に対して誠実であり、このの ち、自身に何が生き残り生まれるかを描くためには、広い心を持てば可能になるものだろうか。こうした考えを普遍的な雰囲気のもとで成熟させ達成させよう。受け継がれた保守的な考えを守るだけで怠惰に暮らすことは許されない。[24]

これは、シュヴェーダーが多元的な視点から、道徳的真実を理解するやり方での推論の過程と同じです。シュヴェーダーは、この視点(極端な文化的相対主義と極端な絶対主義を比較する視点)を「many-wheres」と呼んでいます。シュヴェーダーは、「知ることができる世界とは、一つの見方からすると不完全であり、一度にすべての見方から考えるとまとまりがなくなり、特定の立場にたたないと空っぽになる[25]」と書いています。

文化は限りなく異なる可能性がありますが、公平やコミュニティ、危害の回避、といった普遍的な道徳性はすべての文化に広くいきわたるものです。ただ、不幸なことに、こうした普遍的な道徳は、互いにトレードオフを必要として対立する場合もあります。こうした理由から、文化と個人は双方とも道徳的な課題に普遍的に関心がありますが、それにもかかわらず、かなり異なった対応をとることがあるのです。文化をこえて物事を継続して解決していくために、シュヴェーダーは、他人の視点をより深く妥当な理解に達するまで、同時に多様な視点から道徳的な事柄の理解につとめ、何が正しいのかその結論が出るまで継続する努力を推奨しました。[26]

毎日の生活の中で道徳的な決断をすることは、学ぶことよりもはるかに多くあります。ハマーショルドは国際連合の初期のリーダーでしたが、リスクは大きく、葛藤は強く、文化的また政治的に常に威圧される状況にいました。こうしたリスクの違いを橋渡しする必要性は、国際連合に求められる重要なミッションでした。ハマーショルドは、このような橋渡しなしには、国際的な葛藤を解決していくことが不可能であると予見していました。彼はエレノア・ルーズベルトの伝統に従って、この課題に次のようなやり方でアプローチしました。すべての国家が受け入れられる道徳的な強い信念を唱導したり、前に進めていく道徳的指針を与えるために文化的相対主義に傾倒しないで、結果的には複数共存も尊重しながら進めたのです。

一致を求めて国際連合を率いるハマーショルドや、人権宣言をまとめたエレノア・ルーズベルトの例を見ると、私たちは、こうした二人のリーダーが使った言葉には、公正、権利のほか、個人の自律という西洋が強調する概念と結びつく概念をほかにも含んでいることがわかりました。しかし、こうした理想はチャリティとか希望といったことを共有でき、また精神的な考えを強調する文化において価値づけられるところがあります。こうした文化を伴うあらゆる価値は、道徳的真実を求めているところがあり、道徳的普遍性についての主張はすべて説明される必要があると考えられています。

広く文化に共有される価値に関与し、多様な文化的視点に敬意を払うことは、道徳的な真実を求めるために必要です。決して終わりのこない探求です。エレノア・ルーズベルトやダグ・ハマーショルドは、国際的な領域でのこうした視点のために戦いました。常に対立する社会や多様な文化に、普遍性と多元性のバランスを保つ方法を求めていたのです。ジェーン・アダムズ、ネルソン・マンデラ、ディートリッヒ・ボンヘッファーは、公正、コミュニティ、信条、神聖について特定の見方のもとに、先と同じような戦いを自分たちの国々で行っていました。

教育、人間の発達、道徳的真実

私たちが述べてきたように、エレノア・ルーズベルトは世界の人々の教育にとって、人権宣言は普遍的宣言の最たる偉大な可能性を持つものとして考えました。これについていうと、彼女は教育こそが高圧的な法律以上の継続的な力を持つものであると理解していました。教育は劇的ではないがジワジワと個人の行動や社会の道徳的雰囲気に継続した影響力を持ちます。教育は市民の心を気高いものとします。特に、道徳的指向を形成します。人が道徳的な理想を理解し大切にするようになると、それに従って行動するようになります。ネルソン・マンデラはこれを理解していたので、「教育は世界を変えるために用いるべき最も強力な武器だ[27]」という有名な言葉を残しています。

長期にまた、行動へと影響するという心理学的意味は、教育がより成熟した機能を発達させるプロセスであるということです。身体的世界に関する機能の向上をアセスメントすることは比較的簡単なことです。子どもたちにとって、歩くことは、ハイハイよりは発達的に優れています。数学のスキルである代数も、ただ数えるよりは優れています。社会にとって、現代医学は、たとえばヒルに吸わせるといった非科学的なことをするよりも優れています。こうした場合、スキルや知識、実践がどんどん発達的に向上することは、実際の現実に対応する上で、以前よりもさらに総合的に機能を高めることになります。

一方、道徳領域において発達的に優れているものを生み出すものは、確信的なものではありませんが、議論を引き起こすことでしょう。たとえば、多くのものは黄金律が、目には目をといったリベンジの考え方より優れていると信じていますが、これは実証できるのでしょうか。誰かが許しよりもリベンジを好むなら、誰がこの選択は道徳的に劣っているといえるのでしょうか。文化的相対主義を強調することは次のような理解できる願望から生じています。その願望とは、異なる文化背景にいる人々が対立する時にどの価値が道徳的な正義なのかについて立場をはっきりさせることを避けたいという願いです。さらには、広く支持されている価値であっても、たとえば、忠誠、公正という価値であっても、生活の上では互いに葛藤し得ます。友だちや家族への特別な義務はどんな時に公平なものなのか、また、このような場合をどのように決定したらよいのかは常に明らかではないのです。

文化に興味を持つ心理学者を、ジョナサン・ハイトが道徳一元論と呼んだ考えを非難するようしむけるといったことは大変難しいことです。ハイトは、文化は信念に同じ基本を共有しない理由から、異なる文化の人々は互いに道徳的な好みが必然的に違うのだと議論します――すなわち、ある文化は純潔を、公正、コミュニティ、自律、といったほかの価値よりも高く評価します。ハイトの見方では、シュヴェーダーの論述の後に(28)、世界規模の道徳的信念のうち明確な礎は五つあり、それぞれは、内発的な道徳的妥当性を持っていると考えました。ハイトは、人々が異なる道徳的選択をしていた、1992年のロサンジェルスの暴動の時に、ロドニー・キングの有名な言葉、「私たちはなぜ仲よくできないのか」と問いました。この相対主義の見方からすると、人々が持つべき一番の義務は、要するに実際には普遍的に適用されるただ一つの価値である、相互に寛容なことです。

ハイトは、寛容があらゆるものが受け入れる一つの道徳的な基準だと示唆した最初の相対主義者では決してありません。寛容という価値にこの独自な地位を与えたのは何でしょうか。人が寛容や公正が葛藤している時に、寛容であるべきでは**ない**という場合に、何をしたらよいのでしょうか。このような場合として、ある行動を寛大に見過ごすは過酷で乱暴な条件を多めに見ることになります。奴隷制や大虐殺まで含まれてしまうこともあるでしょう。歴史は、誤った寛大さの例に満ちているのです。

道徳的に生活するためには選択が伴います。文化的な基準があらゆる場面で道徳的な選択を健全に導くものではありません。新しい変化が生じると、人はどの価値や理想が道徳的反応なのか、個人で、また、誰かと考えなければなりません。心理学者のダルシア・ナバエツ(29)が、ハイトの道徳基盤がうまく応用されず極端に用いられると危ない面があると述べています――すなわち、純粋さ、コミュニティに同調するよう非道に圧力がかかってしまうことです。自己中心あるいは無責任な自律、慈悲のない公正さの実行などを熱狂的に追い求めると、歴史が示してきたように大きな人道的な問題をもたらします。価値を、危険をおかすような間違った適用をしないためには、ベストと考えられる判断を積極的に行い、あらゆる場面で道徳的真実のために心を広く開き、他人とともに努力することです。同様に、基本的な道徳価値が互いに葛藤する時、たとえば、真実を話すと深刻な問題をもたらすといった時、その状況で道徳的に優先される価値を用いる方法で葛藤が解決されるべきでしょう。真実を永久に追い求めてなされる判断は、このような葛藤の道徳的な解決に希望をもたらす原則的解決を与えてくれるものです。ナバエツがまさに指摘するのは、教育こそが学習者に伝えられる価値であるという立場をとる必要性があることです。こうした理由で、教育は、人の心を開き互いに敬意を払うことを促す一方で、価値が葛藤していて何を優先するかを決める時に注意深く考えるあり方といった課題に直面しなければならないでしょう――そうでなければ、教育は道徳多元主義よりはむしろ道徳相対主義を教えることになります。

人間の発達と教育はまさに変化ではなく成長を支援します。この理由として、規範的で、相対的ではない立場が求められています。教育的および発達的視点には、アイデアが重要であり、人々は実際にベストな判断に基づいて選択することや、個人が深い価値や高い理想を考えて道徳的選択をする能力を持つと仮定しています。人間の行動に影響を与える生物学的な要因から社会文化的な要因まで、観念的でない要因を無視しないことです。いったん習慣化すると非常に複雑な行動も、自律的で、時間をかけず、内省しないということが、人間の発達や教育の領域で理解されています。しかし、人間の発達を研究するものや、教育を実践するものは、習慣化した行動はしばしば意識的に導かれた選択と考えています。判断が人をそのように導く場合でも、人は自分の習慣に従い、疑問視し、改善し、時には反対することができることについて理解しています。

考えや判断が重要なものでないなら、教育という大仕事にはほとんど意味がなくなってしまうでしょう。そして、本やマスメディア向けの記事を書くことは、思想や理想、判断ということが重要でないと読者に説得するようなものでさえ、あまり意味がなくなるでしょう。

私たちがこの本を書いたのは、考えや理想が重要だと主張するためです。6名の偉大なモラル・リーダーがこうした生活や行動を書きました。しかし、私たちが行ったことは、人間全体のどの一端においてもすべてに応用できることです。最近『ニューヨーカー』の記事に書かれていましたが、犯罪者であっても公正を切望して犯罪を犯したとありました。たとえ、暴力的で、機能しないやり方であってもです。ニューヨーカーの記事はベテランの検察官が常習的な犯罪者が公平な心で自身を見てくれと訴えることに応えてやることで自白を引き出せることが少なくないと述べています[30]。私たちは、たとえ、必ずしも正しいことでなくても真実と正義を求める種なのです。ある人々は他人よりもより正しいことをしようとしますが、あらゆるものが時に失敗することを明記しておくのは賢明なことです。

人間の発達と教育を通しての進歩は、道徳的な真実を探求することを可能にし、真実に応じて自分たちの選択を調整しようと指向することを意味します（より強い可能性で）。私たちの中にいるとても素晴らしい人々にとっても、進歩は、ゆっくりで、確信できず、決して終わりがないものです。

人間社会にも同じことがいえます。どのような社会でも、道徳的な進歩は多くの世紀にわたって時に思い出したように始まり、3ステップ前に進むかと思うと2ステップ戻ったりします。マーティン・ルーサー・キング・ジュニアの物語は、公正さを指向していますが、その進行過程では多くの迂回をしています。しかし、長い時間がかかりつつも、エレノア・ルーズベルトがまとめた国際連合の人権宣言にその心が述べられているように、人権について前向きに進めていくことが記述されました。確かに、いまだ世界は人権宣言の挑戦に対して一様に応じていません。世界の中には、宣言の理想とは逆のこと、あるいは違反が横行してきています。私たちが結論づけできるのは、宣言の可決が道徳的な進歩の最たる時期であったことであり、それに続いて、世界がこの理想から離れてしまっていることです。離れてしまうことは、長い不実の時間の流れを続ける可能性があるということです。しかし、道徳的理想は、正しい方向に弧を戻すように、生まれてくる人たち、つまり、未来の世代に対して教育し動機づけるために存在しています。

訳者あとがき

新型コロナウイルスが世界を襲った２０２０年。この感染拡大は人々の命を脅かし、世界経済に激震を起こしています。人々は予測できない不安の中に突き落とされ、何を生きるよりどころとすれば良いのか暗中模索の中にいます。経済優先か、生命かという大問題の中、感染者の激増から、医療崩壊が報告され医療機器が足りない時、誰を優先するのかという究極の道徳的選択が人類に突きつけられています。他方、医療が受けられるかどうかという点では、貧困、人種などの差別が指摘されるほか、感染した患者があたたかく援助されるのではなく、むしろ職場や学校で理不尽に扱われ、差別される、いじめられる、解雇されるといった問題が生じています。さらには、マスクの買い占め、転売、医療拒否、ワクチンなどの配分を巡っての不公平など、日々報道される数々の問題は、全てが道徳的な葛藤であり、簡単に回答できない問題が山積しています。

こうした道徳的な問題を人々がどのように解決していくのか、これまでの学術的な研究の多くは、興味深い道徳的なジレンマ課題をもとに、限られた情報の中でどうすることがベストなのか、どのような行動を選択するべきか、それは何故なのかといったことを研究協力者に求め、道徳性の発達に関して多くの興味深い知見を提供してきました。また実験や質問紙で、道徳的な判断に影響する要因を想定して因果関係を調べたり、脳波などの生理学的な視点から検討するなど、多様な方法を用いて道徳のメカニズムが探られてきています。

　こうした道徳性心理学の研究をレビューした上で、本書の著者であるデイモンとコルビー夫妻は、ありそうもない仮想のジレンマをもとに、その場で判断されたことから人々の道徳を解き明かそうとする方向性をきらい、新たな研究方法の意義を強く打ち出されています。生態学的妥当生のない例話をもとに、道徳性の本質を軽々しく語るのではなく、本当に歴史の中で存在した事実の中で、いかにして人々が生きる過程で、様々な試練に合いながら、時に打ちのめされながらも、何が正しいのかを考え抜き、立派な道徳的な生き方を選び取ってきたのかを知ることが重要だと指摘しています。そのために、6人のモラル・リーダーたちを選択しました。

　非凡と思われる人たちが、生まれた時から格別に偉大だったわけではないこと、しかし、生活の中で磨かれた、三つの「徳」が、偉人ではなくとも、私たちが生きる上で重要ではないかと示唆しています。そして、この混沌とした時代の中でも、高い次元の理想を掲げ、信念のもとに主体的に自分が選び取っていく、選択していく、生きるために考え抜くことが大切だと教えています。そして、日常生活の中で、人々が直感的に善悪を判断しているように思えるような時でも、実は、脈々と受け継がれてきた文化や歴史の中で考え抜かれて習慣化したプロセスが、結晶化された行動によって判断されるという見方を忘れないように指摘しています。葛藤を抱えることがすぐストレスと感じてしまう現代生活ですが、やはり、生きるということは葛藤を抱えることであり、答えを拾うのではなく、考え抜く、そのプロセスが大切なことを、訳しながら心に刻めたこと、またモラル・リーダーの各人のエピソードの中で自分を重ねて擬似体験として考える機会を得たことは、道徳性についてより深く考える機会になりました。

　さて、実は、デイモン博士は、私にとって心の恩師の一人です。大学院に入り、子どもの思いやりの発

達について研究をしていきたいと思った矢先に出会った最初の論文が、デイモン博士の分配公正についての論文でした。子どもたちが何をもって「ずるい」「ずるくない」と考えているのか、その発達を解明しようとする論文でした。人は、物や事だけではなく、愛情などの心までも、その配分を巡って多くの対立や衝突を生み出します。こうした公正についての基準の考え方が、幼児期、児童期と質的に変化していくことを、とても素晴らしいアプローチで明らかにされていました。こうした視点に取り憑かれた私は、日本の子どもたちはどうなのだろうと研究したくなり、当時、ネットがなかったので、自分の思いを手紙にしたためて、勇気を出してデイモン先生に資料を送っていただくようにお願いしたのです。その後、郵便箱に、デイモン先生からの黄色い茶封筒を見つけたときの歓喜の気持ちは、いまだに忘れることができません。そのお手紙は今でも研究室の机に大事にしまっています。

今回、ご縁があって、デイモン夫妻が想いを込めて著された著書を訳する機会をいただいたのは大変光栄なことでした。翻訳が決まってから、道徳心理学の領域で大学院の時代から尊敬申し上げていた山岸明子先生にご一緒に翻訳していただけないか懇願し、ご快諾を得た時は大きな喜びでした。また、難しい翻訳を成し遂げるために渡邉晶子先生にご尽力いただけたことは大変心強い思いでした。ここにようやくお二人のお力を借りて年月をかけてまとめることができました。北大路書房の若森乾也さんには、この素晴らしい御本との出会いをいただいただけでなく、辛抱強く支援いただきました。ありがとうございました。

この本が刊行される時期が、この難しい時代になるとは予測していませんでしたが、まさに、今だからこそ、読者の方々に、この著書の語らんとするところを知っていただき、よりよく生きるための道徳に関心を持っていただき、みなさまの幸せに何らかのお役に立てることを心より願いたいと思います。

２０２０年11月

訳者を代表して

渡辺弥生

人名索引

事項索引

原　註

はじめに

(1)　Joshua David Greene, *Moral Tribes: Emotion, Reason, and the Gap between Us and Them* (New York: The Penguin Press, 2013).　竹田　円（訳）　2015 『モラル・トライブズ——共存の道徳哲学へ（上）（下）』 岩波書店.

(2)　注目すべき点は他にもある。いくつかのコルバーグのシナリオは、息子との約束が不都合であることが判明した後、その約束を守る義務があるかどうかを判断しようとする父親のような、身近な問題を描いていた。

第一章

(1)　例えば、Sue Shellenbarger, " The Case for Lying to Yourself, " *Wall Street Journal*, Aug. 2, 2012.

(2)　Jonathan Haidt, " The New Synthesis in Moral Psychology, " Science 316 (2007): 998–1002.

(3)　Malcolm Gladwell, Blink: The Power of Thinking Without Thinking (New York: Back Bay Books/ Little, Brown and Co., 2007).　沢田　博, 阿部尚美（訳）　2006 『第１感——「最初の２秒」の「なんとなく」が正しい』 光文社 .

(4)　Jonathan Haidt, " The Emotional Dog and its Rational Tail: A Social Intuitionist Approach to Moral Judgment, " Psychological Review 108, no. 4 (October, 2001): 814–834.

(5)　John F. Kihlstrom, " Is there a " People are Stupid " School in Social Psychology ? [Commentary on " Towards a Balanced Social Psychology: Causes, Consequences, and Cures for the Problem-Seeking Approach to Social Behavior and Cognition " by J. I. Krueger and D. C. Funder], " *Behavioral & Brain Sciences 27*, No. 3 (June, 2004): 348.

(6)　Shankar Vedantam, *The Hidden Brain: How our Unconscious Minds Elect Presidents, Control Markets, Wage Wars, and Save our Lives, 1st ed.* (New York: Spiegel & Grau, 2010), 4.　渡会圭子（訳）　2011 『隠れた脳——好み、道徳、市場、集団を操る無意識の科学』 インターシフト.

(7)　James Atlas, " The Amygdala Made Me Do It ! " New York Times, sec. Sunday Review, The Opinion Pages, May 12, 2012.

(8)　Marc D. Hauser, *Moral Minds: The Nature of Right and Wrong,* 1st ed. (New York:

Ecco, 2006), xvii.
(9) Joshua Greene et al., “ An fMRI Investigation of Emotional Engagement in Moral Judgment, ” Science 293 (September 14, 2001): 2105–2108.
(10) Joshua Greene and Jonathan Haidt, “ How (and Where) Does Moral Judgment Work ? ” *Trends in Cognitive Sciences* 6, no. 12 (December 1, 2002): 517 – 523.
(11) Deena S. Weisberg et al., “ The Seductive Allure of Neuroscience Explanations. ” *Journal of Cognitive Neuroscience* 20, no. 3 (March, 2008): 470–477.
(12) Tyler Burge, “ A Real Science of Mind, ” *New York Times*, sec. The Stone: Opinionator, December 19, 2010.
(13) Stanley Milgram and Philip G. Zimbardo, *Obedience to Authority: An Experimental View* (London: Pinter & Martin, 2010). 山形浩生（訳） 2012 『服従の心理』（河出文庫） 河出書房新社.
(14) Thomas Blass, “ Obedience to Authority: Current Perspectives on the Milgram Paradigm, ” in *Reflections on the Stanford Prison Experiment: Genesis, Transformations, Consequences*, eds. Philip G. Zimbardo, Christina Maslach and Craig Haney (Mahwah, NJ: Lawrence Erlbaum Associates, 1999), 193–237.
(15) Charles R. Plott and Vernon L. Smith, eds., *Handbook of Experimental Economics Results*, 1st ed., Vol. 1, 2008.
(16) Serge-Christophe Kolm and J. Mercier Ythier, *Handbook of the Economics of Giving, Altruism and Reciprocity*, 1st ed., Vol. 23 (Amsterdam London: Elsevier, 2006).
(17) William Damon, “ The Moral Development of Children,” *Scientific American* 281, no. 2 (August, 1999): 72 – 88.
(18) K. Anders Ericsson et al., eds., *Cambridge Handbook of Expertise and Expert Performance* (Cambridge, UK: Cambridge University Press, 2006).
(19) Daniel Kahneman, *Thinking, Fast and Slow*, 1st ed. (New York: Farrar, Straus and Giroux, 2011). 村井章子（訳） 2014 『ファスト & スロー——あなたの意思はどのように決まるか？（上）（下）』（ハヤカワ文庫） 早川書房.
(20) Kahneman, *Thinking, Fast and Slow*, 48. 村井章子（訳） 2014 『ファスト & スロー——あなたの意思はどのように決まるか？（上）（下）』（ハヤカワ文庫） 早川書房.
(21) Jim Holt, “ Two Brains Running, ” *The New York Times*, sec. Sunday Book Review, November 25, 2011.

(22) Kahneman, *Thinking, Fast and Slow,* 46. 村井章子（訳） 2014 『ファスト＆スロー ――あなたの意思はどのように決まるか？（上）（下）』（ハヤカワ文庫）早川書房.

(23) Jonathan Baron, *Thinking and Deciding,* 3rd ed. (Cambridge, UK, & New York: Cambridge University Press, 2000).

(24) Thomas Gilovich, *How We Know What Isn't So: The Fallibility of Human Reason in Everyday Life* (New York: Free Press, 1991) 守 一雄，守 秀子（訳） 1993 『人間この信じやすきもの――迷信・誤信はどうして生まれるか』 新曜社；
Irving Lester Janis, *Groupthink: Psychological Studies of Policy Decisions and Fiascoes,* 2nd ed. (Boston: Houghton Mifflin, 1982); Jonathan Baron and Rex V. Brown, *Teaching Decision Making to Adolescents* (Hillsdale, NJ: L. Erlbaum Associates, 1991); Jonathan Baron, " Beliefs about Thinking, " in *Informal Reasoning and Education,* eds. James F. Voss, David N. Perkins and Judith W. Segal (Hillsdale, NJ: L. Erlbaum Associates, 1991), 169 –186.

(25) Lawrence Kohlberg, " Stage and Sequence: The Cognitive-Developmental Approach to Socialization," in *Handbook of Socialization Theory and Research,* ed. David A. Goslin (Chicago, IL: Rand McNally, 1969). 永野重史（監訳） 1987 『道徳性の形成――認知発達的アプローチ』 新曜社.

(26) Jonathan Haidt and Craig Joseph, " The Moral Mind: How 5 Sets of Innate Moral Intuitions Guide the Development of Many Culture-Specific Virtues, and Perhaps Even Modules," in *The Innate Mind,* eds. Peter Carruthers, Stephen Laurence and Stephen P. Stich, Vol. 3 (Oxford & New York: Oxford University Press, 2005), 367–391.

(27) Philip Davidson and James Youniss, " Which Comes First, Morality or Identity? " in *Handbook of Moral Behavior and Development, Volume 1: Theory,* ed. W. M. Kurtines & J. L. Gewirtz (Hillsdale, NJ: Lawrence Erlbaum Associates, 1991), 105–122.

(28) Richard Shweder et al., " The " Big Three " of Morality (Autonomy, Community, and Divinity), and the " Big Three " Explanations of Suffering, " in *Morality and Health,* eds. A. Brandt and P. Rozin (New York: Routledge, 1997), 119–169.

(29) Jonathan Haidt, *The Righteous Mind: Why Good People Are Divided by Politics and Religion,* 1st ed. (New York: Pantheon Books, 2012). 高橋 洋（訳） 2014 『社会はなぜ左と右にわかれるのか ――対立を超えるための道徳心理学』 紀伊國屋書店.

(30) Haidt, *The Righteous Mind: Why Good People Are Divided by Politics and Religion*, 1st ed. 高橋 洋（訳） 2014 『社会はなぜ左と右にわかれるのか——対立を超えるための道徳心理学』 紀伊國屋書店.

(31) Haidt, *The Righteous Mind: Why Good People Are Divided by Politics and Religion*, 1st ed. 高橋 洋（訳） 2014 『社会はなぜ左と右にわかれるのか——対立を超えるための道徳心理学』 紀伊國屋書店.

(32) John C. Gibbs, *Moral Development & Reality: Beyond the Theories of Kohlberg, Hoffman, and Haidt*, 3rd ed. (New York: Oxford University Press, 2014).

(33) Gibbs, *Moral Development & Reality*, 34.

第二章

(1) 道徳心理学の研究における処方的判断が避けられないことについての有益な議論については、こちらを参照。 Kristján Kristjánsson, " Virtue Development and Psychology's Fear of Normativity," *Journal of Theoretical and Philosophical Psychology* 32, no. 2 (©2011 American Psychological Association, 2012): 103 – 118, and John C. Gibbs, *Moral Development & Reality: Beyond the Theories of Kohlberg, Hoffman, and Haidt*, 3rd ed. (New York: Oxford University Press, 2014).

(2) 以下の文献で述べられている通り。 Louise Knight, *Jane Addams: Spirit in Action*, 1st ed. (New York: W. W. Norton & Co., 2010), 40.

(3) Knight, *Jane Addams: Spirit in Action*, 63.

(4) Frederick W. Haberman, ed., *Nobel Lectures, Peace 1926–1950* (Amsterdam : Elsevier Publishing Company, 1972).

(5) Jane Addams, *Democracy and Social Ethics* (Cambridge, MA: Harvard University Press, 1964), 256.

(6) Nelson Mandela, S. K. Hatang, and Sahm Venter, Nelson *Mandela by Himself: The Authorised Book of Quotations* (Johannesburg: Pan Macmillan South Africa, 2011), IX.

(7) Nelson Mandela, *Conversations with Myself*, 1st ed. (New York: Farrar, Straus and Giroux, 2010), 10. 長田雅子（訳） 2012 『ネルソン・マンデラ 私自身との対話』 明石書店.

(8) Mandela, *Conversations with Myself*, 24.

(9) Dag Hammarskjöld and W. H. Auden, *Markings* (New York: Knopf, 1966), 55. 鵜飼信成（訳） 1999 『道しるべ』（新装版） みすず書房.

(10)　Hammarskjöld and Auden, *Markings,* 205.　鵜飼信成（訳）　1999 『道しるべ』（新装版）　みすず書房.

(11)　Susannah Heschel, " Theological Affinities in the Writings of Abraham Joshua Heschel and Martin Luther King, Jr. " *Conservative Judaism* 50, no. 2–3 (Copyright 1998 by the Rabbinical Assembly, 1998): 126–143.

(12)　Abraham Joshua Heschel, Jacob Neusner, and Noam M. M. Neusner, *To Grow in Wisdom: An Anthology of Abraham Joshua Heschel* (Lanham, MD: Madison Books, 1990), 196.

(13)　Heschel, Neusner and Neusner, *To Grow in Wisdom,* 206.

(14)　Heschel, Neusner and Neusner, *To Grow in Wisdom,* 358.

(15)　Dietrich Bonhoeffer et al., *Ethics* [Ethik. English], 1st English-language ed., Vol. 6 (Minneapolis: Fortress Press, 2005), 14.

(16)　Allida M. Black, " The Eleanor Roosevelt Papers Project, " http:// www.gwu.edu/ ~erpapers/ abouteleanor/ erbiography.cfm (accessed January 14, 2013).

(17)　Mary Ann Glendon, *A World Made New: Eleanor Roosevelt and the Universal Declaration of Human Rights,* 1st ed. (New York: Random House, 2001), unnumbered page after title page.

第三章

(1)　ウォルター・ミッシェルのセルフコントロールの先駆的研究に参加していた子どもたちは、後日まで待てば食べられるマシュマロの量が増えると言われた。この研究で満足を遅延させることができた子どもたちは、数年後には、より望ましい発達を遂げていた。 Mischel W., Shoda, Y., and M. L. Rodriguez, " Delay of Gratification in Children," *Science* 244, no.4907 (May 26, 1989): 933 – 938.

(2)　Martin E. P. Seligman, *Flourish: A Visionary New Understanding of Happiness and Well-Being* (New York: Free Press, 2011).　宇野カオリ（訳）2014 『ポジティブ心理学の挑戦 ――"幸福"から"持続的幸福"へ』 ディスカヴァー・トゥエンティワン.

(3)　F. B. M. de Waal, *Good Natured: The Origins of Right and Wrong in Humans and Other Animals* (Cambridge, MA: Harvard University Press, 1996), 296.　西田利貞, 藤井留美（訳）　1998 『利己的なサル、他人を思いやるサル――モラルはなぜ生まれたのか』 草思社.

(4)　R. I. M. Dunbar, " The Social Role of Touch in Humans and Primates: Behavioural

Function and Neurobiological Mechanisms," *Neuroscience and Biobehavioral Reviews* 34 (2010): 260 – 268.

(5) Sarah F. Brosnan and Frans B. M. de Waal, " Monkeys Reject Unequal Pay," Nature 425, no. 6955 (2003): 297–299; Sarah F. Brosnan and Frans B. M. de Waal, " Animal Behaviour: Fair Refusal by Capuchin Monkeys," *Nature* 428, no. 6979 (March 11, 2004): 140.

(6) Elliott Sober and David Sloan Wilson, *Unto Others: The Evolution and Psychology of Unselfish Behavior* (Cambridge, MA: Harvard University Press, 1998).

(7) One famous example was Sigmund Freud, *Civilization and its Discontents* [Unbehagen in der Kultur. English], trans. Joan Riviere (New York: J. Cape & H. Smith, 1930).

(8) Richard A. Shweder, *Why Do Men Barbecue ? : Recipes for Cultural Psychology* (Cambridge, MA: Harvard University Press, 2003).

(9) Louise Knight, *Jane Addams: Spirit in Action,* 1st ed. (New York: W. W. Norton & Co., 2010), 105.

(10) Jonathan Haidt and Frederik Bjorklund, " Social Intuitionists Answer Six Questions about Moral Psychology," in *Moral Psychology: Vol. 2. The Cognitive Science of Morality: Intuition and Diversity,* ed. W. Sinnott-Armstrong (Cambridge, MA: MIT Press, 2008), 181 – 218.

(11) Eliot Turiel, " Thought, Emotions, and Social Interactional Processes in Moral Development." in *Handbook of Moral Development,* eds. M. Killen and J. G. Smetana (Mahwah, NJ: Erlbaum, 2006), 7–35; Anne Colby, " The Place of Moral Interpretation and Habit in Moral Development," *Human Development* 43, no. 3 (2000), 161–164.

(12) John C. Gibbs, *Moral Development & Reality: Beyond the Theories of Kohlberg, Hoffman, and Haidt,* 3rd ed. (New York: Oxford University Press, 2014).

(13) David A. Pizarro and Paul Bloom, " The Intelligence of the Moral Intuitions; Comment on Haidt," *Psychological Review* 110 (2003): 193–196; Gordon B. Moskowitz et al., " Preconscious Control of Stereotype Activation through Chronic Egalitarian Goals," *Journal of Personality and Social Psychology* 77 (1999): 167–184; Turiel, *Thought, Emotions, and Social Interactional Processes in Moral Development,* 7–35; Ran R. Hassin, " Yes It Can: On the Functional Abilities of the Human Unconscious," *Perspectives on Psychological Science* 8 (2013): 195–207; Steven Pinker,

The Better Angels of our Nature: Why Violence Has Declined (New York: Viking, 2011).
(14) Philip Davidson and James Youniss, " Which Comes First, Morality or Identity ?" in *Handbook of Moral Behavior and Development, Volume 1: Theory,* ed. W. M. Kurtines & J. L. Gewirtz (Hillsdale, NJ: Lawrence Erlbaum Associates, 1991), 105–122.
(15) Janet Walker, " Choosing Biases, Using Power and Practicing Resistance: Moral Development in a World Without Certainty," *Human Development* 43 (2000): 135–156.
(16) Walker, " Choosing Biases, Using Power," 138.
(17) William Damon, *The Moral Child: Nurturing Children's Natural Moral Growth* (NewYork: Free Press, 1988), 166.
(18) William Damon and Melanie Killen, " Peer Interaction and the Process of Change in Children's Moral Reasoning," *Merrill-Palmer Quarterly* 28, no. 3 (1982): 347–367.
(19) Colin Camerer and Richard H. Thaler, " Anomalies: Ultimatums, Dictators and Manners," *The Journal of Economic Perspectives* 9, no. 2 (Spring, 1995): 209–219.
(20) Walker, " Choosing Biases, Using Power," 135–156.
(21) Jonathan Haidt, " The Moral Emotions," in *Handbook of Affective Sciences, Series in Affective Science,* eds. Richard J. Davidson, Klaus R. Scherer, and H. Hill Goldsmith (New York: Oxford University Press, 2003), 852.
(22) 感情を唯一卓越のものと見るのではなく、その重要性を正当に評価する、古典的で、広く認められた、認知と感情の関係に関するひとつの声明として。 Robert B. Zajonc, " Feeling and Thinking: Preferences Need No Inferences," *American Psychologist* 35, no. 2 (1980): 151–175.
(23) Martin L. Hoffman, *Empathy and Moral Development: Implications for Caring and Justice* (Cambridge, UK, New York: Cambridge University Press, 2000). 菊池章夫，二宮克美（訳） 2001 『共感と道徳性の発達心理学――思いやりと正義とのかかわりで』 川島書店.
(24) Daniel Kahneman, Paul Slovic, and Amos Tversky, *Judgment Under Uncertainty: Heuristics and Biases* (Cambridge, UK, & New York: Cambridge University Press, 1982).
(25) Samuel P. Oliner and Pearl M. Oliner, *The Altruistic Personality: Rescuers of Jews in Nazi Europe* (New York: Free Press, 1988).
(26) Roy F. Baumeister and John Tierney, *Willpower: Rediscovering the Greatest Human Strength* (New York: Penguin Press, 2011). 渡会圭子（訳） 2013 『Willpower 意志力の科学』 インターシフト.

(27) Mary Helen Immordino-Yang et al., “ Neural Correlates of Admiration and Compassion,” *Proceedings of the National Academy of Sciences, U.S.A.* 106, no. 19 (May 12, 2009): 8021–8026.

(28) William Damon, *The Path to Purpose: Helping Our Children Find Their Calling in Life* (New York: Free Press, 2008).

(29) Augusto Blasi, “ Moral Understanding and the Moral Personality,” *in Moral Development: An Introduction*, eds. William M. Kurtines and Jacob L. Gewirtz (Boston: Allyn & Bacon, 1995), 229–253; William Damon and Daniel Hart, *Self-Understanding in Childhood and Adolescence*, Vol. 7 (New York: Cambridge University Press, 1991); Jeremy A. Frimer and Lawrence J. Walker, “ Reconciling the Self and Morality: An Empirical Model of Moral Centrality Development.” *Developmental Psychology* 45, no. 6 (November, 2009): 1669–1681; D. Hart, R. Atkins, and T. M. Donnelly, “ Community Service and Moral Development.” in *Handbook of Moral Development*, eds. M. Killen and J. G. Smetana (Hillsdale, NJ: Lawrence Erlbaum Associates, 2006), 633–656; Hoffman, *Empathy and Moral Development: Implications for Caring and Justice* 菊池章夫 , 二宮克美（訳） 2001 『共感と道徳性の発達心理学――思いやりと正義とのかかわりで』 川島書店 ; David Moshman, *Adolescent Rationality and Development: Cognition, Morality, and Identity* (New York: Psychology Press, Taylor & Francis Group, 2011).

(30) Anne Colby and William Damon, *Some Do Care: Contemporary Lives of Moral Commitment* (New York: Free Press; 1992).

(31) Albert Bandura et al., “Mechanisms of Moral Disengagement in the Exercise of Moral Agency,” *Journal of Personality and Social Psychology* 71, no. 2 (1996): 364–374.

(32) Christian B. Miller, *Character and Moral Psychology* (Oxford: Oxford University Press, 2014).

第四章

(1) Sue Shellenbarger, “ The Case for Lying to Yourself,” *Wall Street Journal*, Aug. 2, 2012.

(2) Ulrich Boser, “ We're all Lying Liars: Why People Tell Lies, and Why White Lies can be OK,”usnews.com,http://health.usnews.com/health-news/family-health/brain-and-behavior/articles/2009/05/18/were-all-lying-liars-why-people-tell-lies-and-why-white-lies-

can-be-ok (accessed January 16, 2014).

(3) Dan Ariely, *The (Honest) Truth about Dishonesty: How We Lie to Everyone — Especially Ourselves* (New York: Harper, 2012). 櫻井祐子（訳） 2012 『ずる —— 嘘とごまかしの行動経済学』 早川書房.

(4) William Damon, *Greater Expectations: Overcoming the Culture of Indulgence in America's Homes and* Schools (New York: Free Press, 1995).

(5) Carol S. Dweck, Mindset: *The New Psychology of Success* (New York: Ballantine Books, 2008). 今西康子（訳） 2016 『マインドセット——「やればできる！」の研究』草思社.

(6) Sissela Bok, *Exploring Happiness: From Aristotle to Brain Science* (New Haven, CT: Yale University Press, 2010), 170.

(7) Sissela Bok, *Lying: Moral Choice in Public and Private Life,* Vintage Books ed. (New York:Vintage Books, 1978). 古田 暁（訳） 1982 『嘘の人間学』 ティビーエス・ブリタニカ.

(8) Bok, *Lying,* 31.

(9) Bok, *Lying,* 25.

(10) Bok, *Lying,* 25.

(11) Albert Bandura, " Selective Activation and Disengagement of Moral Control." *Journal of Social Issues* 46, no. 1 (Spring, 1990): 27–46.

(12) Albert Bandura, " Moral Disengagement in the Perpetration of Inhumanities." *Personality and Social Psychology Review* 3, no. 3 (1999): 193–209.

(13) このコーディングマニュアルは、著者からのリクエストに応じて入手可能。

(14) ヘッシェルの "A Passion for Truth." より引用。Edward K. Kaplan, *Spiritual Radical: Abraham Joshua Heschel in America, 1940–1972* (New Haven, CT: Yale University Press, 2007), 258.

(15) Janet S. Walker, " Choosing Biases, Using Power and Practicing Resistance: Moral Development in a World without Certainty." *Human Development* 43, no. 3 (May, 2000): 135–156.

(16) Walker, " Choosing Biases, Using Power and Practicing Resistance," 140.

(17) Walker, " Choosing Biases, Using Power and Practicing Resistance," 154.

(18) Edgar Wind, *Pagan Mysteries in the Renaissance* (New Haven, CT: Yale University Press, 1958), 238. 田中英道・加藤雅之・藤田 博（訳） 1986 『ルネサンスの異教

秘儀』 晶文社.

(19) Ferdinand Schlingensiepen, *Dietrich Bonhoeffer, 1906–1945: Martyr, Thinker, Man of Resistance* [Dietrich Bonhoeffer 1906–1945 eine Biographie. English] (London; New York: T&T Clark, 2010), 147.

(20) Schlingensiepen, *Dietrich Bonhoeffer, 1906–1945*, 224.

(21) Schlingensiepen, *Dietrich Bonhoeffer, 1906–1945*, 229.

(22) Schlingensiepen, *Dietrich Bonhoeffer, 1906–1945*, 228–229.

(23) Schlingensiepen, *Dietrich Bonhoeffer, 1906–1945*, 229.

(24) Schlingensiepen, *Dietrich Bonhoeffer, 1906–1945*, 230.

(25) Louise Knight, *Jane Addams: Spirit in Action*, 1st ed. (New York: W.W. Norton & Co., 2010), 219.

(26) Knight, *Jane Addams: Spirit in Action*, 220.

(27) Martin Meredith, *Mandela: A Biography*, 1st ed. (New York: Public Affairs, 2010), 240.

(28) Kaplan, *Spiritual Radical: Abraham Joshua Heschel in America, 1940 –1972*, 360.

(29) Kaplan, *Spiritual Radical: Abraham Joshua Heschel in America, 1940 –1972*, 297.

(30) Dag Hammarskjöld and Wilder Foote, *Servant of Peace: A Selection of the Speeches and Statements of Dag Hammarskjöld, Secretary-General of the United Nations, 1953–1961* (New York: Harper & Row, 1962), 27.

(31) Hammarskjöld and Foote, *Servant of Peace*, 57.

(32) Hammarskjöld and Foote, *Servant of Peace*, 32–33.

(33) Hammarskjöld and Foote, *Servant of Peace*, 31.

(34) Knight, *Jane Addams: Spirit in Action*, xiii.

(35) Anne Colby and William Damon, *Some Do Care: Contemporary Lives of Moral Commitment* (New York: Free Press, 1992).

(36) Brigid O'Farrell, *She Was One of Us: Eleanor Roosevelt and the American Worker* (Ithaca, NY: ILR Press, 2010), 196.

(37) Knight, *Jane Addams: Spirit in Action*, 101.

(38) Schlingensiepen, *Dietrich Bonhoeffer, 1906–1945*, 353.

(39) Schlingensiepen, *Dietrich Bonhoeffer,1906-1945*, 353.

(40) Sissela Bok, *Exploring Happiness: From Aristotle to Brain Science* (New Haven, CT: Yale University Press, 2010).

(41)　Rick Warren, *The Purpose Driven Life* (Grand Rapids, MI: Zondervan, 2002), 17. 尾山清仁　(訳)　2004　『人生を導く５つの目的――自分らしく生きるための 40 章』パーパス・ドリブン・ジャパン.

第五章

(1)　Andrew Wilson (Editor), " World Scripture: A Comparative Anthology of Sacred Texts, Humility." International Religious Foundation, 1991, http://www.unification.net/ws/theme128.htm (accessed January 22, 2014).

(2)　Wilfred M. McClay, " Vice or Virtue ?" *In Character: A Journal of Everyday Virtues* 5, no. 3 (Winter, 2010): 6.

(3)　Benjamin Franklin, *The Autobiography of Benjamin Franklin (1906)* (Mineola, NY: Dover Thrift Editions, 1996), 72.　松本慎一・西川正身 (訳)　1957　『フランクリン自伝』(岩波文庫)　岩波書店.

(4)　Judy Bachrach, " The Case for Lucifer: Pride Has Such a Bad Rap. Really, It's Unfair." *In Character: A Journal of Everyday Virtues* 5, no. 3 (Winter, 2010): 87.

(5)　Mark Button, " 'A Monkish Kind of Virtue'? For and Against Humility." *Political Theory* 33, no. 6 (December, 2005): 845–846.

(6)　以下の文献を参照。 Valtteri Viljanen, *Spinoza's Geometry of Power* (Cambridge, UK: Cambridge University Press, 2011).

(7)　David Fate Norton, *The Cambridge Companion to Hume* (Cambridge, UK, & New York: Cambridge University Press, 1993).

(8)　Iris Murdoch, *The Sovereignty of Good* (London: Routledge & Kegan Paul, 2013), 101.　菅　豊彦 , 小林信行 (訳)　1992　『善の至高性：プラトニズムの視点から』九州大学出版会.

(9)　Murdoch, *The Sovereignty of Good,* 93.

(10)　Walter Isaacson, *Steve Jobs* (New York: Simon & Schuster, 2011), 630.　井口耕二 (訳)　2012　『スティーブ・ジョブズ』(１)・(２)　講談社.

(11)　Robert K. Greenleaf, *Servant Leadership: A Journey into the Nature of Legitimate Power and Greatness* (25th anniversary ed.). (New York: Paulist Press, 2002). 金井壽宏 (監訳) , 金井真弓 (訳)　2008　『サーバントリーダーシップ』　英治出版.

(12)　James C. Collins, *Good to Great: Why Some Companies Make the Leap, and Others Don't,* 1st ed. (New York: HarperBusiness, 2001), 304.　山岡 洋一(訳)　2001　『ビジョ

ナリーカンパニー 2：飛躍の法則』 日経 BP 出版センター.

(13) Collins, *Good to Great*, 87. 山岡 洋一（訳） 2001 『ビジョナリーカンパニー 2：飛躍の法則』 日経 BP 出版センター.

(14) Anne Colby and William Damon, *Some Do Care: Contemporary Lives of Moral Commitment* (New York: Free Press, 1992).

(15) C. S. Lewis, *Mere Christianity* (New York: Macmillan, 1958), 175. 鈴木秀夫（訳） 1983 『キリスト教の世界』 大明堂.

(16) Mary M. Keys, *A "Monkish Virtue" Outside the Monastery: On the Social and Civic Value of Humility.* Working paper submitted to the Religion and Culture Web Forum, University of Chicago (May, 2004): 1.

(17) Michael Shermer et al., " Symposium: Can the Truly Humble Attain Greatness in Worldly Affairs ?" *In Character: A Journal of Everyday Virtues* 5, no. 3 (Winter, 2010): 53.

(18) Button, "'A Monkish Kind of Virtue'? For and Against Humility.": 841.

(19) June Price Tangney, " Humility: Theoretical Perspectives, Empirical Findings and Directions for Future Research." *Journal of Social and Clinical Psychology* 19, no.1 (Spring, 2000): 70–82.

(20) R. Eric Landrum, " Measuring Dispositional Humility: A First Approximation." *Psychological Reports* 108, no. 1 (2011): 217–228.

(21) Landrum, "Measuring Dispositional Humility."

(22) Kendall Cotton Bronk, *Purpose in Life: A Critical Component of Optimal Youth Development* (New York: Springer, 2014).

(23) M. K. Johnson, W. C. Rowatt, and L. Petrini, "A New Trait on the Market: Honesty-Humility as a Unique Predictor of Job Performance Ratings." *Personality and Individual Differences* 50 (2011): 857–862.

(24) Wade C. Rowatt et al., " Development and Initial Validation of an Implicit Measure of Humility Relative to Arrogance." *The Journal of Positive Psychology* 1, no. 4 (October, 2006): 198–211.

(25) Jule J. Exline and Anne L. Geyer, " Perceptions of Humility: A Preliminary Study." *Self and Identity* (2004): 95–114.

(26) Edward K.Kaplan, *Spiritual Radical: Abraham Joshua Heschel in America, 1940–1972* (New Haven, CT: Yale University Press, 2007), 90.

(27) Dag Hammarskjöld and W. H. Auden, *Markings* (New York: Knopf, 1966). 鵜飼信成（訳） 1999 『道しるべ』（新装版） みすず書房.

(28) Hammarskjöld and Auden, *Markings,* xiv. 鵜飼信成（訳） 1999 『道しるべ』（新装版） みすず書房.

(29) Abraham Joshua Heschel, Jacob Neusner, and Noam M. M. Neusner, *To Grow in Wisdom: An Anthology of Abraham Joshua Heschel* (Lanham, MD: Madison Books, 1990), 156.

(30) Ferdinand Schlingensiepen, *Dietrich Bonhoeffer, 1906–1945: Martyr, Thinker, Man of Resistance* [Dietrich Bonhoeffer 1906–1945 eine Biographie. English] (London; New York: T& T Clark, 2010).

(31) Benjamin Franklin, *The Autobiography of Benjamin Franklin,* ed. John Bigelow (Boston and New York: Houghton, Mifflin & Co, 1906), 97 (as found on google.books). 松本慎一・西川正身（訳） 1957 『フランクリン自伝』（岩波文庫） 岩波書店.

(32) Dag Hammarskjöld and Wilder Foote, *Servant of Peace: A Selection of the Speeches and Statements of Dag Hammarskjöld, Secretary-General of the United Nations, 1953-1961* [Speeches. Selections.] (New York: Harper & Row, 1962), 127.

(33) Heschel, Neusner, and Neusner, *To Grow in Wisdom,* 134.

(34) Louise Knight, *Jane Addams: Spirit in Action,* 1st ed. (New York: W. W. Norton & Co., 2010), 269.

(35) Martin Meredith, *Mandela: A Biography,* 1st ed. (New York: PublicAffairs, 2010), xviii.

(36) Meredith, *Mandela: A Biography,* 579.

(37) Meredith, *Mandela: A Biography,* 576.

(38) Eleanor Roosevelt, *This I Remember,* 1st ed. (New York: Harper, 1949), 267.

(39) Brigid O'Farrell, *She Was One of Us: Eleanor Roosevelt and the American Worker* (Ithaca, NY: ILR Press, 2010), 70.

(40) Nelson Mandela, *Conversations with Myself,* 1st ed. (New York: Farrar, Straus and Giroux, 2010), 211. 長田雅子（訳） 2012 『ネルソン・マンデラ 私自身との対話』明石書店.

(41) Meredith, *Mandela: A Biography,* 482.

(42) Mandela, *Conversations with Myself,* 41. 長田雅子（訳） 2012 『ネルソン・マンデラ 私自身との対話』明石書店.

(43)　Meredith, *Mandela: A Biography,* 599.
(44)　Hammarskjöld and Foote, *Servant of Peace,* 27.
(45)　Eleanor Roosevelt, Rochelle Chadakoff and David Emblidge, *Eleanor Roosevelt's My Day* (New York: Pharos Books, 1989), 8.
(46)　Heschel, Neusner, and Neusner, *To Grow in Wisdom,* 157.
(47)　Roosevelt, Chadakoff, and Emblidge, *Eleanor Roosevelt's My Day,* 23.
(48)　Knight, *Jane Addams: Spirit in Action,* 93.
(49)　Hammarskjöld and Foote, *Servant of Peace,* 59.
(50)　Hammarskjöld and Foote, *Servant of Peace,* 27.
(51)　Hammarskjöld and Foote, *Servant of Peace,* 29.
(52)　Mandela, *Conversations with Myself,* 211.　長田雅子（訳）　2012 『ネルソン・マンデラ 私自身との対話』　明石書店.
(53)　Hammarskjöld and Foote, *Servant of Peace,* 40.
(54)　O'Farrell, *She Was One of Us,* 6.
(55)　Mandela, *Conversations with Myself,* 177.　長田雅子（訳）　2012 『ネルソン・マンデラ 私自身との対話』　明石書店.
(56)　Knight, *Jane Addams: Spirit in Action,* 217.
(57)　Rick Warren, *The Purpose Driven Life* (Grand Rapids, MI: Zondervan, 2002), 17.　尾山清仁　（訳）　2004 『人生を導く５つの目的――自分らしく生きるための40章』　パーパス・ドリブン・ジャパン.

第六章

(1)　George Vaillant, *Spiritual Evolution: A Scientific Defense of Faith* (New York: Broadway Books, Random House LLC, 2008), 66.
(2)　Charles Taylor, *A Secular Age* (Cambridge, MA: Belknap Press of Harvard University Press, 2007).
(3)　Alfred North Whitehead, *Science and the Modern World,* Vol. 1925 (New York: Macmillan, 1926), 18.　上田泰治・村上至孝（訳）　1981 『科学と近代世界』　松籟社.
(4)　Paul Tillich, *Dynamics of Faith* (New York: Harper & Row, 1957).　谷口美智雄（訳）　2000 『信仰の本質と動態』　新教出版社.
(5)　John Bishop, “ Faith,” http:// plato.stanford.edu/ archives/ fall2010/ entries/ faith/ (accessed January 27, 2014).

(6)　Robert A. Emmons, *The Psychology of Ultimate Concerns: Motivation and Spirituality in Personality* (New York: Guilford Press, 1999), 3.

(7)　Emmons, *The Psychology of Ultimate Concerns,* 104.

(8)　William Damon, *The Path to Purpose: Helping Our Children Find Their Calling in Life* (NewYork: Free Press, 2008).

(9)　Laura A. King and Christie K. Napa, " What Makes a Life Good?" *Journal of Personality and Social Psychology* 75, no. 1 (1998): 156–165; Ian McGregor and Brian R. Little, " Personal Projects, Happiness, and Meaning." *Journal of Personality and Social Psychology* 74, no. 2 (1998): 494–551; Carol D. Ryff, " Psychological Well-being Revisited: Advances in the Science and Practice of Eudaimonia." *Psychotherapy and Psychosomatics* 83, no. 1 (2014): 10–28.

(10)　Martin E. P. Seligman, *Authentic Happiness: Using the New Positive Psychology to Realize Your Potential for Lasting Fulfillment* (New York: Free Press, 2002).　小林裕子（訳）　2004　『世界でひとつだけの幸せ――ポジティブ心理学が教えてくれる満ち足りた人生』　アスペクト.

(11)　Roy F. Baumeister, " Some Key Differences between a Happy Life and a Meaningful Life." *The Journal of Positive Psychology* 8, no. 6 (2013): 505–516.

(12)　Howard Gardner, *Intelligence Reframed: Multiple Intelligences for the 21st Century* (New York: Basic Books, 1999), 60.　松村暢隆（訳）　2001　『MI：個性を生かす多重知能の理論』　新曜社.

(13)　Gardner, *Intelligence Reframed,* 65.　松村暢隆（訳）　2001　『MI：個性を生かす多重知能の理論』　新曜社.

(14)　Jonathan Haidt, " The Moral Emotions," in *Handbook of Affective Sciences, Series in Affective Science,* eds. Richard J. Davidson, Klaus R. Scherer, and H. Hill Goldsmith (New York: Oxford University Press, 2003), 852.

(15)　Peter Benson, " Spirituality and the Adolescent Journey: Reclaiming Children and Youth." *Journal of Emotional and Behavioral Problems* 5, no. 4 (Winter, 1997): 206–209, 219.

(16)　Nathaniel M. Lambert et al., " Family as a Salient Source of Meaning in Young Adulthood." *The Journal of Positive Psychology* 5, no. 5 (September, 2010): 367–376.

(17)　Dan P. McAdams, *The Stories We Live By: Personal Myths and the Making of the Self* (New York: Guilford Press, 1997, 1993).

(18)　Emmons, *The Psychology of Ultimate Concerns,* 137.

(19)　Robert Nozick, *The Examined Life: Philosophical Meditations* (New York: Touchstone, Simon & Schuster, 1989), 275.　井上章子（訳） 1993 『生のなかの螺旋：自己と人生のダイアローグ』 青土社.

(20)　Anne Colby and William Damon, *Some Do Care: Contemporary Lives of Moral Commitment* (New York: Free Press, 1992).

(21)　McGregor and Little, "Personal Projects, Happiness, and Meaning.": 494–551.

(22)　Marcus J. Borg, *The God We Never Knew: Beyond Dogmatic Religion to a More Authentic Contemporary Faith,* 1st ed. (San Francisco: HarperCollins, 1997).

(23)　Tillich, Dynamics of Faith.　谷口美智雄（訳） 2000 『信仰の本質と動態』 新教出版社.

(24)　Abraham Joshua Heschel, *The Wisdom of Heschel, Selected by Ruth Marcus Goodhill* (New York: Farrar, Straus and Giroux, 1975), 135.

(25)　Heschel, *The Wisdom of Heschel,* 193; Abraham Joshua Heschel, Jacob Neusner, and Noam M. M. Neusner, *To Grow in Wisdom: An Anthology of Abraham Joshua Heschel* (Lanham, MD: Madison Books, 1990), 160.

(26)　Heschel, *The Wisdom of Heschel, Selected by Ruth Marcus Goodhill,* 132–133.

(27)　しかし、彼の作品を真面目に神学的なものというよりは識字教養と考えていたラビ派の一部の同僚たちにとって、それは苛立ちの種となっていた。

(28)　Gustaf Aulén, *Dag Hammarskjöld's White Book; An Analysis of Markings* (Philadelphia: Fortress Press, 1969), 23.

(29)　Dag Hammarskjöld and Wilder Foote, *Servant of Peace: A Selection of the Speeches and Statements of Dag Hammarskjöld, Secretary-General of the United Nations, 1953-1961* [Speeches. Selections.] (New York: Harper & Row, 1962), 160.

(30)　Dietrich Bonhoeffer, *Letters and Papers from Prison* [Widerstand und Ergebung], American ed. (New York: MacMillan, 1972), 369.

(31)　Edward K. Kaplan, *Spiritual Radical: Abraham Joshua Heschel in America, 1940–1972* (New Haven, CT: Yale University Press, 2007), 188.

(32)　Heschel, *The Wisdom of Heschel, Selected by Ruth Marcus Goodhill,* 135.

(33)　Aulén, *Dag Hammarskjöld's White Book,* 154.

(34)　Heschel, Neusner, and Neusner, *To Grow in Wisdom,* 126.

(35)　Heschel, Neusner, and Neusner, *To Grow in Wisdom,* 209.

(36) Bonhoeffer, *Letters and Papers from Prison,* 4.

(37) Louise Knight, *Jane Addams: Spirit in Action,* 1st ed. (New York: W. W. Norton & Co., 2010), 54.

(38) Dag Hammarskjöld and W. H. Auden, *Markings* (New York: Knopf, 1966), 61. 鵜飼信成（訳） 1999 『道しるべ』（新装版） みすず書房.

(39) Heschel, Neusner, and Neusner, *To Grow in Wisdom,* 127–128.

(40) Kaplan, *Spiritual Radical,* 124.

(41) Hammarskjöld and Auden, *Markings,* 61. 鵜飼信成（訳） 1999 『道しるべ』（新装版）みすず書房.

(42) Jane Addams, *Twenty Years at Hull-House* (New York: Macmillan, 1973, c. 1938), 123. 市川房枝記念会・縫田ゼミナール（訳） 1996 『ハル・ハウスの 20 年』 市川房枝記念会出版部.

(43) Eleanor Roosevelt, Rochelle Chadakoff, and David Emblidge, *Eleanor Roosevelt's My Day* (New York: Pharos Books, 1989), 299.

(44) Nelson Mandela, *Conversations with Myself,* 1st ed. (New York: Farrar, Straus and Giroux, 2010), 45. 長田雅子（訳） 2012 『ネルソン・マンデラ 私自身との対話』 明石書店.

(45) Hammarskjöld and Foote, *Servant of Peace,* 40.

(46) Ferdinand Schlingensiepen, *Dietrich Bonhoeffer, 1906–1945: Martyr, Thinker, Man of Resistance* [Dietrich Bonhoeffer 1906–1945 eine Biographie. English] (London; New York: T& T Clark, 2010), 356.

(47) Schlingensiepen, *Dietrich Bonhoeffer, 1906–1945*, 419.

(48) Schlingensiepen, *Dietrich Bonhoeffer, 1906–1945*, 356.

(49) Schlingensiepen, *Dietrich Bonhoeffer, 1906–1945*, 356.

(50) Mandela, *Conversations with Myself,* 225. 長田雅子（訳） 2012 『ネルソン・マンデラ 私自身との対話』 明石書店.

(51) Aulén, *Dag Hammarskjöld's White Book,* 149.

(52) Hammarskjöld and Foote, *Servant of Peace,* 60.

(53) Knight, *Jane Addams: Spirit in Action,* 45.

(54) Mandela, *Conversations with Myself,* 54. 長田雅子（訳） 2012 『ネルソン・マンデラ 私自身との対話』 明石書店.

(55) Robert Wuthnow, *God and Mammon in America* (New York: Free Press, 1994), 5.

(56) Wuthnow, *God and Mammon in America,* 5–6.

(57) Dietrich Bonhoeffer, *The Cost of Discipleship,* 95th ed. (New York: Touchstone Books, 1995). 森 平太（訳） 1996 『キリストに従う』 新教出版社.

(58) Bonhoeffer, *The Cost of Discipleship,* 43. 森 平太（訳） 1996 『キリストに従う』 新教出版社.

(59) Bonhoeffer, *The Cost of Discipleship,* 45. 森 平太（訳） 1996 『キリストに従う』 新教出版社.

(60) Schlingensiepen, *Dietrich Bonhoeffer,1906-1945,* 111–112.

(61) Heschel, Neusner, and Neusner, *To Grow in Wisdom,* 153.

(62) Mandela, *Conversations with Myself,* 175. 長田雅子（訳） 2012 『ネルソン・マンデラ 私自身との対話』明石書店.

(63) Roosevelt, Chadakoff, and Emblidge, *Eleanor Roosevelt's My Day,* 247–248.

(64) Mandela, *Conversations with Myself,* 177. 長田雅子（訳） 2012 『ネルソン・マンデラ 私自身との対話』明石書店.

(65) Martin Meredith, *Mandela: A Biography,* 1st ed. (New York: PublicAffairs, 2010), 8.

(66) Mandela, *Conversations with Myself,* 64. 長田雅子（訳） 2012 『ネルソン・マンデラ 私自身との対話』明石書店.

(67) Kaplan, *Spiritual Radical,* 179.

(68) Heschel, Neusner, and Neusner, *To Grow in Wisdom,* 147.

(69) Heschel, Neusner, and Neusner, *To Grow in Wisdom,* 152.

(70) Abraham Joshua Heschel, *The Sabbath, Its Meaning for Modern Man,* Expanded ed. (New York: Farrar, Straus, 1952), 136. 森泉弘次（訳） 2002 『シャバット――安息日の現代的意味』 教文館 .

第七章

(1) Martin Luther King Jr., " Moving to Another Mountain." Baccalaureate sermon, Wesleyan University commencement exercises, June 8, 1964.

(2) Mary Ann Glendon, *A World Made New: Eleanor Roosevelt and the Universal Declaration of Human Rights,* 1st ed. (New York: Random House, 2001), 310.

(3) Glendon, *A World Made New.*

(4) Glendon, *A World Made New,* 206.

(5) Glendon, *A World Made New,* 314.

(6) John W. Gardner and Francesca Gardner, *Living, Leading, and the American Dream,* 1st ed. (San Francisco: Jossey-Bass, 2003).

(7) Glendon, *A World Made New,* 232.

(8) Richard Shweder, " Relativism and Universalism," in *A Companion to Moral Anthropology,* ed. Didier Fassin, Vol. 20 (Chichester, West Sussex, UK, & Hoboken, NJ: Wiley-Blackwell, 2012), 85–102.

(9) 以下の文献で引用されている通り。Glendon, *A World Made New.*

(10) American Anthropological Association, " Declaration on Anthropology and Human Rights," http://www.aaanet.org/about/Policies/statements/ Declaration-on-Anthropology-and-Human-Rights.cfm (accessed June 4, 2014).

(11) American Anthropological Association, " Declaration on Anthropology and Human Rights."

(12) Glendon, *A World Made New,* 224.

(13) Mark Goodale, *Surrendering to Utopia: An Anthropology of Human Rights* (Stanford, CA: Stanford University Press, 2009), 42.

(14) Glendon, *A World Made New,* 224.

(15) Goodale, *Surrendering to Utopia,* 43.

(16) Shweder, " Relativism and Universalism," 88.

(17) Shweder, " Relativism and Universalism," 88.

(18) Glendon, *A World Made New,* 236.

(19) Glendon, *A World Made New,* 236.

(20) Serge Moscovici & Charlan Nemeth, *Social Influence: II. Minority Influence* (Oxford: Rand McNally, 1974), 999.

(21) 以下の文献を参照。William Damon, " Nature, Second Nature, and Individual Development: An Ethnographic Opportunity," in *Ethnography and Human Development: Context and Meaning in Social Inquiry,* eds. Richard Jessor, Anne Colby, and Richard A. Shweder (Chicago: University of Chicago Press, 1996), 459–475.

(22) William J. Bennett, *The Book of Virtues: A Treasury of Great Moral Stories* (NewYork: Simon & Schuster, 1993), 999.　大地　舜（訳）　1997　『魔法の糸——こころが豊かになる世界の寓話・説話・逸話 100 選』　実務教育出版.

(23) Louise Knight, *Jane Addams: Spirit in Action,* 1st ed. (New York: W. W. Norton & Co., 2010), 101.

(24) Dag Hammarskjöld and Wilder Foote, *Servant of Peace: A Selection of the Speeches and Statements of Dag Hammarskjöld, Secretary-General of the United Nations, 1953–1961* [Speeches. Selections.] (New York: Harper & Row, 1962), 81.

(25) Richard Shweder et al., " The 'Big Three' of Morality (Autonomy, Community, and Divinity), and the 'Big Three' Explanations of Suffering," in *Morality and Health,* eds. A. Brandt and P. Rozin (New York: Routledge, 1997), 45.

(26) Richard Shweder, *Why Do Men Barbecue?: Recipes for Cultural Psychology* (Cambridge, MA: Harvard University Press, 2003), 38.

(27) Nelson Mandela, " Lighting Your Way to a Better Future: Presentation for Launch of Mindset Network." University of the Witwatersrand, Johannesburg, South Africa, July 16, 2003. http://db.nelsonmandela.org/speeches/pub_view.asp?pg=item& ItemID =NMS909&txtstr=education%20is%20the%20most%20powerful(accessed June 4, 2014).

(28) Shweder et al., " The 'Big Three' of Morality," 119–169.

(29) Darcia Narvaez, " Integrative Ethical Education," in *Handbook of Moral Development.,* eds. M. Killen and J. G. Smetana (Mahwah, NJ: Erlbaum., 2006), 703–733.

(30) Douglas Starr, " Do Police Interrogation Techniques Produce False Confessions?" *New Yorker,* 2013, December 9: 42.

【訳者紹介】

渡辺　弥生（わたなべ・やよい）

大阪府に生まれる。現在　法政大学文学部教授（教育学博士）

【主著・論文】
『幼児・児童における分配の公正さに関する研究』1992 年 風間書房
『子どもの 10 歳の壁とは何か？　乗り越えるための発達心理学』光文社 2011 年
『発達心理学』（共編著）心理学と仕事シリーズ 5 巻 北大路書房 2017 年
『感情の正体——発達心理学で気持ちをマネジメントする』ちくま書房 2019 年
「学校予防教育に必要な『道徳性向社会的行動』の育成」発達心理学研究 2014 年第 25 巻，第 4 号，422-431.
「健全な学校風土をめざすユニヴァーサルな学校予防教育——免疫力を高めるソーシャル・スキル・トレーニングとソーシャル・エモーショナル・ラーニング」教育心理学年報 Vol.54，126-141. 2015 年　など

山岸　明子（やまぎし・あきこ）

東京都に生まれる。元順天堂大学医療看護学部、スポーツ健康科学部教授（教育学博士）

【主著・論文】
『道徳性の発達に関する実証的・理論的研究』風間書房 1995 年
『道徳性の芽生え——幼児期からの心の教育』（単編）チャイルド本社 2000 年
『対人的枠組みと過去から現在の経験のとらえ方に関する研究』風間書房 2006 年
『発達をうながす教育心理学——大人はどうかかわったらいいのか』新曜社 2009 年
『こころの旅——発達心理学入門』新曜社 2011 年
『心理学で文学を読む——困難を乗り越える力を育む』新曜社 2015 年
『つらさを乗り越えて生きる——伝記、文学作品から人生を読む』新曜社 2017 年
『青年期から成人期の対人的枠組みと人生の語りに関する縦断的研究』風間書房 2019 年　など

渡邉　晶子（わたなべ・あきこ）

東京都に生まれる。現在　梅光学院大学文学部准教授（文学博士）

【主著・論文】
“Suspect Narratives of Solanio & Salarino: A Stylistic Analysis of *The Merchant of Venice*.”　PALA 2012 Proceedings ON-LINE. 2012 年
“Shylock and His Adversary: Towards a Stylistic Analysis of *The Merchant of Venice*.”　聖心女子大学大学院論集　第 35 巻 2 号，3-31. 2013 年
「アクティブ・ラーニングとしての字幕翻訳　——舞台と字幕をつなぐ試み——」　梅光学院大学高等教育開発研究所 紀要 第 2 号，3-26. 2018 年
“Amusing Effects of Speech Acts: An Interpretation of Maria's Marriage in *Twelfth Night*.” PALA2019 Proceedings ON-LINE. 2019 年
「語らない自己紹介に傾聴する：*Never Let Me Go*」梅光学院大学論集第 53 号，55-68. 2020 年

＜翻訳協力＞

Mari Moroi Damon（日本語版によせて）

【著者紹介】

ウィリアム・デイモン（William Damon）

スタンフォード大学の教授兼、同大学の青年期センター所長。フーヴァー戦争・革命・平和研究所の主席研究員。Parent's Choice Book Award を受賞した『Greater Expectations』を含む 18 冊の本を著している。彼の研究は、ボストングローブ、ニューヨーク・タイムズ、USA トゥデイ、ウォール・ストリート・ジャーナル、ワシントンポストなど、多くの全国的な出版物で取り上げられている。

アン・コルビー（Anne Colby）

ハーバード大学のヘンリーマレー・リサーチ・センター長、さらにはカーネギー教育振興財団の主席研究者を経て、現在はスタンフォード大学の教授 (consulting professor)。道徳発達分野において生涯にわたって功績を残した者に贈られる、クマーカー賞を道徳教育学会から受賞している。さらに、アメリカ大学協会からフレデリック W. ネス・ブック賞を受賞した『大学生のビジネス教育の再考（Rethinking Undergraduate Business Education）』を含む 9 冊の本を著している。彼女の研究は、クロニクル・オブ・ハイヤー・エデュケーション、ニューヨーク・タイムズ、ウォール・ストリート・ジャーナルなどの全国的な出版物で取り上げられている。

モラルを育む〈理想〉の力
人はいかにして道徳的に生きられるのか

2020年11月10日　初版第1刷印刷
2020年11月20日　初版第1刷発行

定価はカバーに表示してあります。

著　者　ウィリアム・デイモン
　　　　アン・コルビー

訳　者　渡辺弥生
　　　　山岸明子
　　　　渡邉晶子

発行所　㈱ 北大路書房
〒603-8303　京都市北区紫野十二坊町12-8
電　話　(075) 431-0361（代）
ＦＡＸ　(075) 431-9393
振　替　01050-4-2083

編集・制作　仁科貴史
装　幀　　　野田和浩
印刷・製本　創栄図書印刷（株）

ISBN 978-4-7628-3134-8　　Printed in Japan©2020
検印省略　落丁・乱丁本はお取替えいたします。